Bibliothèque publique de la Municipalité de la Nation
Succursale ST ISIDORE Branch
Nation Municipality Public Library

OCT 0 3 2012

LA NATION/ST.ISIDORE

IP039785

TOUT A COMMENCÉ À MONTE-CARLO

DU MÊME AUTEUR

L'Ombre du destin, Belfond, 1999 ; Pocket, 2001
Les Pièges du passé, Belfond, 2001 ; Pocket, 2003
À cœur perdu, Belfond, 2002 ; Pocket, 2004
Un été en Toscane, Belfond, 2004 ; Pocket, 2007
Hôtel Riviera, Belfond, 2005 ; Pocket, 2008
Une maison à Amalfi, Belfond, 2006 ; Pocket, 2009
Voyage à Capri, Belfond, 2007 ; Pocket, 2010
Rendez-vous à Venise, Belfond, 2009 ; Pocket, 2011
Les Nuits de Malibu, Belfond, 2010 ; Pocket, 2012
Un été à Saint-Tropez, Belfond, 2011

Vous pouvez consulter le site de l'auteur à l'adresse suivante :
www.elizabethadler.com

ELIZABETH ADLER

TOUT A COMMENCÉ À MONTE-CARLO

*Traduit de l'anglais
par Agnès Jaubert*

belfond
12, avenue d'Italie
75013 Paris

Titre original :
IT ALL BEGAN IN MONTE CARLO
publié par St. Martin's Press, New York

Ce livre est une œuvre de fiction. Les noms, les personnages, les lieux et les événements sont le fruit de l'imagination de l'auteur ou utilisés fictivement, et toute ressemblance avec des personnes réelles, vivantes ou mortes, des établissements d'affaires, des événements ou des lieux serait pure coïncidence.

Si vous souhaitez recevoir notre catalogue
et être tenu au courant de nos publications,
vous pouvez consulter notre site internet :
www.belfond.fr
ou envoyer vos nom et adresse, en citant ce livre,
aux Éditions Belfond,
12, avenue d'Italie, 75013 Paris.
Et, pour le Canada,
à Interforum Canada Inc.,
1055, bd René-Lévesque-Est,
Bureau 1100,
Montréal, Québec, H2L 4S5.

ISBN : 978-2-7144-5084-5
© Elizabeth Adler 2010. Tous droits réservés.

Et, pour la traduction française,
© Belfond, un département de place des éditeurs, 2012.

À Richard

Tout comme son amour, on donne souvent sa confiance à tort.

Maha MONDRAGON

Prologue

Paris, 24 décembre. Dans le crépuscule glacial de cette veille de Noël, les arbres dénudés de la capitale scintillent. Les vitrines illuminées étalent leurs trésors. Une Bentley noire s'arrête devant la boutique de l'élégant joaillier *La Fontaine*. Emmitouflées dans des manteaux de fourrure, chaussées de bottes cavalières, trois femmes en descendent, leurs longs cheveux flottant dans le dos. Malgré la pénombre, des lunettes noires dissimulent leurs visages. Elles portent un gros fourre-tout Hermès et de sacs aux emblèmes de marques de prestige. Le vigile en civil chargé de surveiller la boutique remarque que la voiture en est remplie.

Leurs têtes proches l'une de l'autre, les trois femmes rient. Souriant, il leur ouvre la porte. Il n'a pas vu leur visage.

Soudain, il sent un canon de revolver s'enfoncer dans son dos. Une voix féminine lui intime d'entrer, sans lever les bras. D'un geste vif, les deux autres tirent des armes de sous leurs manteaux.

— Marchez normalement ! lui ordonne la femme avec une nouvelle pression entre ses omoplates.

Le vigile s'exécute.

À l'intérieur de la bijouterie, les trois membres du personnel sont affairés à ranger les écrins où, accrochant la lumière, les diamants créent des arcs-en-ciel. L'arrivée du vigile leur fait lever la tête. Voyant qu'il est suivi par trois femmes, ils étouffent un soupir de frustration : il est tard, c'est la veille de Noël, ils n'ont qu'une envie, rentrer chez eux retrouver leur famille. Mais les clientes portent des fourrures, il pourrait s'agir d'une vente importante. Les femmes très riches achètent souvent sur impulsion. Et puis, après tout, c'est Noël !

Le directeur lève la tête et sourit. Ses assistantes lancent un joyeux « Bonsoir, mesdames. Joyeux Noël ! »

Les deux femmes qui suivent celle qui tient le vigile en joue braquent leurs revolvers sur eux et, d'un geste, rejettent en arrière leurs longs cheveux blonds, révélant d'étranges masques de Marilyn Monroe, aux lèvres rouges esquissant le célèbre sourire. Pendant que l'une tire sur la caméra de sécurité, l'autre monte la garde. D'un ton dur, la première ordonne au directeur d'ouvrir les écrins et le coffre-fort.

Incertain, ce dernier hésite. Derrière son masque, la femme part d'un rire étouffé.

— Je vous conseille d'oublier l'alarme, monsieur. Vous seriez mort avant qu'un flic ait eu le temps d'arriver. Et je suis sûre qu'en cette veille de Noël vous voulez revoir vos enfants. Mais ce soir, le Père Noël doit penser à tout le monde, y compris nous.

Sans tergiverser plus longtemps, le directeur s'empresse d'aller ouvrir les écrins posés sur les tables, avant de passer à ceux de la vitrine, toujours sous la menace du revolver. Terrifiées, les deux assistantes restent plantées derrière lui, tremblantes. Les lèvres de l'une d'entre elles bougent, comme si elle priait. La plus jeune enfonce sa tête dans ses mains. Regarder ce spectacle est au-dessus de ses forces.

La deuxième femme balaye les écrins de la main et fourre bagues, boucles d'oreilles, bracelets, colliers scintillants dans la besace Hermès. Toujours sous la menace de son arme, la troisième guide le directeur vers le coffre-fort. Il l'ouvre et elle s'empare des bijoux, dont de nombreux diamants de plusieurs carats. *La Fontaine* est célèbre pour la qualité de ses diamants.

La besace Hermès, les sacs Dior et Eres sont remplis de bijoux.

Après avoir fait aligner le directeur, ses deux assistantes et le vigile derrière le comptoir, deux des trois femmes gagnent la sortie à reculons, les tenant toujours en respect avec leur arme. Celle qui semble être le chef s'approche du groupe pétrifié et les menace tour à tour.

— Je veux les clés du magasin et vos téléphones portables.

Ils obéissent sans broncher. La femme masquée s'arrête alors en face de la plus jeune des vendeuses et la fixe un long moment. La jeune fille lève la tête, croise les yeux derrière le masque. D'un geste vif, la femme lève son revolver et le rabat sur la joue de la vendeuse avec violence.

— Garce ! lâche-t-elle en s'éloignant.

Les trois complices ressortent, avec leurs fourrures et leurs sacs de marque qui leur donnent l'air d'être riches. La première femme referme la porte derrière elle. Dans la bijouterie, le directeur et ses deux assistantes sont toujours tétanisés, comme s'ils attendaient le coup de grâce.

Dans la rue, la Bentley a disparu, remplacée par une camionnette grise. Les portes coulissent, les femmes montent. Le véhicule démarre et s'éloigne à vive allure dans la circulation de cette veille de Noël.

Il aura fallu cinq minutes environ aux fausses Marilyn pour repartir avec un butin de plusieurs millions de dollars en pierres précieuses. C'est leur deuxième hold-up en un mois.

1

Los Angeles, veille de Noël

Sunny Alvarez avait embarqué sur le vol Air France pour Paris. Son billet lui avait coûté tous ses précieux *air miles* et une grosse somme d'argent, mais si elle devait être malheureuse, elle le serait en classe affaires. Avec style. Et seule !

Elle n'était pas maquillée, pas même de son rouge à lèvres d'un carmin audacieux, son signe distinctif. Des lunettes teintées dissimulaient ses yeux gonflés de pleurs. Grande et mince, son abondante chevelure brune balayant son visage, elle paraissait plus jeune que ses trente-six ans, et curieusement vulnérable. Elle portait un jean étroit rentré dans des bottes UGG en daim noir, un col roulé en cachemire et un manteau noirs également. Elle le retira pour le tendre au steward, avant de s'affaler dans le confortable fauteuil de cuir que, plus tard, elle pourrait incliner à l'horizontale pour s'allonger. À condition qu'elle puisse un jour dormir à nouveau. Le vol, très long, durait onze heures.

Onze heures sans Mac Reilly.

Mac Reilly, le détective rendu célèbre par la télévision, était son fiancé. Il animait sa propre émission, *Les Mystères de Malibu*. Un homme séduisant, d'allure décontractée, bien dans sa peau. Allons ! Mac était bien plus que ça. Sexy, beau, il avait des yeux d'un bleu presque turquoise dans lesquels brûlait la flamme de la passion quand ils faisaient l'amour. Quand elle sentait ses mains sur elle, qu'elle caressait sa peau, quand leurs lèvres s'unissaient, mettant tout son être en fusion, rien ne comptait plus que leurs deux corps se confondant.

Elle avait rencontré Mac à une soirée presse des *Mystères de Malibu*. Il lui avait dit l'avoir remarquée à l'autre bout de la pièce. « Comment aurais-je pu te rater dans une tenue pareille ? » avait-il avoué par la suite.

Ce soir-là, elle portait un col roulé noir, une minijupe blanche et ses bottes de moto – elle était venue en Harley. Mac lui avait tapé sur l'épaule et elle s'était retrouvée nez à nez avec ce type au visage buriné, en jean et en T-shirt, dont le regard azur l'enveloppait sans chercher à dissimuler son admiration.

Il lui avait demandé son nom, elle lui avait dit connaître le sien. Bien que ni l'un ni l'autre n'ait bu, ils s'étaient sentis comme ivres de joie. Ils avaient eu l'impression d'être soudain transportés sur une autre planète, où même les bruits de la fête leur parvenaient étrangement étouffés. Plus tard, Mac lui avait dit que la première chose qu'il avait remarquée chez elle, ç'avait été ses bottes d'indomptable. De son côté, elle avait reconnu qu'en voyant ses bras musclés elle avait eu envie qu'il la serre contre lui, sans se soucier le moins du monde des autres invités.

Naturellement, tout les opposait. Mac était un autodidacte qui avait appris le dur métier de flic dans les rues de Boston avant de passer aux scènes de crime de Miami. Aujourd'hui détective privé, il était une personnalité du show-biz. Sunny, à moitié mexicaine, avait passé ses jeunes années à faire les quatre cents coups dans le ranch familial. Belle, intelligente, frivole, elle avait décroché un master de commerce à l'université de Wharton et était déterminée à garder son indépendance coûte que coûte.

Comme ils se l'étaient souvent répété, un simple regard à travers la salle de réception avait suffi : le coup de foudre !

Depuis, ils filaient le parfait amour. Du moins, jusqu'à ce soir.

Assez ! Sunny se redressa dans son fauteuil et, repoussant ses cheveux en arrière, les attacha en queue-de-cheval. Le steward lui offrit une coupe de champagne.

Elle la prit mais, perdue dans ses réflexions, elle la fixa sans vraiment la voir. Elle n'était plus la fiancée de Mac. Voilà quatre ans qu'ils étaient ensemble et ils auraient dû se marier le mois prochain. Elle avait même acheté la robe, en dentelle crème ; l'hiver, le blanc n'était pas très seyant. Ajustée, moulant son joli corps. Elle n'avait pas une once de vanité, mais elle savait avoir un joli corps. Un corps de rêve, disait toujours Mac.

Or, encore une fois, il avait changé ses projets. Ce n'était pas nouveau : il avait déjà repoussé à trois ou quatre reprises la date fixée pour leur mariage. Un imprévu se présentait toujours, une nouvelle affaire qu'il était obligé de résoudre. Il semblait incapable de dire non – sauf à Sunny.

Mais là, c'était la goutte d'eau qui avait fait déborder le vase.

Le regard toujours dans le vague, Sunny étendit ses longues jambes revêtues de ses confortables UGG en nubuck noir. Elle avait laissé sur l'oreiller de Mac sa bague de fiançailles, le diamant rose en forme de cœur, avec un mot d'adieux : « Je sors de ta vie. Ton travail absorbe tout ton temps. Il n'y a pas de place pour moi. » Elle avait signé d'un simple S.

Un gémissement sortit du sac Vuitton. Elle regarda la petite chienne chihuahua qui la fixait d'un air morne. Tesoro pesait un kilo cinq cents. Mac l'appelait « le monstre à quatre pattes ». À juste titre : elle avait mordu et griffé le détective à maintes reprises, avait intimidé son chien, Pirate, le corniaud borgne à trois pattes auquel Mac avait sauvé la vie et qu'il adorait. L'animosité entre Tesoro et Pirate empêchait Mac et Sunny de vivre ensemble. C'était sans doute mieux, vu la situation. Si elle avait partagé avec Mac le cottage biscornu qu'il possédait sur la plage de Malibu, le quitter aurait été deux fois plus difficile.

Les passagers bouclèrent leurs ceintures. Le décollage était imminent. Elle attacha Tesoro toujours dans son sac sur le siège voisin, s'adossa au sien et sentit la poussée de l'avion qui décollait. C'était fini. Elle était partie.

Une larme roula sur sa joue. Elle était en route pour Paris. Seule.

2

— Joyeux Noël !

L'homme assis à sa gauche levait son verre dans sa direction.

— C'est la veille de Noël, vous savez, ajouta-t-il. Même si en France il est neuf heures de plus, c'est quand même la veille de Noël, à Paris.

L'air distant, Sunny hocha la tête. Elle n'avait absolument aucune envie de bavarder. Elle n'aurait même pas pu parler à un ami. Alors, un inconnu ! Ayant décidé de partir sur un coup de tête, elle avait acheté son billet d'avion sur Internet, jeté quelques effets dans un fourre-tout et mis Tesoro dans son sac de voyage. Puis, après avoir laissé le mot et son diamant rose à Mac, elle avait pris un taxi pour l'aéroport. Elle n'avait pas la moindre idée de ce qu'elle allait faire en arrivant à Paris.

La panique la submergea. Elle voulait descendre de l'avion, aller retrouver Mac. Elle ne savait pas être « seule ».

Elle se ressaisit. L'homme la fixait toujours, une lueur intriguée dans son regard amical. Elle parvint à bredouiller :

— Merci. Et joyeux Noël à vous.

Ses lèvres étaient crispées, comme si elle n'avait pas l'habitude de parler. Elle but une gorgée de champagne pour les humecter. Peut-être cela l'aiderait-il.

— Vous passez Noël à Paris ? insista-t-il.

Ce type ne renonçait pas. Ne voyait-il donc pas qu'elle n'avait aucune envie de faire la conversation ?

— Non, mentit-elle.
— Moi non plus.

Souriant, il étendit ses longues jambes. Il avait l'air tellement à l'aise, tellement bien dans sa peau, dans sa vie, qu'elle se mit soudain à le détester. Derrière les verres ambrés de ses lunettes sans monture, elle l'étudia discrètement. Il était beau. Grand, un corps anguleux, des cheveux châtains, très clairs, qui tombaient en mèches soyeuses sur ses yeux sombres. Étaient-ils bleus ou bruns ? Noisette, peut-être ? Elle avait du mal à les voir. Un nez volontaire, des lèvres charnues. Elle n'était pas encore assez abrutie de chagrin pour ne pas remarquer à quel point sa bouche était sensuelle. Et d'où venait ce bronzage ? Certainement pas de Californie. L'hiver était froid et humide, cette année.

— Il fait très froid à Paris, reprit-il. Ils annoncent de la neige.

Elle se doutait bien qu'il ferait froid mais n'avait pas prévu la neige.

— Au moins, vous êtes équipée, tout va bien, fit-il, souriant, en regardant ses bottes.

Sunny adorait ses UGG. Avec la peau de mouton emmitouflant ses orteils, elles étaient comme les plus chaudes, les plus confortables des pantoufles. C'était décidé, elle ne porterait plus jamais d'autres bottes. Pas même la superbe paire achetée le mois dernier, en prévision de fêtes qu'elle avait espérées tendres et joyeuses : un sapin, un feu de cheminée et, pourquoi pas, un baiser sous le gui.

Elle n'avait pas réfléchi à ce qu'elle ferait une fois arrivée à Paris. Quant à réserver un hôtel, la pensée ne l'en avait même pas effleurée. En montant dans l'avion, elle avait atteint la limite de ses possibilités. Et maintenant, elle avait une bonne dizaine d'heures devant elle pour réfléchir à son planning dans la capitale française.

L'inconnu accepta une deuxième coupe de champagne, qu'accompagnait un petit plateau de canapés. Sunny l'imita et but une grande gorgée du vin pétillant.

Loin de se sentir réconfortée par les bulles festives, elle voyait, du coin de l'œil, l'homme la regarder, sa bouche sexy esquissant un sourire amusé. Pourquoi sa bouche lui rappelait-elle celle de Mac ? se dit-elle avec une pointe d'amertume. Pourquoi ne pouvait-il pas être un homme d'affaires ordinaire, le nez plongé dans quelque document important qu'il devait lire pour une conférence à Paris le lendemain ? Elle oubliait juste que demain, c'était Noël. Les « hommes d'affaires » étaient chez eux, en famille. Pourquoi pas lui ?

— Je vois que vous aimez le champagne, dit-il en dégustant le sien.

Elle remarqua sa coupe, toujours pleine. Elle avait déjà à moitié vidé la sienne.

— Parfois, répondit-elle d'un ton sec.

Il poussa un soupir, puis son sourire s'élargit.

— C'est censé être une boisson de fête. Peut-être pouvons-nous fêter Noël ensemble ?

Pour toute réponse, elle haussa les épaules. Puis elle jeta un coup d'œil dans la classe affaires et, pour seuls autres passagers, aperçut un couple qui riait de concert. Elle essaya de les ignorer. Comment pouvaient-ils être aussi heureux alors qu'elle avait le cœur brisé ? C'était vraiment injuste. Elle avala le reste de son champagne d'une traite.

— Je suppose que vous allez passer Noël dans votre famille ?

Elle tressaillit. Les mots avaient fusé. Pourquoi avait-elle posé une question aussi personnelle à cet homme ? Enfin, il était trop tard pour le regretter ! Et puis, de toute façon, quelle importance ?

— Non. Je suis seul pour les fêtes.

Pour la première fois, elle le regarda droit dans les yeux. Il la fixait d'un air grave.

— Moi aussi, dit-elle.

Elle pressentait que, tout comme elle, l'inconnu avait une bonne raison d'être là. Mais, pas plus qu'elle ne se confierait, il ne la lui dévoilerait. Ils étaient sur un vol de onze heures pour Paris et, provisoirement, le reste du monde n'existait pas. Pour le moment, elle n'était plus « seule ».

Tesoro poussa un gémissement. Sunny sortit la petite chienne au poil châtain de son sac. La serrant contre elle, elle l'embrassa tendrement et, son visage s'éclairant enfin d'un sourire, elle fit les présentations :

— Voilà Tesoro. Elle n'est pas commode.

— Ça se voit, fit l'homme en tendant les mains.

Un peu inquiète, Sunny y déposa sa chienne. Tesoro avait le coup de dents facile. Il la hissa à hauteur de son visage et la fixa, les yeux dans les yeux. Le chihuahua ne bougea pas d'un millimètre, ne gémit pas, n'aboya pas. Il la posa alors sur ses genoux où elle se blottit, la queue sur le côté. Elle regardait Sunny d'un air de dire : « Et alors ? À quoi t'attendais-tu ? Tu m'as laissée dans ce stupide sac de voyage pendant une heure et maintenant cet homme me couvre d'attentions. »

Peut-être avait-elle des choses à apprendre de son compagnon de voyage, pensa la jeune femme en le considérant avec un tout nouveau respect.

— Allez-vous me dire qui vous êtes ? demanda-t-elle sans le quitter des yeux.

— Appelez-moi Prince Charmant, voilà tout ! dit-il d'un air malicieux.

Cette fois, Sunny ne put retenir son sourire. Un sourire tremblotant, mais un sourire quand même.

— Dans ce cas, je dois être la princesse.

Elle n'avait pas pensé à Mac depuis trois minutes au moins.

3

Malibu, veille de Noël

À Santa Monica, Mac Reilly était toujours dans le grand studio qui ressemblait à un hangar. Il savait que les magasins fermaient tôt la veille de Noël et il n'avait pas encore trouvé de cadeau pour Sunny. Ou plutôt, une douzaine de cadeaux, ce qui était davantage son genre. Il aimait la gâter. Il ne se souvenait pas exactement de ce qu'il lui avait offert l'année dernière pour Noël mais il se rappelait avoir été très tenté par un magnifique chaton siamois, proposé par un éleveur connu. La photo sur Internet montrait une petite beauté diaphane, crème et chocolat, avec d'énormes yeux d'un bleu scintillant dont lui, l'ami des chiens, était tombé amoureux. Pour finir, toutefois, il avait été obligé de faire preuve de bon sens. Pirate aurait sans doute pris le chaton en affection, mais Tesoro aurait tout gâché. Elle se serait battue comme un grizzly s'il s'était approché de Sunny. Comme elle le faisait avec lui. Finalement, il s'était décidé pour des pendants d'oreilles en diamants, aussi petits et délicats que les ravissantes oreilles de sa compagne.

Plus tard dans l'après-midi, ses propres achats ayant été menés tambour battant, Sunny et lui se dépêcheraient d'aller chercher un sapin de Noël à Malibu. Comme toujours, elle jetterait son dévolu sur un arbre si haut qu'il lui assurerait qu'il n'entrerait jamais chez lui. Comme toujours, il aurait raison et se verrait obligé d'en couper le sommet. Sunny fixerait celui-ci à la balustrade de la terrasse en bois surplombant la mer et, comme toujours, elle décorerait son minisapin de guirlandes clignotantes multicolores – elle détestait les guirlandes blanches, qu'elle trouvait « snobinardes » – et le coifferait d'une étoile en papier d'argent. Ils fonceraient ensuite au supermarché chercher une dinde et les ingrédients pour la farce, chargeraient un sac de bûches dans le coffre et feraient halte chez le marchand de vin pour acheter du porto car, sans qu'il puisse se l'expliquer, dans son esprit le vin cuit était lié à Noël.

Plus tard, blottis sous des couvertures, ils boiraient une bouteille de champagne sur la terrasse. Couchés à côté d'eux, les chiens se régaleraient des os, cadeau du boucher à Sunny. Puis ils accrocheraient leurs bottes de Noël au manteau de la cheminée, sans oublier celles de leurs chiens et, lorsque la pendule sonnerait minuit, ils s'embrasseraient. Un baiser long, éperdu, à la mesure de la violence de leur amour. Ils gagneraient alors la chambre et, lovés sous la couette qu'elle trouvait trop mince et lui trop chaude, ils feraient l'amour ou s'endormiraient dans les bras l'un de l'autre. Peut-être même les deux.

À la perspective du réjouissant programme de la soirée, il esquissa un sourire. Avant tout, il devait finir de tourner les derniers plans. Dieu sait pourquoi ils n'avaient pas pu terminer hier ! Bizarrement, c'était courant.

Il jeta un coup d'œil au plateau. Le décor n'était toujours pas prêt. Le metteur en scène était en pleine conversation avec l'ingénieur lumière. C'étaient tous de vieux copains de Mac, et, il le savait, ils étaient aussi pressés de sortir d'ici que lui. Le temps commençait à lui paraître long. Il regarda ses e-mails : rien d'important, autrement dit, rien de Sunny.

Mac comprenait à quel point elle était contrariée de devoir reculer le mariage « encore une fois », avait-elle dit, mi-incrédule, mi-triste. L'intonation de sa voix lui avait fait l'effet d'un coup de poignard dans le cœur. Il avait essayé de lui faire comprendre ses engagements : les salariés de l'émission qui, sans lui, se retrouveraient sans travail ; les familles de victimes de meurtres restés impunis, d'êtres chers disparus qui avaient besoin de lui pour trouver la paix. Si ce n'est que, cette fois, Sunny se fichait bien de la paix de leur esprit. Au fond de son cœur, il savait qu'elle avait raison. Oui, mais voilà, il était incapable de refuser son aide à quiconque.

Sur un écran de télévision, les gros titres du journal télévisé défilaient. Son regard s'arrêta sur « Paris ». Paris. Une ville qui, l'année dernière, les avait enchantés, Sunny et lui. Elle avait réussi à convaincre le directeur du *Ritz* de leur donner une chambre alors que, la saison touristique battant son plein, tous les hôtels étaient complets. Il revit le lit splendide, la baignoire pour deux dans laquelle ils avaient fait l'amour, son corps sublime, ses longs cheveux bruns mouillés. Mais le flash d'informations n'avait rien à voir avec le Paris des amoureux. Il rapportait le hold-up audacieux commis chez un élégant joaillier par trois blondes masquées qui, dans un acte de violence sadique, avaient défiguré une jeune vendeuse.

La voix de son assistant qui l'appelait sur le plateau vint le distraire de ses pensées.

— Encore une demi-heure et c'est plié, vieux ! lança-t-il avec un sourire reconnaissant.

Oubliant Paris et le cambriolage, Mac regagna sa place. Dans une demi-heure, il serait libre de faire ses achats, libre de passer Noël avec Sunny. Peut-être, ce soir, après le dîner, reverraient-ils *White Christmas* à la télévision. Ou était-ce *Holiday Inn* ? Qu'importe. C'était le vieux film avec Fred Astaire et Bing Crosby dans lequel ce dernier disait : « OK, les enfants, nous allons monter un spectacle » et sauvait le vieil hôtel de la faillite : l'un des films préférés de Sunny, qui en connaissait les dialogues par cœur. À chaque Noël ils le regardaient ensemble. Et il savait que cette année ne ferait pas exception.

4

Veille de Noël

Dans les écouteurs iPod de Sunny, la voix de Leonard Cohen étouffait le ronronnement sourd des moteurs de l'avion. Tour à tour chantant et parlant, il racontait son amour perdu, ses souvenirs disparus à jamais. La chanson s'appelait *Dance Me to the End of Love*. En silence, Sunny l'accompagnait. Elle connaissait les paroles de chacune de ses chansons. Quand elle était étudiante, il était l'âme sœur de toutes les filles de sa génération. Elles ressentaient les mêmes émotions, avaient connu les mêmes chagrins d'amour et, comme lui, avaient touché le fond du désespoir, avant de retrouver le bonheur. Avec Van Morrison et Serge Gainsbourg – pour celles qui étudiaient le français – il était leur chanteur préféré. Il les connaissait, les comprenait. Et toutes se demandaient : où se cachent les hommes comme Leonard Cohen ?

La voix chaude du chanteur venait d'entonner *Chelsea Hotel No. 2*. Sunny ouvrit les yeux, surprise de croiser ceux de son séduisant voisin.

— J'adore Leonard Cohen ! s'exclama-t-il. C'est drôle, quand il chante, on a l'impression d'écouter un vieil ami.

— Vous aussi, vous ressentez ça ? s'étonna la jeune femme.

Comprenant soudain que le son de son iPod était trop fort, elle le pria de l'excuser. Il agita une main désinvolte.

— Pas de problème, fit-il avec un sourire flegmatique. J'ai juste entendu quelques bribes et, de toute façon, ça m'a fait très plaisir.

Le steward installa des petites tables devant eux, puis les recouvrit de nappes d'un bleu gris pâle. Une jeune hôtesse de l'air, très élégante dans son chemisier gris et sa jupe droite marine, un petit foulard pimpant aux couleurs d'Air France noué autour du cou, leur proposa de nouveau du champagne. Sunny eut la sagesse de refuser. Elle préférait étudier la liste des vins. Ils avaient déjà consulté le menu et fait leur choix. Dieu merci, elle n'était pas sur Delta Airlines : elle aurait été incapable de refuser leur *sundae*. La glace, avec ses pépites et sa sauce au chocolat, ses noisettes, sa crème, aurait trompé sa douleur l'espace de cinq minutes, le temps de la dévorer. Mieux valait goûter le bourgogne blanc pour lequel elle avait opté. Elle s'étonna de le trouver si bon. Spontanément, ses pensées se tournèrent vers Mac : il aimait tant le bon vin.

— Boire peut vite devenir une habitude, déclara-t-elle à Prince Charmant qui, pour sa part, dégustait un bordeaux d'un rouge profond. Je vais sans doute descendre de cet avion en titubant.

Il se mit à rire et son visage s'illumina.

— Ne vous inquiétez pas, je vous retiendrai.

Il lui lança un regard malicieux. Encore une fois, elle se demanda d'où venait son bronzage.

— Cela vous ira sans doute assez bien d'être un peu pompette, ajouta-t-il. Pour une journée, au moins. Parce que cela n'ira pas plus loin, n'est-ce pas ?

Sunny le regarda, intriguée. Que voulait-il dire, au juste ?

— Je suppose, répondit-elle avec prudence. Je ne bois pas, vous savez. Je ne suis pas alcoolique, précisa-t-elle, se redressant bien droit pour lui montrer qu'elle ne se comportait pas toujours ainsi.

— Eh, deux coupes de champagne, deux verres de vin, onze heures de vol...

— Trois, le corrigea-t-elle. Trois coupes de champagne. J'en ai bu une dans la salle d'attente.

Il sourit.

— Bien. C'est vous qui comptez.

Elle but une autre gorgée de bourgogne. Il était très bon, il fallait le déguster. Mais Prince Charmant avait raison. Onze heures, c'était long. Onze heures sans Mac. Onze heures seule. Seigneur !

— Où avez-vous bronzé comme ça ? fit-elle à brûle-pourpoint.

Une fois de plus, les mots avaient fusé de sa bouche. Elle n'aurait pas dû poser une question aussi personnelle. Cet homme était un inconnu et, manifestement, tenait à le rester.

Il fit tinter son verre contre le sien. Puis il but une gorgée.

— À Tahiti. Une semaine sur la plage.

— Seul ? s'entendit-elle demander malgré elle.

À peine eut-elle posé sa question qu'elle se maudit. Voilà qu'elle recommençait. Mais Tahiti évoquait une longue plage de sable blanc, une paisible anse couleur d'azur, le murmure des vagues, la chaleur tiède du soleil, la douceur des corps luisant d'Ambre solaire, le parfum sucré si particulier du mélange de transpiration et de sexe. C'était trop pour son esprit survolté.

— À vous, princesse, je vais l'avouer. Oui, j'étais seul.

Pour la première fois, elle remarqua son léger accent. Il n'était pas américain, elle en était sûre.

— C'était un choix ? s'enhardit-elle à demander.

— Certainement pas.

Elle garda le silence. Le steward leur servait l'entrée.

— Le vin rouge n'ira pas avec le saumon fumé, fit-elle remarquer en voyant son assiette.

— Dans ce cas, il faudra que je goûte votre blanc.

Il la fixa avec des yeux brûlants. Elle soutint son regard. Seigneur ! Elle tressaillit. Avait-elle perdu la raison ? À quel jeu jouait-elle ?

Ses lèvres esquissèrent un sourire et, brisant la tension de l'instant, il fit signe au steward.

— Je ne vous soumettrai pas à ce test, dit-il avant de commander le même vin blanc.

— Qu'est-ce qui vous dit que vous allez l'aimer ? s'étonna-t-elle.

— Si vous l'aimez, il me plaira aussi.

Le visage de Sunny se fendit enfin d'un large sourire. Elle se pencha vers lui et posa sa main sur sa manche de chemise de coton bleu, roulée sur un avant-bras bronzé recouvert d'un duvet doré.

— Vous savez quoi ? Vous m'êtes sympathique.

Ils se mirent à rire.

— En fait, je vais vous avouer autre chose, déclara alors Prince Charmant.

Aïe ! Voilà finalement qu'il allait lui raconter sa vie par le menu. Après tout, il n'était qu'un compagnon de voyage, un peu charmeur, qui lui faisait des avances. Sunny porta un morceau de saumon fumé à sa bouche, le mâcha lentement, puis, la gorge nouée, se força à l'avaler. Il fallait néanmoins qu'elle pose la question :

— Oui ?

— Quoi, oui ?

— Qu'allez-vous m'avouer maintenant ? Que vous êtes un tueur en série ? Une star de cinéma ? Une légende du rock que je suis trop jeune pour connaître ?

Il partit d'un éclat de rire si sonore que le couple voisin se retourna.

— En fait, je voulais vous avouer que je suis amoureux.

Sunny baissa les yeux sur sa nourriture, dont elle n'avait pas envie. Qu'est-ce que ça pouvait bien lui faire qu'il soit amoureux ?

— Qui ? demanda-t-elle.

— « De qui ? », vous voulez dire ?

Prince Charmant finit son saumon puis, avec délicatesse, il disposa son couteau et sa fourchette sur son assiette suivant les règles du bon usage. Il avala une gorgée de bourgogne blanc, repoussa ses cheveux raides, un peu trop longs, et la regarda de nouveau.

D'un air qu'elle voulait désinvolte, Sunny haussa les épaules.
— D'accord, de qui ?
— En fait, je suis amoureux de Paris.
— Vraiment ?
— Absolument.
— « En fait, absolument », railla-t-elle.
— Pardon ?
— J'ai remarqué que vous disiez beaucoup « en fait ».
Il hocha la tête.
— En fait, vous avez sûrement raison. C'est une habitude mais, dans ce cas précis, cela me semble approprié.
Le steward débarrassa leurs assiettes, leur servit une salade et leur versa encore un peu de vin. Après leur avoir apporté de nouvelles bouteilles d'évian, souriant, il leur demanda s'ils étaient bien installés et s'il ne leur manquait rien, puis il les laissa.
Envahie par un étrange sentiment de soulagement, Sunny reprit alors :
— Pourquoi Paris ?
— Parce que c'est la plus belle ville du monde, tout simplement ! Surtout à Noël, quand elle scintille dans la nuit froide, comme une femme couverte de diamants, emmitouflée dans de la zibeline.
— Vous êtes un grand romantique.
— Tout à fait.
— J'ai toujours pensé que rien ne valait New York à Noël, mais je n'ai jamais vu Paris en décembre, reprit-elle entre deux bouchées de salade.
Une nouvelle gorgée de vin coula dans son gosier comme du nectar. Qui aurait pu se douter qu'une ligne aérienne servait un vin d'une telle qualité ?
— Quand j'étais étudiante, j'ai passé deux mois à Paris, expliqua-t-elle. Puis il a fallu reprendre pied dans la réalité et je suis rentrée travailler aux États-Unis.
— Je ne suis pas autorisé à vous demander quel est votre métier ?

Le steward réapparut et débarrassa leurs entrées. Prince Charmant n'avait pas touché à la sienne. Elles furent remplacées par un risotto aux champignons.

— Non, mais je vais vous le dire quand même. Je travaille dans les relations publiques. Je vends des gens en quelque sorte. Ou, tout au moins, je vends ce qu'ils font, ce qu'ils produisent. Les acteurs, les artistes, tous ceux qui ont besoin d'un peu de succès pour avoir confiance en eux. « En fait », ajouta-t-elle avec un sourire un peu ivre, j'étais à Paris l'été dernier. Moi aussi, je pense que c'est la plus belle ville du monde.

Elle s'interrompit, comme perdue dans ses pensées, puis ajouta d'une voix triste :

— Quand vous êtes avec quelqu'un que vous aimez.

Prince Charmant la dévisagea d'un air grave, avec un regard compréhensif. Mais il garda le silence.

Se ressaisissant, elle s'empressa de chasser sa tristesse. Elle ne voulait pas de la pitié d'un inconnu.

— J'ai décidé de faire ce voyage sur une impulsion. J'ai tout simplement décidé que j'avais besoin de voir Paris. J'ai jeté quelques bricoles dans une valise, embarqué la chienne, acheté un billet sur Internet et j'ai filé à l'aéroport.

— Sans même prendre le temps de réfléchir ?

— Sans même prendre le temps de réfléchir.

— Parfois, il vaut mieux. Et vous savez où vous allez habiter, à Paris ?

Percevant son hésitation, il reprit :

— Je vous en prie, n'allez pas croire que je vous demande où vous serez, princesse, s'empressa-t-il d'ajouter. Je respecte totalement votre vie privée.

Elle sentit soudain les larmes brûler ses paupières. Elle se rappelait sa dernière journée à Paris : Mac, et les toits de la capitale sous la lumière dorée du soir d'été, vus de leur fenêtre au *Ritz*. La visite à cet étrange collectionneur d'art sur lequel ils enquêtaient. Le délicieux restaurant où ils avaient dîné. Leur retour à l'hôtel, à pied, par les rues étroites et les boulevards bordés de tilleuls ou de marronniers. Rien ne pouvait égaler la magie de l'amour à Paris. Et aujourd'hui, elle était « seule ». Comment apprenait-on à être « seule » ? Elle n'en avait pas la moindre idée.

Prince Charmant lui prit la main. Il ne fit aucune tentative pour essuyer ses larmes, ne mit aucun empressement à tenter de la consoler. Il se contenta d'attendre.

Après un moment, Sunny s'essuya le visage avec sa serviette.

— Je suis désolée.

— Je comprends. Mais, princesse, permettez-moi de vous demander quelque chose. Pensez-vous que Paris soit l'endroit approprié pour vous, en ce moment ? Il fait froid, il va neiger, toute la ville sera paralysée. Vous serez coincée dans un quelconque hôtel, vos cafés préférés seront fermés, il ne se passera rien nulle part, tout le monde sera en famille.

— Oh ! là, là ! Quel tableau déprimant ! s'exclama-t-elle avec un sourire tremblotant.

— Il y a toujours Monte-Carlo, reprit-il avec une pression de la main.

C'était un simple geste de réconfort. Il ne cherchait pas le moins du monde à la draguer. Elle lui lança un regard soupçonneux. Pourquoi ne la draguait-il pas ? Elle ne lui plaisait pas, sans doute. Était-elle donc si moche que ça ?

— Monte-Carlo, répéta-t-elle.

— En fait, il fait plus chaud sur la Riviera. Vous aurez de fortes chances de voir briller le soleil. Les hôtels sont bons, la nourriture délicieuse et vous trouverez sans nul doute de la compagnie, des gens qui, comme vous, ont pris la poudre d'escampette pour quelque temps.

— Monte-Carlo, répéta Sunny.

Les souvenirs des moments merveilleux partagés avec Mac à Saint-Tropez, l'été précédent, affluèrent à sa mémoire. Ils avaient connu une petite bande de paumés venus de divers horizons qui, depuis, étaient leurs amis. Mac et elle avaient failli se marier sur la Côte d'Azur. Après tout, les mariages manqués avec Mac n'étaient-ils pas l'histoire de sa vie ? Simplement, elle était celle qui, cette fois, avait dit non.

Mais l'été était loin et Prince Charmant avait peut-être raison. À cette époque de l'année, Paris serait aussi vide et glacé qu'elle. Monte-Carlo serait vivant, vibrant de monde et de plaisirs qui parviendraient peut-être à la distraire de ses soucis.

— D'accord, j'y réfléchirai, acquiesça-t-elle sans s'engager.

— Alors permettez-moi de vous aider à réserver dans un hôtel que je connais, suggéra Prince Charmant en allumant son ordinateur portable. Mais, ajouta-t-il, j'ai besoin de connaître votre nom.

Sunny le lui donna, sans pour autant lui demander le sien. Elle voulait qu'il demeure, tout simplement, Prince Charmant.

La pénombre de la cabine aidant, elle sentit ses paupières se fermer. Engourdie par le vin, anéantie par le chagrin, elle ne tarda pas à sombrer dans le sommeil. Elle ne souhaitait qu'une chose : oublier...

5

Malibu, 24 décembre

Mac avait réussi à finir le tournage de façon à être chez lui à treize heures. Il était loin de se douter qu'en cette veille de Noël il serait seul. Le mot d'adieux de Sunny froissé en boule dans sa poche, il contemplait le numéro affiché sur son téléphone portable. Mais ses messages l'implorant de le rappeler d'urgence restaient sans réponse. Il n'avait pas vu Sunny depuis leur dispute de la veille, lorsqu'il lui avait annoncé qu'il devait repousser leur mariage. « Une fois de plus ! » avait-elle répliqué d'un ton amer. Il savait bien qu'elle avait raison. Il l'aimait, bien sûr, mais ses tournages ne pouvaient pas attendre. Trop de gens dépendaient de lui, qui n'auraient pas supporté de se retrouver au chômage.

De toute façon, si cela n'avait tenu qu'à lui, il n'aurait rien changé à la situation. Quel était l'intérêt de se marier ? Ils étaient très heureux comme ça. Sunny et lui étaient faits l'un pour l'autre. Ils s'aimaient passionnément, d'un amour inconditionnel. Sunny Alvarez était la femme de sa vie.

Il tira la feuille de bloc-notes froissée de sa poche, la lut de nouveau et, songeur, fixa le diamant en forme de cœur qu'elle avait choisi avec un tel bonheur quand ils s'étaient fiancés. Lui avait-il vraiment demandé de l'épouser, alors ? Ou la bague était-elle censée sceller leur amour, comme pour tous ces amoureux qui se vouent l'un à l'autre sans passer par la case mariage et par toutes ces complications ? Ne comprenait-elle donc pas que cela signifiait qu'il l'aimait ?

Au volant de son Prius hybride rouge, il prit la direction du centre commercial de Cross Creek et se mit à tourner dans le parking en quête d'une place. Allons ! elle ne tarderait pas à reprendre ses esprits. Il allait commencer par lui choisir des cadeaux de Noël qui lui feraient vraiment plaisir. Ensuite, il irait chez elle lui présenter des excuses. Elle ouvrirait la porte et le verrait debout devant elle, des cadeaux plein les bras, les yeux brillant d'amour.

Ils se réconcilieraient, elle rentrerait avec lui dans la villa de Malibu pour préparer la dinde. Puis elle passerait le vieux pull en cachemire qu'elle aimait tant parce qu'il avait son odeur et, enlacés, ils boiraient des cocktails sur sa terrasse surplombant le Pacifique. Du moins si Tesoro ne se mettait pas à mordre les talons de Mac... ou ses parties plus intimes. Tant pis ! Il était prêt à tout pour serrer de nouveau Sunny dans ses bras. Même à supporter les morsures du chihuahua.

Sa Sunny ne le quitterait jamais.

Il se faufila à la hâte dans une place qui se libérait, au nez et à la barbe d'un automobiliste furibond. Au moment de Noël, les places étaient une denrée rare. Alors, c'était chacun pour soi.

Pirate, son corniaud, s'était levé sur le siège passager. La tête par la fenêtre, il était impatient d'être libéré. Mac et son chien s'adoraient. Quelques années auparavant, alors qu'il traversait Malibu Canyon par une nuit d'encre, il avait pilé devant une forme ensanglantée qui gisait au beau milieu de la route : un chien ! Le croyant mort, il l'avait pris dans ses bras. Le chien avait ouvert un œil plein de reconnaissance, touchant le détective droit au cœur. Conquis, il l'avait enveloppé dans sa chemise, l'avait déposé sur ses genoux et avait fait toute la route vers la clinique d'urgences vétérinaires de Santa Monica avec l'animal à l'article de la mort contre lui. Le vétérinaire l'avait amputé d'une patte, lui avait sauvé un œil... et la vie. Depuis ce jour, Pirate était le plus fidèle compagnon de Mac.

Le détective ouvrit la portière au chien qui bondit, s'ébroua et se mit à boitiller sur ses trois pattes, son unique œil marron clignant de plaisir alors qu'il se lançait sur les talons de son maître. Indécis, ce dernier commença à regarder les vitrines.

Il s'arrêta devant celle de *Madison*. Une robe rouge fluide et élégante, dans une étoffe moirée et avec un décolleté plongeant, y était exposée à côté de bottes à talons aiguilles, en cuir très souple, noires. Il imaginait tout à fait Sunny dans cette tenue. Elle semblait avoir été faite pour elle.

En le voyant entrer, la vendeuse lui sourit. Elle l'avait reconnu. Il accompagnait souvent Sunny dans cette boutique qu'elle affectionnait tout particulièrement.

— Désolée, vous arrivez trop tard, lâcha-t-elle. Sunny est passée la semaine dernière, elle a acheté la robe et les bottes.

Le détective sentit son cœur se serrer. La déception était rude ! Il pensait avoir trouvé le cadeau idéal pour faire plaisir à la femme de sa vie. Et Dieu sait qu'il voulait lui faire plaisir. La vendeuse lui montra d'autres robes, des pulls, des vestes. Hélas ! Rien ne l'inspirait. Il remercia la jeune femme et quitta les lieux.

Il savait exactement quelle serait sa prochaine étape : *Tiffany* ! la planche de salut de tout homme en quête d'un cadeau pour une femme. Quelle que soit la circonstance, la jolie boîte turquoise enrubannée de blanc du célèbre joaillier new-yorkais pouvait vous tirer d'affaire.

6

Monte-Carlo, jour de Noël

Il était dix-neuf heures. Sunny venait de descendre au bar du *Grand Hôtel de Paris*, le palace où Prince Charmant lui avait réservé une chambre par e-mail. Ils s'étaient dit au revoir à l'aéroport Charles-de-Gaulle et, poliment, il lui avait répété à quel point il était heureux d'avoir pu lui être utile.

— Paris n'est pas un endroit pour une femme au moment de Noël, avait-il ajouté, le regard plongé dans le sien, en l'agrippant par les épaules. Votre vol part dans une heure. Bonne chance, princesse !

Il avait ponctué son adieu d'un baiser sur chaque joue, suivi d'un troisième, celui que l'on réservait aux amis « chers à son cœur », avait-il ajouté.

Puis Sunny l'avait regardé fendre la foule d'un pas rapide. Très beau dans son manteau noir, il dépassait presque tout le monde d'une bonne tête. Tesoro avait émis un gémissement morne et Prince Charmant s'était retourné, un sourire aux lèvres. Après un petit salut de la main, il avait disparu. Une nouvelle fois, Sunny s'était retrouvée seule.

Dire qu'elle ne connaissait même pas le nom de son sauveur ! Maintenant qu'il s'était fondu dans la foule, elle ne risquait pas de l'apprendre. Du reste, « sauveur » n'était pas vraiment le mot exact. Mentor, peut-être ?

Poussant son chariot sur lequel Tesoro persistait à gémir, elle avait alors traversé l'immense aéroport à vive allure pour atteindre le guichet d'embarquement juste à temps.

Ils avaient décollé de Paris dans des tourbillons de neige et, même si le vol pour Nice était court, l'avion avait été ballotté par des bourrasques qui les avaient terrifiées, Tesoro et elle. Elle en avait presque regretté sa décision. Quelle lubie l'avait donc prise ? Elle aurait dû rester tranquillement à Paris, trouver un hôtel, se coucher et se cacher sous les couvertures.

Elle avait essayé de faire manger quelques croquettes à Tesoro. La petite chienne s'était empressée de les vomir. La désapprobation du personnel de bord et l'hostilité des autres passagers étaient palpables. Aussi, ce fut avec un grand soulagement qu'après un atterrissage à l'aéroport de Nice elle prit un taxi pour le *Grand Hôtel de Paris*. La pensée d'un lit, d'une couette sous laquelle se blottir, et de faire enfin dîner Tesoro rendit l'interminable voyage presque supportable. Et puis ici le soleil, même s'il était timide, brillait.

Si son souhait n'avait pas été exaucé, la beauté du palace lui avait mis du baume au cœur : un sapin gigantesque et odorant trônait dans le hall, sous les très hauts plafonds voûtés. Dans sa chambre, la lumière était tamisée, la décoration élégante : canapés et fauteuils en nubuck d'un gris soutenu, une table basse, un bureau, une télévision à écran plat qui rediffusait la messe de minuit à Rome, une somptueuse salle de bains en marbre pâle, un service d'étage pour les clients et leurs animaux de compagnie. Elle avait commandé à dîner pour Tesoro. Elle-même n'avait pas faim.

Puis, s'allongeant sur le grand lit confortable, elle s'était assoupie. Après s'être réveillée d'un sommeil agité, elle avait décidé d'aller prendre un verre sans sortir de l'hôtel.

Le bar américain, avec son parfum de havane, ses fauteuils en cuir patiné, son bois précieux et sa lumière tamisée, était décoré de branches de sapin et de guirlandes clignotantes. Tesoro sur les genoux, elle se percha sur un tabouret. Un barman aux cheveux argentés assortis aux tons gris du décor préparait un dry martini. Un frisson d'angoisse la traversa. Combien elle détestait Noël !

Malgré son stress et sa fatigue, elle avait soigné sa tenue et portait sa robe rouge neuve. En revanche, plutôt que d'étrenner ses nouvelles bottes, elle avait préféré garder ses confortables UGG. Elle n'avait mis aucun bijou. De toute façon, sa bague de fiançailles était chez Mac, à Malibu ! Ses longs cheveux bruns tombaient en rideau de chaque côté de son visage. Elle ne savait pas trop si c'était pour le dissimuler aux regards indiscrets ou pour se protéger elle-même. De toute façon, elle n'avait pas besoin de s'inquiéter ; à l'exception d'une autre femme, elle était la seule cliente du bar.

Après avoir commandé un dry martini, elle demanda au barman :

— Où sont les clients ?

— C'est le jour de Noël, madame, lui rappela-t-il. Tout le monde est en famille.

Comment avait-elle pu ne pas y penser ? Tout le monde, sauf elle. Et la femme assise dans un coin du bar. Sunny lui jeta un bref coup d'œil par-dessus son verre. Elle était si banale que, n'eût été sa chevelure rousse, elle serait passée totalement inaperçue.

Le roux trop vif de ses cheveux trahissait une teinture faite maison, achetée dans un supermarché. Elle portait une robe bleue, boutonnée sur le devant, les trois derniers boutons non attachés laissant deviner quelques centimètres de deux cuisses dodues au regard des curieux. Lesquels, vu l'animation des lieux, ne se pressaient pas. Chaussée de talons aiguilles noirs, elle tenait, bien en évidence sur les genoux, un sac Chanel noir matelassé. Sur ses pendants d'oreilles, on pouvait lire DIOR en lettres blanches. Tout dans son allure trahissait la petite-bourgeoise qui faisait son possible pour sortir de son obscure banlieue.

Sunny se rabroua intérieurement. Pour qui diable se prenait-elle ? De telles pensées étaient dignes d'une garce. Fascinée, elle ne put s'empêcher de la regarder de nouveau. Sous la frange qui dissimulait un front proéminent, de petits yeux bleus de prédatrice la fixaient aussi. La lueur insolente dans ses prunelles mit Sunny mal à l'aise : avec sa robe ouverte et ses talons aiguilles, cette femme avait vraiment l'air aguicheur.

Soudain, elle parut se métamorphoser. Son regard se fit plaisant, presque complice, comme si Sunny et elle partageaient la même solitude. Elle leva son verre et d'une voix rauque lui souhaita « Joyeux Noël ! » en anglais. Sunny reconnut un soupçon d'accent slave. Russe, peut-être ?

7

La rousse répondait au nom de Kitty Ratte. Elle était au bar en quête de « compagnie ». Hélas, en ce jour de Noël, le genre de « compagnon » qu'elle aurait pu trouver était chez lui, en famille. Mais Kitty n'avait rien d'une call-girl de haut vol. Trop âgée, elle n'avait aucune classe. La seule chose qui chez elle attirait le regard était ses cheveux d'un roux flamboyant. Pendant quelques années elle avait été blonde, mais elle avait décidé depuis peu que le roux était sa couleur. Cela semblait plaire aux hommes. Elle n'était donc pas une vraie rousse, mais comme, bravant la douleur, elle s'épilait intégralement à l'aide de bandes de cire chaude, nul n'était censé le savoir. Kitty était une femme pragmatique.

Elle avait vu Sunny entrer dans le bar désert. Même sans savoir qui elle était, pour une professionnelle comme elle, une femme qui se retrouvait seule dans un bar d'hôtel un jour de Noël était forcément dans le pétrin. Et Kitty se délectait des problèmes des autres.

Le contraste entre la robe de prix de la nouvelle venue et ses étranges bottes en fourrure qui n'avaient pas l'air bien neuves n'échappa pas à son œil de lynx. Elle ne portait pas de bagues, mais Kitty remarqua un mince cercle de peau plus pâle à son auriculaire gauche. Pensive, Kitty finit le Red Bull où elle puisait sa dose de caféine. Qu'était-il arrivé à la mystérieuse cliente ? Son mari l'avait-il quittée ? Son copain était-il parti avec une autre femme ? Elle commanda un nouveau Red Bull et se servit un troisième verre de vin.

Elle enviait l'allure de la femme vêtue de rouge pour qui, c'était flagrant, l'argent n'était pas un problème. Kitty avait toujours voulu faire riche. Jusqu'ici, elle était parvenue à acheter un sac Chanel d'occasion et une paire d'escarpins à talons aiguilles Louboutin à une vente de fins de séries. Mais elle n'avait pas de diamants, pas même une petite bague, ni de brillants aux oreilles, symboles sans ostentation de la réussite d'une femme. Inutile de préciser qu'elle n'avait pas non plus de Rolex en or. Kitty n'était même pas propriétaire de son appartement. Avec l'âge, son besoin d'argent devenait désespéré – comme le fait d'envisager une reconversion professionnelle.

Kitty Ratte était une prédatrice. La séduction était son domaine. Elle avait un don pour jouer l'amie soumise d'une femme, l'amante capable d'assouvir le moindre fantasme sexuel d'un homme et lui donner l'illusion d'avoir rajeuni de vingt ans.

Elle prétendait avoir quarante-neuf ans. Du moins était-ce l'âge qu'elle avait avoué à son amant actuel, Jimmy, un comptable raté, vendeur de voitures d'occasion, qui vivait non loin de Londres, dans le Surrey où, bien sûr, il était ce soir. En fait, elle avait douze ans de plus. Or son corps commençait à trahir son mensonge. Les talons aiguilles, si hauts qu'ils fussent, peinaient à dissimuler la cellulite qui envahissait ses cuisses. Pas un soutien-gorge matelassé ne parvenait à donner à ses seins ce ravissant bombé des jeunes poitrines, ni à dissimuler les rides qui se creusaient de semaine en semaine. Il devenait de plus en plus difficile de duper son entourage. Le temps lui était compté.

Peu de temps auparavant, Kitty avait bien failli se marier. Avec un homme déjà marié, bien entendu, puisqu'ils l'étaient tous. Il avait plus de soixante-dix ans mais il était riche. L'argent n'était-il pas la seule raison qui poussait une femme à coucher avec un vieillard ?

Elle l'avait séduit, avait paradé devant lui en bikini léopard et talons aiguilles. Elle lui avait dit l'aimer, avait sorti le grand jeu : il était merveilleux, si séduisant, si sexy...

Comment sa femme pouvait-elle ne pas vouloir de lui ? Le pauvre idiot l'avait crue. L'écouter l'avait rendu si heureux. Elle l'avait mis en transe. Bien sûr, elle lui avait fait promettre de ne jamais la trahir, de ne jamais divulguer son nom ni à sa femme ni à personne parce qu'elle ne voulait pas être citée au divorce. Elle l'avait menacé. S'il prononçait son nom, il n'entendrait plus jamais parler d'elle et elle ferait en sorte que Jimmy, son amant « en titre », leur inflige les pires tourments à lui et à sa femme. Il avait promis : jamais il ne la trahirait, jamais il ne la quitterait.

— Enfuyons-nous ensemble, avait-elle suggéré. À Paris, à Saint-Tropez. Juste toi et moi. Ce sera merveilleux. Je t'aime tant.

Il avait répondu que, pour elle, il renoncerait à tout. Mais qu'il devait d'abord rentrer, étudier sa situation financière. Quelle situation financière ? s'était demandé Kitty.

Néanmoins, elle avait gagné. Il était revenu pour lui annoncer qu'il avait quitté sa femme, sa famille, sa maison, même ses trois chiens. Il n'avait plus rien.

Ce qui se révéla être la vérité : ce jour-là, Kitty découvrit que toute sa fortune appartenait à sa femme. Il avait essayé de la prendre dans ses bras, de lui dire que tout irait bien. Qu'ils s'aimaient, qu'il allait divorcer, qu'ils seraient ensemble, que c'était tout ce qui comptait.

— Que veux-tu que je fasse d'un vieillard comme toi, sans argent ? Retourne chez ta femme, avait-elle répondu avec dédain. Elle te reprendra. Elles vous reprennent toujours.

Elle ne s'était pas trompée. Sa femme l'avait repris, sonnant, selon toute apparence, le glas de leur liaison. Mais Kitty n'avait pas dit son dernier mot. Son vieil amant lui jurant d'essayer de faire main basse sur la moitié de l'argent au moins, Kitty avait continué à le tourmenter, au cas où l'imbécile tiendrait promesse. De plus, elle voulait se venger de son mensonge concernant ses finances.

— Attends juste un peu, avait-il supplié.

Elle avait attendu. Elle voulait l'argent et le respect qui allait avec. Elle voulait la vie de l'épouse trompée, sa position sociale. Et tant pis pour cette femme !

Ils partageaient un téléphone privé dont ils étaient les seuls à connaître le numéro. Elle lui avait laissé un message dans lequel elle lui disait vouloir reprendre leur relation. Elle avait besoin de lui, elle le voulait, ne voulait que lui. Elle allait quitter son amant pour lui. Il fallait qu'ils soient ensemble.

Il était en vacances. Dès son retour, il l'avait appelée et ils avaient pris rendez-vous.

Il avait réservé une chambre dans leur hôtel habituel. Elle lui avait dit l'aimer toujours mais qu'ils n'avaient aucun avenir sans argent. Il devait se débrouiller pour en obtenir. Elle avait des goûts de luxe, ne descendait que dans des hôtels cinq étoiles. Elle l'avait fait craquer.

— Je vais prendre tout l'argent, avait-il promis, désespéré. Nous serons ensemble. Jamais je ne te trahirai. Je t'aimerai toujours.

Et ç'aurait sans doute été le cas si sa femme, anéantie par l'échec de son long mariage d'« amour », ne l'avait pas abattu d'un coup de revolver, avant de se supprimer à son tour.

Elle avait commencé par tuer les trois chiens, ce que Kitty avait regretté. D'un autre côté, à l'instar de tous les gens détraqués, ce qui ne la concernait pas directement la laissait indifférente. Ses besoins passaient d'abord.

Ce fâcheux épisode l'avait laissée dans une situation financière délicate. Sa carrière d'escort-girl souffrait de son physique vieillissant. Elle n'était plus choisie sur les sites comme Craigslist et Eros.com, ne faisait plus de rencontres dans les bars, les clubs. La « jolie Slave, rousse, avec le charme de la maturité » qu'elle décrivait dans sa petite annonce était en concurrence avec des femmes plus jeunes, plus sexy. À dire vrai, elle n'était pas sexy, et n'aimait même pas le sexe. Tout ce qui l'intéressait, c'était le pouvoir qu'il procurait. Et, bien sûr, l'argent. Et maintenant, l'argent était son problème numéro un.

Avec Jimmy, son amant anglais, elle avait échafaudé un nouveau plan : le chantage. Ils avaient fait plusieurs essais avec de l'ecstasy ou de la drogue du viol sur des hommes d'affaires en congrès à Monte-Carlo ou à Nice. Mais ils n'avaient récolté que de maigres sommes pour des coûts énormes, tout particulièrement celui de la caméra vidéo : de la taille d'un clou, elle était très facile à dissimuler dans les tuyaux des systèmes de climatisation des chambres d'hôtel et d'une précision extrême. Ils n'avaient pas fait suffisamment de bénéfices et, aujourd'hui, Kitty était désespérée. Elle avait trois mois de loyer en retard. Elle devait trouver une solution. Une solution de choc.

Kitty observait la jeune femme brune assise au bar, sentait sa vulnérabilité. L'Américaine était perturbée à cause d'un homme, elle était prête à le parier. En outre, elle respirait l'argent. La robe était chère. Kitty tira sur sa jupe et, dans un flash du rouge de ses semelles, cacha ses vieilles Louboutin sous son fauteuil. L'autre cliente n'était sûrement pas obligée d'acheter ses beaux accessoires d'occasion. Et même si elle ne portait pas de bague, Kitty était sûre qu'elle avait un mari riche. Qui sait quelle surprise pouvait lui réserver cette inconnue ? Après tout, l'occasion faisait le larron. Et puis, seule dans ce bar en ce jour de Noël, elle commençait à s'ennuyer.

Elle fit signe au barman, commanda un troisième Red Bull – elle adorait le coup de fouet de la caféine – et une autre bouteille de vin rouge. Jimmy disait qu'elle buvait trop. Et alors ? Qu'avait-elle à perdre ?

8

L'attention de Sunny fut distraite par l'arrivée d'une autre femme. D'une démarche assurée, celle-ci se dirigea vers une table du bar. Indienne, elle portait un sari or pâle qui chatoyait à chacun de ses pas.

Avec ses cheveux bruns et lisses sévèrement tirés en arrière, dévoilant son profil de déesse, son nez aquilin, sa bouche à la lèvre inférieure charnue et d'immenses yeux sombres frangés d'épais cils noirs, la femme était une beauté. Contrairement à la rousse, elle n'avait besoin d'aucun artifice, n'avait aucun effort à faire : chez elle tout était naturel.

Une fois assise, elle fit signe au serveur et commanda une bouteille de veuve-clicquot. Son regard alla alors de Sunny à Kitty. Elle ne les salua pas. Le serveur lui apporta sa bouteille de champagne dans un seau d'argent couvert de gouttes glacées. Adossée à son fauteuil de nubuck gris, elle le regarda remplir une coupe en cristal du délicieux vin pétillant puis, d'une voix mélodieuse, lui demanda des pistaches et deux mesures de caviar beluga.

Dans une comédie musicale de Bollywood, Maha Mondragon aurait été parfaite pour un rôle d'aristocrate. Pourtant, elle avait grandi dans la plus grande pauvreté, sans aucune famille, dans les rues les plus crasseuses de Bombay : une enfance sordide, d'une dureté extrême. À sept ans, Maha n'ignorait plus rien de la « vraie vie » et son seul désir était d'échapper à cette réalité où la violence, la brutalité, les meurtres faisaient partie du quotidien. Les premières années de sa vie ayant affûté sa perception des choses, Maha avait un sixième sens pour reconnaître le vice sous toutes ses formes. Elle l'avait immédiatement identifié dans les yeux de serpent de Kitty Ratte.

Il lui avait suffi d'un regard pour comprendre les raisons, ô combien différentes, de la présence des deux autres clientes dans ce bar de palace.

Tout en dégustant son champagne à petites gorgées, elle observa le manège de la rousse. L'intensité avec laquelle celle-ci fixait la jeune femme au bar la troubla. Elle sentait l'innocence de la ravissante brune, sa vulnérabilité, à quel point elle était perturbée : c'était la victime idéale.

Elle porta de nouveau sa coupe à ses lèvres dans un cliquetis de pendants d'oreilles sertis d'émeraude et de rubis. Sentant les yeux de Kitty revenir sur elle, elle sut que la rousse examinait son splendide collier d'or et de cabochons d'émeraude. Elle refusait de croiser son regard. Elle ne voulait rien avoir à faire avec elle.

Maha était connue pour ses bijoux uniques fabriqués au Rajasthan par des artisans qui, depuis des siècles, avaient perfectionné leur savoir-faire. Ses épais colliers en or torsadés étaient semés des célèbres émeraudes de cette région de l'Inde, de rubis, de saphirs, et de pierres semi-précieuses comme des topazes ou des tourmalines. Elle vendait ces merveilles d'art et de finesse à des boutiques spécialisées et à des grands magasins en Europe, et s'apprêtait à s'étendre aux États-Unis. Maha était sur la pente ascendante et rien ne l'arrêterait.

Si l'orpheline terrifiée de l'infâme bidonville de Bombay était bien loin, elle n'avait jamais oublié son passé ni les leçons qu'elle en avait tirées.

Intriguée, Sunny essaya de ne pas regarder la belle Indienne en sari. Elle regrettait maintenant de ne pas avoir pris du champagne. D'un autre côté, quel aurait été l'intérêt de commander une bouteille pour elle seule ?

Mac lui manquait trop. Soudain terrassée par la tristesse et la solitude, elle croisa le regard du barman et se décida pour le vin pétillant. Mais elle ne prit pas de caviar. C'était le plaisir que Mac et elle s'offraient pour la Saint-Sylvestre : ils faisaient venir le caviar et le saumon fumé de Harrods, à Londres, et les homards du Maine. Souvent ils réveillonnaient au lit, devant la télévision. Couchés sur la couverture, les deux chiens étaient à l'affût de la moindre miette. Ils regardaient la foule rassemblée à Times Square, à New York, mais n'attendaient jamais la chute de la grosse boule de cristal au dernier coup de minuit[1]. Ils avaient trop faim l'un de l'autre pour se soucier du reste du monde.

Les souvenirs se bousculant dans son esprit, elle sentit son cœur voler en éclats. Elle ne devait pas penser à Mac. La tête soudain vide, la panique la gagna. Que pouvait-il bien faire en ce moment ? Il avait dû trouver sa lettre. Peut-être la cherchait-il, peut-être lui avait-il acheté un cadeau de Noël, quelque chose d'assez extravagant pour la ramener dans ses bras... dans ces bras si forts, si accueillants, qui la sécurisaient tant, au creux desquels elle se sentait tellement aimée.

Avec un effort surhumain elle refoula ses larmes. Les larmes ressemblaient à la pluie. Et il semblait toujours pleuvoir à Malibu, à Noël.

La pluie tombait sur la tête de Mac, de larges gouttes qui s'écrasaient en flaques énormes. Pirate le regardait d'un air pathétique. Sachant que son chien n'aimait pas se mouiller, le détective le prit dans ses bras. S'il n'était pas gros, il était lourd. Mac s'en fichait bien. Le corniaud était si heureux, blotti sous la veste de son maître. C'était tout ce qui comptait.

En ce matin de Noël, il marchait sur la plage, sous la pluie. Toutes ses pensées allaient à Sunny. Où était-elle, avec qui ? Portait-elle sa belle robe rouge et ses bottes si sexy ?

---

1. Tradition new-yorkaise. *(Toutes les notes sont de la traductrice.)*

Sans elle, il devenait fou. Il avait tout essayé, téléphoné à toutes leurs connaissances. Personne ne savait rien. En tout cas, si quelqu'un avait une information, il ne vendait pas la mèche. D'ailleurs, un célèbre détective privé comme lui devait bien être capable de retrouver la femme qui l'avait quitté, entendait-il à demi-mot.

Et il pleuvait. Si Sunny avait été avec lui, une délicieuse odeur de dinde se serait échappée du four. Ils auraient ajouté une bûche au feu et auraient ouvert une bonne bouteille de champagne. Oui, mais il était seul, et n'avait même pas pris la peine d'acheter une dinde ni de faire un feu, n'avait pas eu le cœur à faire pétiller les bulles du vin doré. La vie telle que la connaissait Mac Reilly était terminée.

Pirate toujours dans les bras, il rebroussa chemin pour regagner sa maison, une bicoque des années 1930 en bois, bizarrement perchée à l'extrémité de la rangée des élégantes villas du front de mer de Malibu. Des marches en bois menaient directement de la plage à sa terrasse. Là, il resta debout à contempler la mer.

Après un long moment il se décida à rentrer. Il devait faire déjeuner Pirate. Puis il se servit un whisky *on the rocks* et s'assit sur la couverture pleine de poils de chien qui recouvrait son vieux canapé et dont il refusait absolument de se séparer malgré les récriminations de Sunny : jamais il n'avait possédé un meuble aussi confortable.

Pirate alla s'asseoir à côté de lui. Il émit un gémissement anxieux et, d'un geste machinal, Mac passa une main dans son pelage rêche. Il fixait la cheminée sans feu. Aussi vide que sa vie.

9

Monte-Carlo, bar du Grand Hôtel de Paris, soir du 25 décembre

Un pianiste en smoking blanc jouait des airs de piano-bar et la douce musique s'élevait dans le silence. Dieu merci, plutôt que des chants de Noël, il avait choisi de bons vieux airs de Cole Porter, de Jerome Kern, entrecoupés de bossa-nova. Dans sa robe rouge et ses bottes fourrées, Sunny ne s'était jamais sentie aussi loin de *The Girl from Ipanema*. Elle aurait peut-être mieux fait de prendre un vol pour Rio. Au moins, là-bas, c'était l'été, il faisait chaud. Ici, un vent froid agitait les palmiers le long du front de mer, soulevant les jupes des femmes, décoiffant leurs cheveux.

Le barman lui versa du champagne avec une telle maîtrise qu'il ne moussa presque pas. Morose, elle regarda les précieuses bulles qui la ravissaient tant en temps normal. Elle regrettait de l'avoir commandé. Un cœur brisé pouvait-il faire de vous une alcoolique ?

Un serveur arriva avec une assiette de canapés. Idéal pour combler sa faim et atténuer l'effet du champagne sur un estomac vide. Mais avait-elle faim ? Elle se fichait bien de manger ou pas.

Intriguée, elle regardait la rousse dans le coin, avec sa jupe ouverte sur sa chair flasque et ses joues d'un rose qui contrastait avec le rouge métallique de ses cheveux. L'inconnue semblait observer son champagne. Et elle était seule. Sunny la vit appeler le serveur, faisant glisser sa jupe sur ses genoux nus avec désinvolture, et commander une bouteille de vin et un autre Red Bull. Quelle était son histoire ? Comme le disait toujours Mac, tout le monde en avait une.

Elle tourna alors son regard vers la belle Indienne. En ce soir de 25 décembre, elles étaient toujours les trois seules clientes du bar.

Le lourd collier en or de l'Indienne était orné de grosses émeraudes. Des dizaines de bracelets d'or cliquetaient à ses bras. Sunny était prête à parier qu'ils étaient en or pur. Elle la regarda déposer sur des petits blinis des cuillerées d'un caviar gris-noir au prix exorbitant, et la vit fermer les yeux de plaisir en les dégustant.

Le pianiste s'était mis à jouer *Smoke Gets in Your Eyes*, une chanson sur l'amour perdu et la fumée de cigarette dissimulant les larmes.

Soudain, l'air sembla trembler. Une quatrième jeune femme entra en trombe dans le bar, vêtue d'une robe de mariée. Un fourreau court de satin, chatoyant de paillettes. Pas de voile, un bouquet de muguet, un brin de jasmin derrière une oreille fixé par une étoile en diamant. Elle vibrait de colère et des larmes roulaient le long de son joli visage. D'où elle était assise, Sunny sentait le parfum des fleurs.

Sous le regard inquiet de l'assistance, la mariée se hissa sur un tabouret de bar et, d'un geste brusque, posa son bouquet sur le comptoir.

— Dry martini. *On the rocks !* renifla-t-elle avant d'ajouter en français, soudain humble : s'il vous plaît, monsieur.

Les larmes ruisselaient de ses pommettes. Regardant fixement devant elle, elle attendit. Le barman préparait le martini au shaker.

Mal à l'aise, Sunny détourna les yeux. Elle croisa ceux de l'Indienne qui, avec un soupir, haussa les épaules.

La mariée but son martini en deux gorgées, attrapa son bouquet, descendit de son tabouret, lissa sa robe de satin soyeux et, la tête haute, le menton déterminé, sortit d'un pas décidé du bar.

Tous les regards la suivaient.

— Pauvre fille !

Étrangement, le commentaire venait de Kitty Ratte. Les grands yeux noirs de Maha se posèrent sur elle avant de se porter sur Sunny.

— C'est triste d'être aussi attachée à un homme qui fait de votre vie un enfer, reprit la rousse. Cette fille a sans doute découvert la vérité au sujet de son fiancé, mais il est trop tard pour reculer. Elle doit quand même l'épouser. Elle se prépare à une vie de tristesse.

— Ou à un divorce rapide, dit Sunny qui ne voulait pas penser aux fiancés déloyaux.

— Elle pourra toujours prendre un amant, fit Kitty. Vous savez, pour alléger le fardeau.

Elle éclata de rire, dévoilant ses dents de lapin. Puis, agitant la main, elle rappela le serveur et commanda un autre Red Bull. Après l'avoir avalé, elle se servit un nouveau verre de vin rouge.

Pensive, Sunny la regardait boire. Peut-être essayait-elle elle aussi de noyer son chagrin. Pourtant, sans pouvoir se l'expliquer, elle sentait que la rousse n'était pas du genre à s'apitoyer sur son sort.

Maha s'adossa à l'élégant fauteuil club en nubuck gris et, s'adressant à Kitty, demanda :

— Je suppose que vous parlez d'expérience.

Kitty baissa la tête avec un air de fausse modestie et lui lança un regard en dessous.

— Oh... pas vraiment... En fait, j'ai entendu dire que rendre un homme jaloux était la meilleure chose à faire pour le coincer.

Elle se remit à rire, ses petits yeux bleus se plissant en fente, et elle dit à Sunny :

— En attendant, ça ne me rend pas aussi triste que vous.

Choquée, Sunny se redressa. Plutôt mourir que de montrer à tout le monde, en tout cas à ces femmes, qu'elle était anéantie. Son attention se tourna vers trois nouvelles personnes qui entraient dans le bar, deux hommes et une femme de haute taille, avec des cheveux bruns coupés court et des sourcils noirs surmontant des yeux si verts que Sunny remarqua leur couleur depuis l'autre bout de la pièce. Elle portait un simple tailleur noir, de marque, à l'évidence, et pour tout bijou deux gros diamants aux oreilles.

Les deux hommes qui l'accompagnaient étaient tout aussi élégants et, pour Sunny, habituée à l'élégance décontractée de la Californie, très européens dans leurs costumes d'affaires à rayures manifestement taillés sur mesure.

Sunny, experte en matière de mode, savait reconnaître les belles chaussures. La femme portait des Jimmy Choo en satin noir, lacées autour des chevilles. Sunny avait essayé ce modèle chez *Neiman's*. Les deux hommes, elle était prête à le parier, portaient des Berluti cousues main. Il émanait du trio debout à l'entrée du bar un mélange d'assurance et de désinvolture inhérent aux nantis. Et une séduction typiquement européenne.

Ils saluèrent l'Indienne de la main, se dirigèrent vers elle et s'assirent à sa table. Maha fit signe au barman d'apporter du champagne et du caviar. Aussitôt servis, ils levèrent leurs coupes pour porter un toast. Souriante, la belle Indienne jeta un coup d'œil à Sunny.

— *Joyeux Noël !* lança-t-elle alors en français.

— Le plus joyeux qui soit, renchérit la femme aux splendides yeux verts. Pour nous tous.

Sunny ne supportait plus d'être seule dans ce bar. Soudain, elle eut une idée. Son amie Allie Ray Perrin vivait en France. Avec son mari Ronald. En Dordogne, à des kilomètres de Monaco, mais en France. Ce que Mac et elle avaient partagé avec les Perrin avait tissé entre les deux couples des liens de profonde amitié.

Elle composa le numéro d'Allie sur son BlackBerry et entendit l'étrange sonnerie française résonner dans le vide. Étaient-ils partis pour Noël ? À la montagne peut-être ? Allie adorait skier. Pourvu que non ! Elle ne supporterait pas de ne pas pouvoir lui parler ce soir.

Enfin, la sonnerie cessa pour laisser place à la voix familière d'Allie : « Ron et moi ne pouvons vous répondre pour le moment mais vous pouvez laisser un message. »

— Allie, c'est Sunny. Je suis désespérée. J'ai quitté Mac. Tout est fini, nous ne nous marierons jamais, fit-elle avec un débit saccadé pour que personne ne puisse l'entendre. Oh, Allie, je suis malheureuse à en mourir. Où es-tu ? J'ai besoin de te parler, ma belle. Je suis à Monte-Carlo. Mac n'en a aucune idée et, je t'en prie, s'il me cherche, ne lui dis rien. S'il te plaît, Allie, c'est important. Tu as mon numéro de portable. Allie, je t'aime.

Elle referma son téléphone, leva la tête et se trouva nez à nez avec Kitty Ratte, maintenant assise sur le tabouret à côté d'elle. Tesoro, qui venait de se réveiller, grognait et montrait les dents. Sunny s'empressa de l'excuser.

— Ne vous en faites pas, j'adore les animaux, la rassura Kitty.

Une expression de compassion sur le visage, elle tapota la main de Sunny et enchaîna avec douceur :

— J'ai l'impression que vous avez besoin de parler. Je m'appelle Kitty Ratte et j'habite ici.

— Seule ?

Sunny n'aurait jamais dû poser une question pareille, mais « seule » était le mot qui l'obsédait et il avait fusé malgré elle. La femme ne sembla pas s'en offusquer. De toute façon, c'était elle qui était venue trouver Sunny et avait entamé cette conversation sur une base très intime.

— La plupart du temps, oui, répondit Kitty. Je vis avec quelqu'un par intermittence.

Elle haussa les épaules d'un air de dire « comme tout le monde ».

— Mais il voyage souvent et je passe beaucoup de temps seule. Quand il est là, nous partageons de nombreuses activités.

Elle ajouta avec un sourire mystérieux :

— D'un autre côté, j'affectionne celles que je peux faire seule. Mais, pour vous, je devine que c'est tout frais, tout nouveau, d'être « seule ».

Elle secoua la tête et lui adressa un sourire entendu, découvrant le grossier placage qui scintillait sur ses deux incisives. Elle se pencha en avant, tapota de nouveau la main de Sunny et, d'un ton de complicité féminine, déclara :

— Faites-moi confiance, ma belle, moi aussi je suis passée par là.

10

25 décembre, soir de Noël

Allie Ray Perrin, plus connue sous le nom d'Allie Ray, l'une des actrices les plus célèbres au monde, était l'archétype de la belle Américaine : avec son regard bleu turquoise, si tendre qu'il vous faisait fondre, ses cheveux blonds sur ses épaules menues, ses jambes interminables, elle possédait toutes les qualités de la vraie star de cinéma. Ce soir-là, vêtue d'un vieux pantalon de jogging gris, d'un gros pull bleu marine et chaussée de tennis, elle se promenait dans son vignoble français, quelque part entre Bordeaux et Bergerac, tenant la main de son amie Prudence Hilson.

Prudence, arrivée le matin, n'arrêtait pas de pleurer. Un rayon de lune éclaira furtivement son visage baigné de larmes. Allie s'étonna. Pourquoi ne gelaient-elles pas ? La nuit était si froide. Frissonnante, elle serra la main de son amie comme pour lui insuffler sa force. Son chien, un labrador noir du nom de Lovely, les précédait, aboyant dans la nuit. Lovely avait remplacé Dearie, le chien errant qu'elle avait ramassé sur le bord d'une autoroute française et qui avait été son plus cher ami. Le pauvre Dearie était mort en voulant lui sauver la vie. Pour la consoler, son ami Mac lui avait offert un chiot, Frankie. Hélas, il ne s'était jamais adapté à la vie à la campagne en France.

Totalement indifférent à leur présence, Lovely fonçait maintenant vers elles ventre à terre dans la longue rangée de vignes. Allie savait que c'était le propre des labradors. Ou vous vous écartiez de leur chemin, ou vous étiez écrasé. Il percuta ses jambes comme une fusée. Titubant sous le choc, elle se mit à rire. À sa grande surprise, Pru l'imita, relâcha sa main et se pencha pour tapoter le dos du chien. Depuis l'arrivée de son amie, c'était la première fois qu'elle l'entendait rire.

— Voilà, tu vois ! s'exclama-t-elle, soudain triomphante. Tout va bien. La vie continue. Tu peux redevenir « toi », Pru, il te suffit d'essayer.

Le reniflement de Pru résonna dans le vignoble silencieux. Il allait falloir attendre des mois pour voir les innombrables rangées de branches nues se couvrir des feuilles vert tendre du printemps puis des lourdes grappes qui, Allie l'espérait, permettraient à son vignoble de prétendre prochainement à l'appellation d'origine contrôlée, conférant à ses vins tout neufs un label dans ce marché si compétitif.

— Douce nuit, fredonna Pru d'un air triste.

— C'était hier soir. La veille de Noël, répondit Allie tout en inspectant un rosier d'aspect fatigué.

Elles avaient atteint le bout d'une rangée de vignes. Chacune d'entre elles avait son rosier. Avant de s'en prendre aux grappes, les insectes nuisibles attaquaient les roses, ce qui permettait au vigneron de les repérer et de protéger ses vignobles.

— Oh mon Dieu, j'avais oublié ! C'est Noël ! s'exclama Pru.

Elle fondit de nouveau en larmes, une longue plainte s'échappant de sa gorge. Allie en eut la chair de poule. Inquiet, Lovely revint vers elles en courant et, se dressant sur ses pattes, lécha le visage de Pru.

— Les labradors sont comme des mères anxieuses, expliqua Allie. Ils sont toujours là pour vous réconforter en cas de chute. Et tu t'es cassé la figure, Pru, mais ce n'est pas la fin du monde.

— Oh que si ! fit Pru en fixant son amie de son regard de myope. Et c'est ma faute.

— Pas tout à fait, répondit Allie prudemment.

Cependant, elle devait bien l'admettre, Pru n'était pas belle à voir : l'air pitoyable, elle avait grossi, était habillée comme un sac et n'était pas maquillée. On pouvait difficilement blâmer son mari de l'avoir troquée pour une femme qui, d'après Pru elle-même, ressemblait à celle qu'elle était des années auparavant. Se sentant soudain coupable, Allie se morigéna pour cette pensée.

— C'est ma faute, geignit de nouveau Pru. Il était tout le temps parti. J'étais si seule. Je n'ai pas d'enfants, pas même un chien comme Lovely pour me tenir compagnie.

— Tu avais des amis, insista la star.

— C'étaient *ses* amis. Avec le divorce, devine dans quel camp ils seront.

Allie savait qu'elle avait raison.

— Il couchait avec elle et je mangeais pour compenser mon chagrin, reprit Pru d'une voix atone, comme si elle admettait son problème sans y voir de solution. À tel point que je n'entrais plus dans mes vêtements. J'ai refait toute ma garde-robe. J'ai même dû aller dans un magasin spécialisé pour me procurer des culottes de grand-mère. Tu sais, ces parachutes qui nous faisaient tant rire quand nous étions gamines.

— Mais tu as toujours été jolie, la réconforta Allie avec loyauté.

Elle et Pru étaient amies depuis les années de lycée, une époque qu'Allie voulait rayer de sa mémoire. Elle avait eu ses propres victoires à remporter pour devenir celle qu'elle était aujourd'hui : après avoir laissé loin derrière elle Mary Alison Raycheck, la fille du Texas sans un sou vaillant, pour devenir Allie Ray, la star de cinéma, elle avait eu la force de renoncer à tout, la célébrité, le succès, l'argent. Tout avait un prix et Allie avait payé le sien. Aujourd'hui, elle était redevenue la Texane toute simple de sa jeunesse et avait retrouvé l'amour de son mari. Elle vivait une vie paisible qui la comblait et connaissait enfin la sérénité. Elle jeta un coup d'œil à Pru dont le regard se perdait dans la nuit. Elle ne pouvait pas la laisser tomber, elle devait l'aider. Quoi de plus naturel pour une amie ?

— Écoute, Pru, commença-t-elle en lui passant un bras autour des épaules, tu vas redevenir toi-même, c'est tout. Plus question de t'empiffrer pour tromper ta douleur, plus question de te voiler la face en te répétant que ton mari est fidèle, plus question d'être seule. C'est à toi de choisir ton destin. Pas à lui. Je te le dis, Pru, ensemble, nous pouvons y arriver.

Elle tourna la tête vers la maison délabrée dans laquelle Ron et elle avaient investi une grosse somme d'argent pour se lancer dans leur nouvelle vie. Malgré leurs disputes parfois acrimonieuses, l'installation s'était faite dans l'amour. Les auvents étaient éclairés de guirlandes de Noël bleu vif. Devant la façade se dressait un sapin qui scintillait des flocons de neige gelés de la veille, de boules à facettes et de fausses bougies. L'odeur de la dinde du déjeuner filtrait par la porte ouverte. Lovely les précéda dans la cuisine et bondit vers un homme de petite taille, à la large carrure, qui manifestement prenait grand soin de sa santé. Avec ses cheveux bruns et épais, légèrement ondulés, ses sourcils qui se rejoignaient au-dessus d'un nez bien dessiné et sa bouche charnue et sensuelle, son charme si particulier avait, des années auparavant, séduit la belle Allie. Il dégageait une telle impression de stabilité que, même malgré quelques écarts qui avaient eu pour conséquence un séjour en prison, Ron était l'amour de sa vie. Et elle ne doutait pas une seconde de l'amour qu'il lui portait.

— Mesdames ! les salua-t-il en s'appuyant au réfrigérateur en acier chromé, bras et jambes croisés.

Seigneur ! songeait-il en son for intérieur. Mais son visage, impassible, ne trahissait aucune émotion. Il avait pourtant rarement vu une femme aussi laide que Pru Hilson. La graisse formait des plis sur son cou, recouvrait ses seins, envahissait son ventre, ses cuisses. Ses cheveux bruns qui encadraient un visage ressemblant à une pleine lune rose tombaient sur ses épaules en une masse informe. Elle portait une espèce de caftan d'un rouge atroce, comme si elle voulait insister sur le fait que c'était Noël.

Il reprit à voix haute :

— Vous voulez un verre de cognac, les filles ? J'ai l'impression que nous en avons tous les trois besoin.

Pru leva la tête et inspecta les restes de dinde sur la planche à découper.

— Et peut-être un sandwich à la dinde ? suggéra-t-elle, reniflant la viande à son tour.

Les yeux de Ron croisèrent ceux d'Allie, qui lui adressa un signe d'assentiment.

— D'accord. Allie va chercher le cognac, je prépare les sandwichs.

— Merci, dit Pru.

Elle prit place à la table de la cuisine. Toute simple, elle était recouverte d'une toile cirée à carreaux bleus et blancs facile à nettoyer. Allie lui avait expliqué qu'elle et Ron n'étaient pas très ordonnés. Elle repoussa le poinsettia dans le pot en terre cuite et observa son hôte.

— Avec de la mayonnaise, s'il te plaît, et beaucoup de sauce. S'il en reste, évidemment.

— Bien sûr.

Ron s'affaira à couper le blanc de dinde. Il n'arrivait pas à cerner cette amie pour qui sa femme semblait avoir de l'affection. En effet, elle était tout droit sortie de l'enfance glauque dont Allie haïssait le souvenir. Quand Pru avait téléphoné la veille de Noël pour leur demander l'hospitalité, il avait protesté. Il voulait passer Noël en tête à tête avec Allie. Les vignes étaient au repos, le travail ne reprendrait qu'au printemps. Ils songeaient même à partir en vacances, mais c'était encore un projet en l'air. Ils étaient trop bien ici, tous les deux ensemble. Qui aurait pu penser, deux ans auparavant, que les choses tourneraient ainsi ? D'un autre côté, maintenant qu'ils vivaient au paradis, Ron comprenait qu'Allie ressente le besoin de rendre un peu de tout ce bonheur qu'elle avait reçu en aidant son amie de jeunesse.

— Je suis désolée, lâcha Pru, le prenant au dépourvu.

Il leva un œil surpris de sa dinde.

— D'avoir envahi votre Noël, reprit-elle. Je n'aurais pas dû. Je partirai demain, je vous laisserai tranquilles.

Sans répondre, il revint à la dinde. Puis il coupa deux tranches d'un beau pain et y étala la mayonnaise en couche épaisse. Après avoir déposé sur la première des morceaux de dinde qu'il aspergea de sauce, il la recouvrit de la seconde et la pressa de sa paume, avant de couper le tout en gros triangles. Satisfait, il regarda son œuvre. Un vrai professionnel, se dit-il, se rappelant l'époque bien éloignée où, avant de devenir un homme important, quand il était jeune et que la vie était dure, il avait travaillé dans des charcuteries, des hôtels de vacanciers, des restaurants de plage. Mais ce soir, il préparait un sandwich pour une femme qui aurait eu surtout besoin de nourrir son âme.

Allie revenait avec un plateau sur lequel elle avait disposé trois verres, la bouteille de cognac et un Coca Light. Elle le posa sur la toile cirée et Ron présenta l'assiette de sandwichs à Pru. Lovely bondit soudain sur les genoux de l'invitée, attrapa un triangle de pain qu'il avala d'une bouchée, et en happa un autre avant de filer. Pru poussa un hurlement.

— Seigneur ! fit-elle, ébahie. Ce chien est une vraie tornade.

Devant l'air atterré de son amie, Allie partit d'un fou rire avant de déclarer :

— N'oublie pas qu'il t'a rendu service en mangeant la moitié de ce sandwich. Parce que dès demain, toi et moi nous mettons au travail : nous allons te concocter un tout nouveau régime.

— Mais je pars demain. Je ne peux pas rester et être un poids pour toi ni pour personne. Je dois gérer ma vie seule.

— Je t'en prie, arrête ! s'exclama Allie, exaspérée.

Ron intervint alors :

— À propos, Allie, le téléphone a sonné pendant que vous étiez sorties. Je n'ai entendu que la fin du message. Je ne l'ai pas écouté, mais j'ai reconnu la voix de Sunny. Je crois qu'elle a des ennuis.

11

Monte-Carlo, soir de Noël

Le bar de l'hôtel était calme. Les seuls clients étaient l'Indienne, ses élégants amis, Sunny et la femme aux cheveux roux vif qui tombaient en frange hirsute sur ses petits yeux bleus énigmatiques.

Kitty posa sa main sur celle de Sunny. Manifestement, elle cherchait à sympathiser.

— J'ai traversé la même chose plusieurs fois, confessa-t-elle avec un sourire faussement modeste.

La tête un peu baissée elle lui fit un clin d'œil. Sans doute son signe distinctif, se dit Sunny. Kitty Ratte la laissait sceptique. Quelle raison aurait-elle eu de se laisser réconforter par cette femme ? Oui, elle se sentait seule. La situation avec Mac la désespérait, elle était atrocement malheureuse, à tel point qu'elle avait envie de mourir. Ça ne signifiait pas pour autant qu'elle avait besoin d'une confidente.

Elle s'entendit néanmoins répondre, entre deux grandes gorgées de champagne :

— Bonsoir. Je m'appelle Sunny Alvarez.

Après tout, elle n'était pas mécontente de parler à quelqu'un, à n'importe qui. Allie n'était pas joignable, Prince Charmant avait disparu à Paris et Mac... eh bien Mac était sans doute à Malibu, les yeux perdus sur le Pacifique, se demandant où elle pouvait bien être et pourquoi diable elle l'avait quitté pour une raison aussi peu tragique que d'avoir voulu repousser leur mariage. Elle savait que, pour lui, il n'y avait vraiment pas de quoi en faire un drame !

— Il m'a dit qu'il ne pouvait pas m'épouser, dit-elle, laconique.

Kitty Ratte prit un air à la fois intéressé et compatissant. Le barman remplit la coupe de Sunny qui lui fit signe d'en apporter une autre pour sa compagne. Sans un regard pour Kitty, il s'exécuta, la remplit et reposa la bouteille dans le seau argenté.

Son attitude glaciale n'échappa pas à Sunny.

— Le barman vous connaît ? s'étonna-t-elle.

— Oh ! Je viens de temps en temps, c'est pratique. C'est un endroit agréable pour une femme seule. Ici, vous pouvez être vous-même, boire ce qui vous plaît, penser ce que vous voulez.

— Quoi exactement ?

Les petits yeux bleus de Kitty se plissèrent pour former deux têtes d'épingle et elle se mit à rire.

— Ce que je pense ? Ou ce que je veux ?

— Les deux, répondit Sunny.

Elle sirotait son champagne, soudain très intéressée d'entendre l'explication de Kitty Ratte. Pour une femme aussi insignifiante, cette rousse semblait bien prétentieuse.

— Eh bien, commença Kitty lentement, comme si elle réfléchissait à la question de Sunny, j'aime être libre. J'ai du succès en tant que mannequin. J'ai un appartement à Cannes. J'ai beaucoup d'amis. Je m'amuse.

— Vous travaillez ? demanda Sunny, pragmatique.

Elle ne voyait pas comment une femme seule pouvait posséder un appartement à Cannes sans gagner sa vie.

Avec un haussement d'épaules, Kitty se pencha vers Sunny. L'encolure en V de sa robe s'écarta, révélant un soutien-gorge bleu lourdement rembourré. En vraie femme de Los Angeles, Sunny s'étonna. Si Kitty Ratte réussissait si bien, pourquoi ne s'était-elle pas fait refaire les seins ? Sans parler de ses dents qui étaient vraiment horribles.

Manifestement, quoi que fasse Kitty, elle ne gagnait pas assez pour rester à la hauteur des riches Monégasques.

— J'ai un ami, expliqua-t-elle. Vous voyez ce que je veux dire. Ce n'est pas mon mari, juste quelqu'un avec qui j'ai un arrangement.

— En d'autres termes, vous êtes sa maîtresse ?

Kitty eut un petit rire forcé. Elle semblait irritée.

— En quelque sorte, répondit-elle avec froideur. Je préfère le dire comme en Europe : nous avons un arrangement. Il voyage beaucoup, mais quand il est là, nous aimons partager beaucoup de choses. Des choses exceptionnelles, ajouta-t-elle avec un petit sourire suggestif. Il n'empêche que j'aime aussi mes activités en solo. Et vous, Sunny Alvarez ? Que faites-vous ? Pourquoi ne me racontez-vous pas votre histoire ? Je suis là juste pour vous, pour vous écouter.

— Si vous saviez !

Éperdue de reconnaissance d'avoir quelqu'un – n'importe qui – à qui parler, elle raconta toute son histoire avec Mac Reilly, détective star de la télévision. Son chagrin. Sa douleur. Le gâchis qu'ils avaient fait de ce merveilleux amour.

— Mais vous êtes sublime, si belle, la complimenta Kitty avec admiration. Comment Mac peut-il ne pas vouloir de vous ?

Le visage enfoui dans le pelage de Tesoro, Sunny refoula quelques larmes. Elle sentait que, à l'instar de Kitty, la belle Indienne ne la quittait pas des yeux.

Fidèle à son habitude, elle posa alors la première question qui lui passa par la tête.

— Dites-moi, Kitty, vous qui avez tant d'amis, que faites-vous seule dans un bar d'hôtel un jour de Noël ?

Le regard de Kitty reprit son expression énigmatique.

— Je suis invitée à une fête à Cannes. En fait, je dois partir tout de suite.

— Une fête de Noël ? s'enquit Sunny avec une pointe d'envie.

— Je vous ai dit que j'avais beaucoup d'amis. Maintenant, avec vous, j'en ai peut-être une nouvelle. Je comprends ce que vous traversez. Que diriez-vous de déjeuner avec moi demain ? D'aller faire les boutiques ? Pour s'amuser, papoter entre filles, ce genre de truc. Vous savez.

La solitude était comme une maladie. Elle profitait de vos moments de vulnérabilité pour vous submerger. Sunny s'entendit acquiescer avec presque trop d'enthousiasme.

Et quand, dans un geste plein de compassion, la rousse tapota de nouveau sa main, elle sentit une bouffée de reconnaissance. Attrapant son sac Chanel noir, Kitty se décolla du tabouret en laissant entrevoir ses cuisses boulottes.

— Alors, à demain. Je passe vous chercher à midi.

Sunny la regarda quitter le bar d'une démarche qui ressemblait à un drôle de petit trot, dans ses escarpins noirs à semelles rouges, trop hauts pour elle et qui n'allaient pas avec sa robe. Une idée l'effleura : et si Kitty était une prostituée ? Elle s'empressa de chasser ce doute de son esprit : c'était une femme très ordinaire, voilà tout.

Maha aussi suivit la rousse des yeux. Elle avait observé son petit manège. Si elle ignorait ce qu'elle mijotait, elle avait le pressentiment que cela n'augurait rien de bon pour la belle Américaine. Cette jeune femme seule semblait une proie bien vulnérable. Se levant, elle se dirigea vers elle et lui dit, en regardant le petit chien sur ses genoux :

— J'aurais pensé que vous étiez française. Elles vont partout avec leurs chiens. Mais à votre port de tête, je vois que non. Vous devez être américaine.

— En effet, admit Sunny d'un ton las.

— Excusez-moi de vous avoir abordée et permettez-moi de me présenter : Maha Mondragon.

— Sunny Alvarez.

Maha l'enveloppa d'un regard intense, scrutateur. Puis elle reprit :

— J'ai senti qu'il était de mon devoir de vous prévenir. Certains d'entre nous savent flairer le vice. Il a une odeur particulière, caractéristique. Il imprègne l'atmosphère.

Faites-moi confiance. Un bon conseil : méfiez-vous de cette femme.

Perplexe, Sunny la fixa. Parlait-elle de Kitty Ratte ? Trop abasourdie pour pouvoir répondre, elle but une nouvelle gorgée de champagne.

— J'ai autre chose d'important à vous dire, reprenait la belle Indienne. N'ayez pas peur de l'avenir. Saisissez toutes les chances qui se présenteront à vous.

Puis, posant une main légère sur l'épaule de Sunny, elle répéta :

— Faites-moi confiance.

Sur ces mots, elle lui adressa un petit salut de la tête et, majestueuse, rejoignit sa table et ses amis. Sans se retourner, elle quitta les lieux en leur compagnie. Transpercée par la douleur, Sunny imagina le merveilleux dîner qu'ils s'apprêtaient à partager. Après tout, c'était le soir de Noël. Et elle était seule dans un bar.

Elle ruminait ses pensées sombres quand soudain Prince Charmant fit son entrée.

12

À sa vue, Sunny sentit ses épaules s'alléger d'un poids énorme.

— Comment êtes-vous arrivé ici ?

— Magique, répondit-il en se penchant pour lui baiser la main.

Ses cheveux châtains, dorés par endroits, tombaient sur ses yeux. Il leva la tête et la regarda.

— Je vous ai dit que vous étiez très belle ? Même avec ces affreuses bottes ?

— Mes bottes de réconfort.

— Maintenant que je suis ici, vous n'en aurez plus besoin.

Son regard était plein d'espoir. Et elle ne s'était pas trompée, il avait des yeux noisette pailletés de vert. C'était amusant, elle ne savait rien de lui mais elle s'en moquait. Elle ne voyait qu'une chose : le fait qu'il ait pris la peine de revenir la chercher signifiait qu'elle comptait pour lui. Contrairement à Mac, le célèbre détective privé qui pouvait retrouver un criminel en moins de deux, il était là. Et tant pis si l'écran de son BlackBerry affichait une bonne vingtaine d'appels manqués de son fiancé.

En tout cas, le moment était mal choisi pour penser à l'homme qui l'avait, pour ainsi dire, abandonnée devant l'autel. L'étrange conseil de Maha Mondragon lui revint en mémoire. Ne venait-elle pas de lui recommander de ne pas avoir peur de saisir toutes les chances qui se présenteraient ? Incontestablement, Prince Charmant était l'une d'elles.

Il portait une veste en cachemire noir sur une chemise de lin blanc à col ouvert et aux manches roulées. Son bronzage évoquait le surf, les embruns salés et, malgré son hâle doré de Californienne, Sunny se sentait blanche comme un cachet d'aspirine, en comparaison. Aucun détail le concernant ne lui échappait. La couleur de ses yeux, de ses cheveux, sa bouche ferme, son menton volontaire, le soupçon d'accent. Elle ne savait toujours rien de lui et, d'une certaine façon, cela faisait partie de son charme.

— Venez avec moi, l'invita-t-il alors.

Sunny descendit du tabouret, prit sa chienne sous le bras et le suivit.

Elle ne pensait plus à rien, même plus à Mac. Elle ne voyait qu'une chose, elle était à Monte-Carlo, assise à côté d'un homme très séduisant sur une banquette de nubuck gris, dans un restaurant à moitié vide, en cette fin d'après-midi de Noël. Pour un temps, elle pouvait oublier sa rupture avec Mac. Elle n'était pas « seule », elle avait Prince Charmant et n'avait pas besoin de plus. Vu les circonstances, il tombait à pic.

— Vous devez être un magicien. Pour venir me trouver, transformer ma journée, ma vie.

Le visage de Prince Charmant s'éclaira d'un sourire irrésistible.

— Je suis désolé, mais je suis un simple mortel. Il n'y a aucune magie là-dedans. Je savais où vous étiez, je vous ai suivie de Paris. Je ne supportais pas d'être seul.

— C'est trop douloureux d'être seul, renchérit-elle.

— Alors qui êtes-vous exactement, princesse magique ?

— Avons-nous le droit de dire la vérité, maintenant ?

— Moi, oui. Je me présente, Eduardo Johanssen, plus connu sous le nom d'Eddie, moitié brésilien, moitié suédois. Choisissez la nationalité que vous préférez.

— C'est un nom intéressant, approuva-t-elle.

Le serveur du restaurant de l'hôtel versa un vin doré dans leurs verres en forme de tulipes. Un long moment ils se dévisagèrent. Il finit par briser le silence en faisant tinter sa coupe contre la sienne.

— À vous, Sonora Sky Coto de Alvarez !
— Vous connaissez déjà mon nom ?
— Je vous ai regardée dormir dans l'avion. Je n'arrivais pas à chasser cette vision de ma mémoire. Vous aviez l'air si vulnérable, si triste avec vos joues baignées de larmes. Je ne savais pas si c'était le champagne ou si je vous avais tellement ennuyée que vous vous en étiez assoupie. Tout ce que je savais, c'était que je devais en avoir le cœur net.
— Vous savez pourquoi j'étais seule et je pleurais ?
— Si vous voulez me le dire, je serai heureux de vous écouter. Je vous promets d'être compréhensif.

Tout en conversant, ils avaient commandé à dîner. Le garçon revint et déposa devant eux des bols de soupe au pistou. Malgré l'odorant parfum du basilic qui s'infiltra dans leurs narines, ni l'un ni l'autre ne prit sa cuillère.

— Vous saviez néanmoins que je m'étais enfuie ?
— C'était évident, d'après ce que vous m'aviez dit dans l'avion : l'achat de votre billet à la dernière minute, votre valise préparée à la sauvette, votre chienne dans son sac, le fait de ne pas savoir où vous iriez une fois à Paris. Votre tristesse si évidente.
— Les yeux rouges, je suppose.
— Rouges, mais beaux.

Cette fois, Sunny se mit à rire.

— Naturellement, vous aviez raison. Je m'enfuyais. Et je suis toujours en fuite. Je fuis un mariage qui n'aura jamais lieu.
— Il vous a abandonnée devant l'autel ?

Ce fut au tour de Sunny de hausser les épaules, le col en V de sa robe laissant deviner une poitrine ronde et ferme, bien loin des implants hollywoodiens. À son grand désespoir d'alors, elle n'avait que treize ans quand ses seins avaient commencé à pousser. À l'époque, elle était un vrai garçon manqué, folle d'équitation. L'idée d'être une fille lui était insupportable. Une époque bien révolue. Depuis, elle avait découvert le pouvoir que détenait cette partie de l'anatomie féminine sur la gent masculine, le plaisir qu'elle procurait à une femme sous les caresses d'un homme et tout particulièrement celles de Mac.

— Mac avait un travail important à finir, il a repoussé notre mariage. Ce n'était pas la première fois, mais c'est la dernière, ajouta-t-elle.

— Mais vous l'aimez toujours ?

— Je ne sais pas, avoua-t-elle d'une petite voix étranglée.

— Si, vous l'aimez toujours. Cela va avec votre histoire, avec le genre de femme que vous êtes. Je parie que vous ne renoncez pas à l'amour aussi facilement, Sunny Alvarez.

Elle baissa la tête, sa chevelure formant un rideau soyeux devant son visage.

D'un geste plein de douceur, Eddie la repoussa derrière ses oreilles et dégagea une mèche accrochée à l'une de ses boucles d'oreilles d'argent, cadeau de Mac pour leur premier Noël.

— Vous voulez que je vous dise ? Nos histoires se ressemblent.

L'air intrigué, elle leva vers lui ses yeux embués de larmes.

— Je vis à Stockholm, mais je parcours le monde pour mes affaires. Trop de voyages. Trop de séparations. Ma femme a fini par ne plus pouvoir supporter la solitude. Elle a trouvé une nouvelle vie. Nous sommes en plein divorce.

— Vous l'aimez toujours ?

— Je l'aimerai toujours, affirma-t-il.

— Alors pourquoi la laissez-vous partir ?

— Parce que, ma douce Sunny, elle mérite d'être libre de rencontrer un homme qui pourra la rendre heureuse, ce à quoi j'ai échoué.

— Vous avez dû être heureux au début ?

— Les débuts sont toujours heureux : l'amour, le désir, le besoin fou l'un de l'autre.

Leurs regards s'enchaînèrent. Sunny reconnut la lueur familière dans les iris noisette, et sentit le frisson, la boule de désir si dangereuse, si délicieuse au creux de son ventre. Non ! se tança-t-elle, tu es trop vulnérable, trop seule.

Il lui tapota la main et se tourna vers le serveur. Il apportait un saladier de poulet en morceaux pour la chienne qui dormait paisiblement. Les paroles d'Eddie taraudaient Sunny. Elle ferait mieux de changer de sujet.

— Alors que faites-vous, monsieur Johanssen ?

— Je suis dans le shipping, les bateaux-citernes, les containers, cette sorte de choses. Assez ennuyeux pour quelqu'un comme vous, impliquée dans le show-biz hollywoodien.

Sunny partit d'un éclat de rire.

— Personne ne vous a jamais dit la vérité sur Hollywood ? Vous ne savez pas que, la plupart du temps, c'est encore plus ennuyeux que les containers et le shipping, et presque aussi banal.

— Mais vous aimez cette vie ?

— Je dois admettre que oui. J'aime la Californie, j'aime Malibu, mon appartement de la marina, le panorama de tous ces bateaux sur lesquels je rêve de prendre le large.

Le vibreur de son téléphone portable la tira de l'état second dans lequel elle sombrait. Voyant le nom d'Allie s'afficher, elle s'empressa de répondre.

— Allie, oh, Allie !

— Que se passe-t-il ? Je veux savoir. Tu as vraiment quitté Mac ?

— Oui. Et j'ai besoin de toi. Je peux venir demain ?

— Où es-tu ?

— À Monte-Carlo, au *Grand Hôtel de Paris.*

— J'arrive. Je serai là demain soir. Je ne pense pas pouvoir arriver avant. Réserve-moi une chambre, une double.

— Tu amènes Ron ?

— Non, j'amène une copine de classe. Je ne l'avais pas vue depuis des années, mais elle m'a téléphoné juste avant Noël pour me dire qu'elle avait besoin d'aide. Comme elle n'arrête pas de pleurer depuis son arrivée, j'ai peur de la laisser seule. Je te raconterai toute l'histoire en arrivant. Je voulais juste que tu saches que tu n'étais pas la seule à avoir besoin d'aide en ce moment.

— Oh, Allie ! Tu parles comme la nouvelle femme que tu es. Je sais que tu vas nous tirer d'affaire.

Allie éclata de rire, un rire connu de milliers de fans de cinéma.

— Hé ! Rappelle-toi le jour où je t'ai demandé, il y a deux ans à peine : « Sunny, as-tu déjà eu le cœur brisé ? » Tu as répondu que non. Moi oui, Sunny chérie. Et je n'ai pas oublié ce qu'on ressent. Je suis là pour toi, quel que soit l'enjeu.

Sunny sentit sa gorge se nouer d'émotion. Elle regarda Eddie qui, de toute évidence, faisait son possible pour ne pas écouter.

— Merci, Allie, je savais que je pouvais compter sur toi.

Quand elle coupa la communication, elle eut l'impression que ses poumons se vidaient de tout leur oxygène.

Soudain catapultée dans la réalité, elle regarda l'inconnu avec qui elle dînait. L'homme qui était venu la rejoindre, celui au regard magique et, elle le devinait, dont les caresses l'étaient tout autant. La voix de la raison lui soufflait de prendre congé. D'aller se coucher. Seule. Ce soir, elle devait affronter sa toute nouvelle solitude, ce mot tant redouté. Elle s'excusa, invoqua le décalage horaire. Elle se sentait soudain très lasse, elle avait besoin d'aller dormir.

Pourvu qu'Eddie ne se méprenne pas sur son excuse : ce n'était pas une invitation. Même si, quelques minutes auparavant, cela aurait pu en être une. Elle était à un moment vulnérable de sa vie, avec des sentiments, des émotions confuses.

Il fit signe au serveur, régla l'addition avec sa carte bancaire. Puis, la prenant par le bras, il l'escorta pour sortir du magnifique restaurant illuminé.

Elle avait peine à croire à sa gentillesse, à sa sollicitude. Et puis, il était si beau, si sexy. Le creux de son ventre s'était remis à palpiter.

— Je vous dois une fière chandelle, déclara-t-elle à brûle-pourpoint. À deux reprises, vous êtes venu à ma rescousse.

Il esquissa un sourire.

— Nous pourrons peut-être réessayer une autre fois. Demain, je dois partir pour Paris.

— Mais vous reviendrez ? s'exclama-t-elle, soudain anxieuse.

Elle se rabroua pour son étourderie. Voilà qu'elle recommençait à parler sans réfléchir.

— Oui, bien sûr.

Oubliant alors toute raison, elle lui offrit ses lèvres. Il s'en empara en un baiser tendre et langoureux.

— Je reviendrai dès que possible, promit-il.

Sur ces mots, il s'éloigna. Elle le regarda traverser l'immense hall et franchir les portes vitrées.

Plus tard, blottie dans le grand lit vert menthe, Tesoro confortablement installée sur les oreillers, elle s'endormit d'un coup. Elle était épuisée. Ses dernières pensées furent pour Mac. Et pour Eddie Johanssen. Pourtant, bizarrement, elle ne rêva d'aucun des deux hommes. Ses songes étaient occupés par Kitty Ratte et par l'étrange conseil de Maha Mondragon : « Saisissez toutes les chances qui se présenteront. »

13

Mac Reilly était aux prises avec l'« affaire » la plus importante de sa vie. Or, cette fois, le superdétective était bien désorienté. Où avait bien pu passer la femme de sa vie ? Il n'en avait pas la moindre idée.

Il venait d'avoir une conversation téléphonique avec Flora, la mère de Sunny. Restée fidèle à la philosophie hippy, sa ravissante « belle-mère » ornait ses cheveux blonds de fleurs d'hibiscus et communiquait avec la nature sous la lune de Santa Fe. Elle se promenait au milieu des cactus, des coyotes, des serpents à sonnette, qu'elle ne semblait pas inquiéter et qui la laissaient tranquille. Elle lui avait ensuite passé son mari, le beau ranchero mexicain qui, avec ses épais cheveux argentés, sa fine moustache et sa peau mate, ressemblait à un acteur sud-américain dans un western.

Les parents de Sunny avaient toujours été là pour leur fille et pour son fiancé. Sa mère, un peu évaporée, son père, pragmatique et direct. Le coup de téléphone de Mac les avait inquiétés.

— Tu veux dire qu'elle n'est pas avec toi ? s'était étonnée Flora. Mais elle nous a dit qu'elle allait passer Noël dans un endroit exceptionnel, que c'était un secret.

— Nous avons supposé que tu étais avec elle, avait rugi la voix du ranchero.

— Bien sûr, vous vous êtes disputés, avait renchéri sa femme.

Mac avait étouffé un soupir. On ne pouvait rien cacher à une mère. Il n'avait pas pour habitude de se montrer évasif, mais il ne voulait pas les inquiéter. Il n'était pas question de leur dire que leur fille avait disparu.

— En quelque sorte. Il s'agirait plutôt d'un différend que d'une brouille. Ne vous en faites pas, avait-il enchaîné d'un ton convaincu. Je sais où elle est. Je vous rappelle plus tard.

— Je compte sur vous pour vous réconcilier, tu m'entends ! lui avait intimé Flora d'une voix plus dure. Écoute-moi bien, Mac : Sunny et toi allez trop bien ensemble pour laisser la situation se détériorer. Crois-moi, quand on a la chance de vivre un amour aussi magique que le vôtre, il ne faut jamais renoncer. En effet, si on le laisse filer, il y a comme une loi qui fait qu'on n'en retrouvera plus de semblable.

Pensif, il regardait l'océan par la fenêtre. Les vagues s'écrasaient sur les rochers. La pluie cognait aux carreaux, faisant dresser une oreille curieuse à Pirate. Un feu timide brûlait dans l'âtre, peinant à réchauffer la pièce et, malgré la date, sûrement pas assez fort pour que le cœur de Mac se gonfle de l'allégresse de Noël.

D'un geste machinal, il passa un bras autour du chien qui se blottit contre lui. Où avait bien pu aller Sunny ? Dans un spa, peut-être ? Pourtant, quoi de plus déprimant qu'un spa à Noël, pour elle qui aimait tant l'époque des fêtes ? Une île des Caraïbes ? Si elle n'était pas du genre « Saint-Barth' », il existait des tas d'autres îles. Ou bien Paris, où ils avaient été si heureux quelques mois auparavant ? Mais s'enfuir à Paris représentait une sacrée distance. Las Vegas ou Napa Valley étaient des destinations plus simples. D'un autre côté, Sunny n'y connaissait personne. En revanche, elle avait une très bonne amie en France.

Sans même prendre en considération le décalage de neuf heures avec l'Europe, il reprit son téléphone et composa le numéro des Perrin.

— Oui ? fit la voix ensommeillée de Ronald Perrin.

Mac, pris de culpabilité de l'avoir réveillé, salua l'ex-milliardaire.

— J'aurais dû deviner que c'était toi, fit Ronald. Pourquoi as-tu mis si longtemps à te décider, détective ?

— Tu veux dire que Sunny est chez vous ?

Avec un soupir étouffé, Perrin répondit :

— Écoute, je ne comprends pas ce qui se passe. Tout ce que je sais, c'est qu'Allie m'a dit que Sunny t'avait quitté. Mac, tu as une autre femme ou quoi ? D'accord, d'accord, tu n'es pas obligé de me le dire, espèce de crétin. Qu'est-ce qui ne tourne pas rond chez toi ? Tu remets tout le monde dans le droit chemin et tu n'es pas capable de gérer ta propre vie. Dire que tu as la chance d'être avec l'une des plus chouettes filles du monde, et l'une des plus belles, aussi. Alors puisque je t'ai en ligne, laisse-moi te dire une bonne chose, Reilly : si tu ne veux pas l'épouser, dis-le-lui une bonne fois pour toutes, empêche-la de se bercer d'illusions. Autre chose, mon vieux, elle ne restera pas seule longtemps, un autre va lui sauter dessus et tu ne la reverras jamais.

Ronald disait vrai. Se sentant pitoyable, Mac passa une main distraite dans ses cheveux. À côté de lui, Pirate poussait des gémissements lamentables.

— Je suis désolé, fit-il.

— Ne me le dis pas à moi, imbécile ! rugit Ronald. Dis-le-lui à elle.

— Et comment ? Je ne sais même pas où elle est.

Son interlocuteur poussa un nouveau soupir.

— D'accord ! Je ne devrais pas, mais au nom de l'amitié, de tout ce que tu représentes pour moi et pour Allie, de tout ce que tu as fait pour nous...

— Vous sauver la vie, par exemple, lui rappela le détective pour lui mettre la pression.

— Par exemple ! Je vais te le dire, de toute façon. Sunny a appelé Allie. Elle est en plein désarroi. Elle est dans un hôtel à Monte-Carlo. Allie l'y retrouve demain. Elle emmène Pru, une ancienne copine de classe qui, elle aussi, est désespérée. Si tu la voyais : la candidate idéale pour l'émission *Total Makeover*. Elles partent à la rescousse de Sunny. Si ce n'est que Pru aussi a besoin d'un sauveur.

Ronald lui indiqua le nom de l'hôtel avant de suggérer :

— En souvenir du bon vieux temps, tu veux que je t'envoie mon avion ?

— Merci pour ton offre, mais je peux probablement prendre le vol Air France de ce soir. Personne ne vole un jour de Noël.

— Bien, tu allèges mon empreinte carbone, comme ça, plaisanta Ronald d'un ton malicieux. Et écoute, saligaud ! Cette fois, prends la bonne décision. OK ?

14

Le lendemain de Noël, Sunny fut réveillée par un rayon de soleil filtrant par la fente des rideaux. Elle avait laissé sa fenêtre entrouverte, aimant dormir dans une chambre fraîche. Contrairement au Pacifique, la Méditerranée ne résonnait pas du fracas des vagues. C'était une mer presque étale, de la couleur de l'azur, parfois même plus bleue, comme le soir, juste après le coucher de soleil, à l'heure où l'eau et le ciel se confondaient dans une teinte tirant sur le cobalt.

Elle sortit sur la petite terrasse qui surplombait la marina. Une flottille de yachts blancs était au mouillage sur une eau scintillant de paillettes. Elle promena son regard sur les palmiers, sur le célèbre casino aux dômes jumeaux et son bourdonnement d'activité. À côté d'elle, Tesoro s'agitait en gémissant. Elle rentra, enfila un pantalon de jogging, un T-shirt, et posa une casquette sur ses cheveux emmêlés. Puis, sa chienne en laisse, elle se dirigea vers l'ascenseur pour rejoindre le hall.

Les grooms lui sourirent. « *Bonjour madame, ça va la petite ?* » la salua le portier en français, une question que, depuis son séjour sur la Côte d'Azur l'année précédente, Sunny comprenait. La chienne adorait être ainsi l'objet de l'attention et, de délice, tortillait du postérieur.

Elles traversèrent le square à petites foulées pour gagner la promenade qui longeait la marina. Les questions se bousculaient dans son esprit. Pourquoi Mac ne l'avait-il pas trouvée ? L'avait-il même cherchée ? L'angoisse de le perdre mêlée à sa colère lui broyait la poitrine comme dans un étau. Tout le monde ignorait le vrai sens de « briser le cœur », se dit-elle avec une infinie tristesse. Jamais elle n'aurait deviné qu'il s'agissait d'une sensation si physique.

Elle avait quitté l'hôtel sans penser à regarder l'heure ni à prendre de montre. Alors qu'elle trottinait avec sa chienne en profitant de la chaleur du soleil d'hiver dans son dos, elle avisa une pendule. Onze heures trente ! Kitty Ratte devait passer la chercher à midi pour aller faire les boutiques.

Elle s'arrêta devant un yacht. Les membres de l'équipage lavaient les ponts inférieurs, époussetaient les coussins des banquettes, astiquaient les lieux pour le retour du propriétaire. Ses pensées allèrent à Eddie. Était-il arrivé à Paris ? Quand reviendrait-il ? Comme s'il lui répondait, son Black-Berry se mit à sonner.

C'était lui. Hésitante, elle serra le téléphone contre sa poitrine. Sans doute ferait-elle mieux de ne pas décrocher. Tout cela était bien trop difficile et, elle le savait, bien trop dangereux. Faisant demi-tour, elle reprit sa course en direction de l'hôtel.

Un quart d'heure plus tard, elle était douchée et, les cheveux à peine secs, s'était habillée : jean blanc, T-shirt noir, mules aux pieds. Ses joues pâles étaient maquillées d'un soupçon de blush, sa bouche de son rouge à lèvres de jour, le British Red de L'Oréal, et elle portait des créoles en or aux oreilles. Tesoro en laisse, elle jeta un pull en cachemire blanc sur ses épaules avec une nonchalance toute française, et s'autorisa enfin à écouter le message d'Eddie. Il était bref.

« Le bar. Ce soir. Vingt heures trente. »

Elle serra de nouveau son BlackBerry contre son cœur. Devait-elle aller à ce rendez-vous ou pas ? s'interrogeait-elle dans l'ascenseur.

Kitty attendait devant l'hôtel, dans une petite Fiat blanche immatriculée en Espagne. Elle connaissait tous les hôtels, tous les bars de la Côte d'Azur. C'était là qu'elle venait chercher ses proies, hommes ou femmes. Jusqu'ici, toutefois, ses tentatives de chantage n'avaient pas été assez fructueuses pour lui permettre d'acheter le bar dont elle rêvait, à Marbella, en Espagne. Elle n'était même pas propriétaire de son appartement et elle avait trois mois de loyer en retard. De plus, elle avait besoin de Botox, de Restylane et devait payer son dermatologue. Elle n'avait pas de temps à perdre.

Kitty était née bien loin de Monte-Carlo, à Vilnius, la capitale de la Lituanie, il y avait longtemps, plus longtemps qu'elle ne souhaitait l'admettre. Elle avait passé ses années de jeunesse à se geler sur les bords de la mer Baltique. Le premier souvenir de sa vie était le froid. Le second, le fait d'avoir haï cette femme qu'elle appelait maman. Elle vivait avec elle et son compagnon – le mariage n'avait jamais été envisagé –, qui pêchait des poissons à moitié congelés dans cette mer glaciale. Et son meilleur souvenir était le jour où elle avait quitté ce port de la Baltique pour une nouvelle vie avec un jeune homme qui assurait être tombé fou amoureux d'elle. À quinze ans, elle lui avait donné sa virginité sans aucun état d'âme. Kitty n'avait jamais été candide.

L'« acte d'amour », comme avait dit son jeune amant dont elle avait depuis longtemps oublié le nom, l'avait laissée totalement indifférente. Pour elle, cela avait été une simple formalité lui permettant de prendre son envol aux dépens de son amoureux. Une fois son but atteint, elle l'avait planté là sans même l'informer de sa destination.

Elle avait tout juste seize ans.

Une cohorte d'hommes, jeunes, vieux, beaux et insatiables ou gros et mariés, cela n'avait pas la moindre importance, avaient jalonné la progression de Kitty dans les clubs d'escort-girls et les sex-clubs de Pologne, d'Ukraine, de Hongrie, de Croatie, pour enfin arriver à Paris. Là, elle avait entamé une relation avec un professeur de sciences médicales dans un hôpital où elle était parvenue, grâce à de fausses références, à décrocher un poste d'assistante à la pharmacie. À l'époque, ses cheveux châtains étaient déjà teints en rouge, moins vif qu'aujourd'hui. Avec ses joues roses, son sourire découvrant ses incisives proéminentes, pas encore recouvertes de jaquettes bon marché, ses bras et ses cuisses de paysanne vigoureuse, son extrême jeunesse et son indéniable disponibilité sexuelle, elle avait un certain charme.

Après six mois avec le professeur, elle s'était enfuie à Londres, toujours en quête de mieux. Avant son départ, elle avait dérobé plusieurs bouteilles de la drogue connue sous le nom de « drogue du viol » à la pharmacie de l'hôpital. Le professeur, bon formateur, lui avait expliqué que l'état semi-comateux dans lequel elle plongeait celui qui la buvait le laissait très vulnérable à toute exploitation sexuelle. La « victime » était incapable de se défendre, de bouger, de penser et, tant qu'elle était sous l'effet de la drogue, elle était totalement malléable.

Kitty n'était jamais comblée sexuellement. Mais l'utilisation de cette drogue lui donnait un sentiment de pouvoir à la fois enivrant et effrayant : tuer quelqu'un dans cet état n'aurait pas été difficile. Elle savait ce qui donnait du plaisir. Et tuer en faisait partie. À l'exception d'elle-même, Kitty n'avait de sentiments pour personne.

Un grand sourire aux lèvres, elle regardait Sunny approcher. Instinctivement, elle percevait sa fragilité. Avec une femme aussi vulnérable, tout était possible.

— Bonjour ! lança-t-elle, mielleuse.

— Bonjour ! répondit Sunny.

Tout en descendant le perron de l'hôtel en courant, cette dernière ne put s'empêcher de se demander pourquoi Kitty Ratte ne faisait pas arranger ses deux fausses dents qui étincelaient d'une blancheur factice. Elle prit place sur le siège passager et remarqua la robe portefeuille en jersey rose qui plissait sur les cuisses blanches de sa nouvelle amie. Kitty démarra et lui jeta un coup d'œil rapide.

— Vous avez l'air mieux, aujourd'hui. J'espère que vous avez bien dormi.

— Eh bien, oui, acquiesça la jeune femme. Plutôt bien.

— Votre amoureux absent vous a téléphoné ?
— Oui, à plusieurs reprises.
Dans un crissement de pneus, Kitty freina à un feu rouge.
— Mais vous ne lui avez pas répondu ?
— Non, fit Sunny en secouant la tête.
— Il est beau ?
— Pour moi, oui.
— Les autres femmes aussi le trouvent beau ? demanda-t-elle avec un regard interrogateur, tout en se faufilant au milieu des voitures.
— Je ne demande pas aux autres femmes ce qu'elles pensent de lui, répondit Sunny du bout des lèvres.

Elle n'aimait pas la tournure que prenait cette conversation. Kitty devenait bien trop curieuse. Elle ne voulait pas discuter de Mac avec elle. Pourtant, n'était-ce pas la raison pour laquelle elle était là ? Pour essayer d'en parler, de se sortir Mac de l'esprit, de décider quoi faire ? Savoir où elle en était ? Pour tenter de gérer cette toute nouvelle solitude, après quatre années entières avec lui ?

— Je suppose que oui, finit-elle par admettre. À cause de son émission télévisée, Mac est une célébrité. Il a ce genre de beauté sauvage que les détectives de romans sont censés avoir. Des yeux d'un bleu étonnant, des cheveux très bruns, toujours en bataille parce qu'il y passe tout le temps les doigts. Et il a des mains merveilleuses. Minces, bronzées...

— Un corps athlétique ? insista Kitty.
Surprise, elle répondit que oui.
— Alors il doit vous manquer. Faire l'amour avec lui doit vous manquer, précisa-t-elle avec un coup d'œil en coin pour sa voisine.
Avec un petit rire, elle ajouta d'un ton malicieux :
— Mais je sais exactement comment y remédier ; quitter un homme n'est pas une raison pour se passer de sexe. Vous êtes d'accord, non ?
— Je n'y avais vraiment pas pensé, répondit Sunny d'une voix crispée.

Elle était très gênée. Que voulait dire Kitty au juste par « je sais comment y remédier » ? Après tout, elle la connaissait à peine.

Elles étaient arrivées à Cannes. Kitty se gara dans le parking du *Gray d'Albion*.

— Bien, nous y sommes, dit-elle. Ici, vous trouverez toutes les marques de luxe. Commençons par Gucci. Puis nous ferons les boutiques de la Croisette et celles des rues secondaires, et ce sera le moment de déjeuner.

Juchant ses lunettes de soleil blanches sur son nez, elle prit Sunny par le bras et toutes deux se mirent à arpenter les rues ensoleillées, visitant boutique après boutique. Mais Sunny était distraite. Elle pensait à Allie qui devait arriver ce soir. Comment allait-elle gérer son rendez-vous avec Eddie ? Allie ne comprendrait pas. En fait, elle n'oserait jamais le lui dire.

Une vibration de son BlackBerry lui apporta la réponse. Le nom d'Allie s'affichait sur l'écran.

— Ron et moi avons des copains à dîner ce soir. Je ne peux pas annuler. Tu vas tenir si nous n'arrivons que demain ? s'inquiéta son amie.

— Qui est « nous » ? s'étonna Sunny.

— J'amène Pru Hilson, une vieille amie de classe, je t'en ai parlé. Elle va avoir besoin de nos conseils d'expertes en *makeover* hollywoodien.

— Et si nous faisions un *makeover* de mon cœur ? suggéra la jeune femme.

— C'est bien ma priorité, mon ange. À demain. Sois sage. Je t'embrasse.

Sunny et Kitty déjeunèrent à la terrasse du *Martinez*. Affamée, la jeune femme se régala de poulet rôti et de rosé. Elle avait à peine mangé la veille au soir. Elle dégusta ensuite de délicieux fromages, un banon crémeux enveloppé dans des feuilles de noyer, un saint-andré, son fromage de brebis préféré, dur, qui avait un goût de romarin, servi avec une baguette dorée à souhait, le genre dont Mac et elle se prenaient parfois à rêver sur leur terrasse de Malibu, regrettant de ne pas être en France. Comme elle aurait aimé que Mac soit là pour partager avec elle ces fromages qui, malgré leur simplicité, parvenaient à la combler de satisfaction !

Le soleil allumait des reflets dans les cheveux roux de Kitty. De ses grosses paluches de paysanne, elle tenait un hamburger dans lequel elle mordait sans aucune élégance. Tout en mâchant, elle lui sourit.

— C'est tellement bon ! s'exclama-t-elle. Je ne m'étais pas rendu compte que j'avais si faim.

De derrière ses lunettes à monture blanche, elle observait Sunny. Leurs branches portaient le G doré de Gucci. Son sac Chanel était sur la chaise d'à côté et ses boucles d'oreilles Dior se balançaient comme des signaux à ses oreilles.

— Tu n'imagines pas à quel point je compatis, déclara-t-elle en tapotant doucement le genou de sa compagne. Tu traverses de telles épreuves, j'espérais que cette petite diversion t'aiderait à les oublier. Du moins, peut-être pas à les oublier, mais à ne pas y penser pendant un moment.

C'était dit avec une telle gentillesse que Sunny se sentit touchée. En fait, à part un penchant pour les boutiques de luxe et un goût pour les conversations sur le sexe, Kitty Ratte était inoffensive. Pourtant, elle n'arrivait pas à chasser de son esprit l'étrange mise en garde de Maha Mondragon : « Le vice a une odeur particulière. »

Plus tard dans l'après-midi, elles reprirent la route de Monte-Carlo où Kitty la déposa à l'hôtel. Elle lui donna son numéro de téléphone et, après avoir plaqué un baiser sur chacune de ses joues, elle déclara :

— À tout à l'heure, peut-être. Il se peut que je fasse un saut à l'hôtel.

Sunny l'entendit à peine. Toutes ses pensées étaient déjà canalisées vers son rendez-vous avec Eddie, ce même soir. Irait-elle ou pas ? Mais que diable faisait Mac ? Essayait-il au moins de la retrouver ? Elle étouffa un soupir. Elle aurait tellement eu besoin qu'Allie arrive à sa rescousse.

15

Eddie Johanssen avait un quart d'heure d'avance sur l'heure à laquelle il avait demandé à Sunny de le retrouver au bar. Elle ne lui avait pas répondu. Allait-elle venir ? Il l'ignorait. Bien sûr, il aurait dû rester à Paris, il avait du travail, mais il s'était senti poussé vers Monte-Carlo comme par une force inexplicable.

Juché sur son tabouret, il était songeur. En fait, il n'avait jamais rencontré de femme qui dévoilait ses sentiments de façon aussi dangereuse. La plupart de celles qu'il connaissait ne se souciaient que d'elles-mêmes, de leur physique, de ce qu'elles portaient, s'inquiétant de chaque détail. Y compris sa « future ex-femme ». Il avait beaucoup aimé Jutta et, d'une certaine manière, il l'aimait encore, même s'il ne vivait plus avec elle. Le divorce ne se passait pas bien mais Eddie souhaitait ne rien contester des accusations et des exigences de son ex. Qu'elle ait tout ce qu'elle voudrait. Néanmoins, entre ses avocats qui tenaient à le protéger et Jutta, bien déterminée à le plumer et à obtenir la garde de leurs deux enfants, la situation était particulièrement houleuse.

Eddie aussi traversait une période difficile. Sa solitude le rendait vulnérable à la brune et délicate beauté de Sunny Alvarez, à la confiance qu'elle lui avait témoignée depuis les premiers instants dans l'avion. Il avait tout de suite deviné qu'elle venait de quitter un homme et son attitude envers lui lui avait fait du bien. Tout comme le fait qu'elle se sente assez sereine en sa compagnie pour s'endormir à côté de lui. Bien entendu, il avait connu d'autres femmes que Jutta. Mais jamais il n'en avait rencontré une comme Sunny.

Ce soir, le bar de l'hôtel était si animé que deux barmans officiaient derrière le comptoir. Celui aux cheveux argentés de la veille et un homme plus jeune, grand, maigre. Ils préparaient au shaker les cocktails au martini si appréciés des femmes qui avaient assailli les fauteuils en nubuck gris avec leurs innombrables sacs de marque : les soldes d'après Noël avaient débuté. Tout en buvant leurs cocktails rosés, elles commentaient leurs achats, au milieu de rires reflétant cette joie intense que seul le shopping semble apporter à la gent féminine. Assise à une table en coin, la belle et élégante Indienne qu'il avait remarquée la veille au soir buvait du veuve-clicquot. Il espérait pour elle qu'elle avait quelqu'un avec qui partager un aussi bon champagne. Une seconde, il croisa ses splendides yeux noirs, mais elle détourna le regard, lui laissant l'impression déroutante qu'elle pouvait lire ses pensées. Et... qu'elle le connaissait.

Dans un autre coin, quelques hommes s'étaient réunis pour parler affaires avec la plus grande intensité.

Eddie sirotait la vodka *on the rocks* qu'il avait commandée dans l'espoir de tromper sa solitude. Il n'avait pas vraiment envie d'alcool. À la simple pensée de voir Sunny, il se sentait déjà grisé. Il jeta un coup d'œil à sa montre : vingt heures vingt-cinq. Il défit sa cravate jaune foncé à motifs sobres et ouvrit le premier bouton de sa chemise bleue. Il portait sa veste en cachemire noir et ses cheveux étaient encore humides de sa douche. Pour les femmes qui le regardaient avec intérêt par-dessus leurs verres, c'était un très bel homme.

À vingt heures trente précises, Sunny entra dans le bar. Pour une fois, elle était seule. Tesoro, épuisée, était endormie sur son lit.

Quand il la vit s'avancer dans sa direction de cette jolie démarche que lui donnaient ses longues jambes, le visage d'Eddie s'éclaira d'un sourire. À ce moment précis, un vacarme infernal explosa à l'entrée de l'hôtel : le hurlement des sirènes, les pompiers, la police.

Effrayées, les femmes se regardèrent bouche bée. Des terroristes ? Une bombe ? Sûrement pas ! Après tout, on était à Monte-Carlo.

Apeurée, Sunny se précipita vers Eddie. Il l'enlaça et, tremblante, elle se blottit contre lui. Elle n'avait pas du tout prévu de faire cette entrée. Elle avait pensé qu'ils seraient seuls au bar et qu'ils pourraient parler tranquillement. Elle avait plusieurs choses à lui dire et comptait s'en acquitter aussi vite que possible : d'abord, que même s'il l'attirait, elle ne pourrait pas le revoir ; ensuite, qu'il était son sauveur ; enfin, que si elle n'était pas devenue folle ces deux derniers jours, c'était grâce à lui. Elle avait beaucoup de chance de l'avoir rencontré, de l'avoir embrassé. Jamais elle n'oublierait ce qui devait être leur seul baiser.

Des soupirs de soulagement fusèrent dans le bar. Le bruit des sirènes s'éloignait. La belle Indienne fit signe au barman de lui remplir une deuxième coupe de champagne.

— Que s'est-il passé, à votre avis ? demanda Sunny, d'une voix un peu saccadée.

Elle l'embrassa sur la joue, troublée par le parfum de son after-shave.

— Sans doute une fausse alerte, répondit-il.

Ce soir, il voulait être au centre de ses pensées. Elle devait oublier les délinquants, les terroristes, la police. Ravissante dans sa petite robe noire toute simple, elle se jucha sur le tabouret de bar voisin du sien. Elle avait remplacé ses bottes par des sandales en satin à talons hauts agrémentées d'un petit nœud insolent. Ses chevilles étaient aussi fines que celles d'un pur-sang et ses pieds si jolis qu'ils lui donnaient envie de les embrasser. Il lui demanda ce qu'elle voulait boire et quand elle répondit « du champagne », il commanda une bouteille de veuve-clicquot.

— Extravagant, fit-elle avec un sourire en regardant le serveur ouvrir la bouteille.

— C'est une nuit pour l'extravagance, répondit-il en levant sa coupe, le regard plongé dans le sien. Je n'ai pas oublié ce baiser hier soir. En fait, Sonora Sky, c'est son souvenir qui m'a fait revenir.

Sunny prit une profonde inspiration. Elle l'avait rejoint pour mettre un terme à cette histoire balbutiante entre eux et elle se retrouvait de plus en plus impliquée.

— Je ne peux pas garantir un baiser de plus, s'empressa-t-elle de répondre.

Il hocha la tête.

— Entendu. Alors où voudriez-vous aller dîner ? Je connais un merveilleux restaurant japonais à Cannes, ou bien nous pourrions essayer le restaurant de poissons, sur la plage, à Golfe-Juan. Si vous êtes fatiguée, nous pouvons aussi dîner à l'hôtel.

Son téléphone émit un bip étouffé. Après l'avoir priée de l'excuser, il se détourna. Le jeune barman servit du champagne à Sunny et annonça :

— Le grand bijoutier *La Fontaine* vient de se faire cambrioler.

Avec un froncement de sourcils préoccupé, il ajouta :

— J'ai grandi à Monte-Carlo. Ici, ce genre de chose n'arrive jamais. C'est pourquoi les gens vivent ici, ils n'ont pas peur, comme à Mexico ou à São Paulo.

La voix de Maha Mondragon la fit sursauter. Elle se retourna et se trouva nez à nez avec elle.

— Bonsoir, vous vous souvenez de moi, madame Alvarez ? Je vous ai parlé hier soir.

— Bien sûr.

Comment aurait-elle pu oublier le mystérieux avertissement et le conseil sur son avenir ?

— Cela pourra vous paraître étrange, madame, mais je dois vous expliquer. Je sens votre désarroi et cela me donne envie de vous connaître. Voyez-vous, votre vulnérabilité me rappelle la mienne, il y a bien longtemps. Or, d'un point de vue émotionnel, faire preuve de vulnérabilité représente des risques. Alors, même si pour vous je suis une inconnue, sachez que, si vous avez besoin d'aide, je serai là.

Sunny scruta les profondeurs du magnifique regard noir. Elle y lut un mélange de bonté et de mystère. Maha Mondragon avait parfaitement analysé sa situation. Elle savait que Sunny avait des ennuis. Elle devinait qu'avec Eddie, tout comme avec Kitty, elle était en terrain dangereux.

— Je ne sais pas quoi dire, si ce n'est... merci, murmura-t-elle.

— Même si c'est la première fois que nous nous parlons, vous devez voir en moi une amie à qui vous pouvez faire confiance, reprit la belle Indienne d'une voix douce.

— Mais qui êtes-vous ?

— Je crée des bijoux, indiqua Maha en montrant son fabuleux collier.

Fascinée, Sunny regarda la lourde torsade d'or et ses cabochons de rubis entourés de brillants, comme les étoiles autour des planètes : une création spectaculaire.

— Chacun de mes bijoux est unique. Ils sont faits à la main par d'incomparables artisans indiens, des hommes dont les familles travaillent l'orfèvrerie depuis des siècles. Croyez-moi, ce sont des artistes. Je les vends à des boutiques de luxe en Europe. Aujourd'hui, mes affaires prennent de l'essor et j'ai besoin d'aide. Rappelez-vous, je vous ai dit hier soir de saisir les chances que la vie vous offre. Eh bien, ce soir, madame, je vous offre cette chance.

Toujours au téléphone, Eddie haussa un sourcil en signe d'excuse, et reprit sa conversation.

Maha continuait :

— En vous regardant, je vois une femme qui, certes, a des ennuis, mais je la devine digne de confiance. C'est pourquoi je vous propose un travail. Cela changera beaucoup vos habitudes car vous devrez faire de nombreux voyages en Inde. Mais je peux vous garantir que ce sera passionnant.

Abasourdie, Sunny répondit :

— Mais j'ai déjà un travail. Je dirige une agence de relations publiques. Je dois rentrer à Los Angeles.

— Ce que je vous propose ne prendra pas tout votre temps. Vous pourriez sûrement concilier les deux. Seulement si vous acceptez, naturellement, ajouta Maha avec un sourire découvrant des dents d'une blancheur éclatante. Je suis désormais obligée de prolonger mes séjours en Europe et j'ai besoin d'un intermédiaire de confiance, quelqu'un pour aller chercher mes bijoux au Rajasthan. Ne vous inquiétez pas, je suis parfaitement en règle avec la loi et toutes mes pièces sont déclarées à la douane. La mission implique aussi de rapporter en Inde les bijoux avec un défaut ou les invendus pour les faire redessiner. Il s'agit, bien sûr, de marchandises de grande valeur. Pas autant, toutefois, que les diamants qui viennent d'être volés à *La Fontaine*.

Devant l'air médusé de son interlocutrice, Maha partit d'un éclat de rire.

— Je vois que je vous ai stupéfiée. Et votre compagnon attend. Je suis désolée de perturber votre soirée, mais promettez-moi au moins de réfléchir à ma proposition, madame Alvarez. Je vous promets en retour un travail aussi lucratif que passionnant.

Elle l'enveloppa de son beau regard noir et ajouta avec douceur :

— De plus, je sais que j'ai devant moi une femme qui rêve de mettre un peu de piment dans sa vie. Faites-moi confiance, à Bombay, vous n'en manquerez pas.

Après une caresse de sa main douce qui fit à Sunny l'effet de la soie sur son bras, Maha regagna sa table, sublime dans son sari de mousseline d'un bleu profond gansé de perles d'eau qui ondoyait sur son corps au rythme de ses pas. Maha Mondragon symbolisait la beauté.

16

Allie s'était débrouillée pour arriver le jour prévu initialement avec l'intention de faire la surprise à Sunny. Tirant Pru par la main, elle traversait le hall des arrivées de l'aéroport de Nice.

— Écoute-moi bien, Pru, déclara-t-elle. Tu es dans le sud de la France. Tu es sur le point de rencontrer une femme qui, il n'y a pas si longtemps, alors que j'étais traquée par un assassin, m'a sauvé la vie.

— Je l'ai lu dans le *New York Times*, haleta Pru, essoufflée, alors qu'Allie lui faisait presser le pas. Je t'en prie, Allie, ralentis.

Allie reprit un pas normal, oubliant le galop qu'elle avait adopté des années auparavant dans un effort pour semer les paparazzis. Néanmoins, ils la rattrapaient encore, même si, aujourd'hui, elle ne faisait plus de cinéma. Sauf en France où elle avait joué quelques rôles dans des films aux scénarios intéressants, mis en scène par des gens qu'elle admirait. Elle s'étonnait de voir qu'elle avait ainsi contribué aux films les plus gratifiants de sa carrière, même si, désormais, ses deux amours étaient son mari et son vignoble.

Son Ronnie chéri, qui avait tout abandonné pour la rendre heureuse, prendre soin d'elle, l'aimer. Ronnie était le seul homme avec qui elle avait l'impression d'être la toute jeune femme de l'époque de leur rencontre, plus de vingt ans auparavant, quand il l'avait aidée à gravir les échelons de la gloire. Rien ne pouvait altérer son amour pour lui, même pas le fait de savoir qu'il lui était arrivé de se comporter en salaud.

Encore une fois, il n'avait pas hésité une seconde à l'aider à rejoindre Sunny. Comme son Cessna était en réparation, il avait affrété un avion de tourisme pour les emmener à Nice. Mais pas avant, bien sûr, de lui avoir donné le choix : elle aurait pu opter pour un vol régulier entre Toulouse et Nice. Elle lui avait répondu qu'elle se moquait bien de la manière dont elle atteindrait la Côte d'Azur ; tout ce qu'elle souhaitait, c'était retrouver Sunny. Maintenant qu'elle était là, elle n'avait qu'une hâte : faire la surprise à son amie qui ne les attendait que le lendemain.

Elle persistait à se répéter que ce qui était arrivé ne pouvait être vrai, que Sunny ne quitterait jamais Mac. Mac et Sunny étaient un couple, un duo, de vrais amoureux, au meilleur sens du terme. Sunny était frivole, drôle, malicieuse. Elle conduisait une Harley, avait décroché un MBA à l'université de Wharton, gérait avec succès sa propre agence de relations publiques. Et elle aimait Mac Reilly à en mourir. Elle l'avait aimé à la seconde même où leurs yeux s'étaient croisés lors d'une fête à Malibu. Mac avait tout de suite compris qu'il était fichu : le coup de foudre ! Il aimait encore plus Sunny que Pirate, son chien, ce qui n'était pas peu dire. Il aurait donné sa vie pour sa *bomba latina*. Mais il était détective avant tout. Il était incapable de renoncer à aider les victimes, à trouver les assassins, à réunir les âmes meurtries dans son émission de télévision. À élucider des crimes que d'autres, y compris, dans de nombreux cas, la police, avaient abandonnés. Pour Mac, comme cela avait toujours été le cas dans sa vie, son métier passait avant tout.

Elles se dirigeaient vers les chauffeurs qui brandissaient des pancartes portant les noms de leurs clients.

— Je pense qu'il a peur de s'engager, déclara Allie à Pru.

— De qui parles-tu ? répondit son amie, essoufflée.

Elle dut s'arrêter. Elle avait tellement grossi ces derniers mois qu'elle n'avait plus l'impression d'être elle-même mais d'habiter le corps d'une autre. Même ses cheveux ne lui ressemblaient plus. Et son visage avait l'aspect d'une grosse lune pleine, comme celle qui, derrière les portes vitrées, brillait dans la nuit méditerranéenne.

Que faisait-elle sur la Côte d'Azur, au juste ? Le pays des bikinis et des belles filles, des bombes sexuelles, hommes et femmes ? Pourquoi n'avait-elle pas dit à Allie qu'elle restait à la maison ? Ainsi, elle n'aurait pas eu à s'aventurer dans les rues du très chic Monte-Carlo, engoncée dans un caftan aussi terne. Un caftan, même s'il était dans un tissu soyeux ou vaporeux, restait un caftan. Et elle serait toujours l'amie trop grosse que la star de cinéma si glamour traînait comme un boulet.

Or, c'était la raison pour laquelle Pru avait téléphoné à Allie. D'instinct, elle avait su que sa vieille copine de classe était la seule qui pourrait l'aider. Depuis toujours, la beauté d'Allie la subjuguait. Adolescente, la future star du grand écran était déjà sublime. Combien elle avait détesté voir son amie se faire draguer puis dénigrer par ces sales lycéens de province dont elle repoussait les avances. Pru avait toujours su qu'ils la calomniaient par dépit. Allie avait toujours été une fille bien. Puis elle avait fait un mariage curieux, avec un homme riche plus âgé. Quelques années plus tard, humiliée, malheureuse, elle avait divorcé pour passer à autre chose. Et Pru lui avait souhaité de connaître enfin le bonheur. Ce qu'elle avait fini par atteindre après bien des vicissitudes de carrière et des déceptions sentimentales, y compris avec Ron. Pru, pour sa part, avait l'impression que son tour n'arriverait jamais.

— Le voilà ! fit Allie en saluant le chauffeur qui portait le panneau PERRIN.

L'homme s'empressa de prendre le petit sac de voyage d'Allie et celui, plus gros, de Pru. Les flashs des paparazzis se mirent à crépiter. Attrapant de nouveau la main de son amie, Allie se mit à courir.

Ce fut avec soulagement que Pru monta en voiture, repoussant sa longue jupe sous ses jambes qui, étrangement, étaient la seule partie de son corps restée mince. Elle avait toujours de jolies jambes. Mais elle avait pris l'habitude de les cacher, comme toutes les autres régions de son anatomie. Elle détestait ce caftan rouge. Elle l'avait acheté spécialement pour Noël et maintenant il lui rappelait la purée de fraises. De plus, il ne convenait pas du tout à son teint trop rose.

— Demain, nous irons t'acheter des vêtements neufs, déclara Allie en la regardant.

— Bonne idée ! Une couverture de cheval, voilà ce qu'il me faut.

— Au moins, ce sera une couverture de cheval chic.

Allie se mit à rire et Pru, qui était toujours au bord des larmes, oubliant un instant son pitoyable sort, se surprit à rire avec elle. Elle baissa sa vitre et huma l'air.

— J'ai l'impression de sentir le jasmin.

— C'est vrai, acquiesça Allie.

— Mais nous sommes en décembre, fit-elle en reniflant de nouveau avec une expression sceptique.

— Et nous sommes à Nice, l'une des capitales mondiales des fleurs. Ici, tu trouves des plantes que nous ne trouverions jamais aux États-Unis à cette époque de l'année. Oh Pru ! la Côte d'Azur, ou la Riviera, comme tu voudras, est un endroit vraiment exceptionnel. Elle exerce une magie qui guérit toutes les maladies. Elle répare l'âme, comme dit la Bible. Je te le jure. Tu peux me croire. Et tu dois croire en toi, parce que, quand tu repartiras, tu seras une nouvelle femme.

Pru secoua la tête. La prudence était désormais son maître mot. Elle avait mis son mouchoir sur ses rêves. Son mari l'avait trompée, l'avait larguée pour une autre. Maintenant, elle n'avait plus aucun espoir de rencontrer de nouveau l'amour. Elle avait tellement grossi, plus un homme ne la regardait. Elle étouffa un soupir accablé. Plus jamais elle ne serait aimée. Plus jamais elle ne s'endormirait au creux des bras d'un homme, ne connaîtrait la chaleur d'un corps viril contre le sien.

— Cela n'arrivera plus, dit-elle, résignée.

— Fais-moi confiance ! lui assura Allie sans faire un geste de réconfort.

Elle ne tenait pas à voir de nouveau Pru fondre en larmes. Ce n'était pas le moment. La voiture arrivait devant l'hôtel et de jeunes hommes en uniforme blanc se précipitaient pour ouvrir leurs portières.

— Bienvenue à Monte-Carlo, les salua le portier. Bienvenue, mademoiselle Ray.

— Madame Perrin, le corrigea-t-elle. Et merci.

Elle n'avait pas besoin de passer par la réception. Le directeur en personne, en costume noir et nœud papillon, vint la saluer.

— Nous vous avons donné une suite mansardée au dernier étage, madame Perrin. Nous avons pensé qu'elle vous plairait. C'est charmant.

— Eh bien... c'est très gentil de votre part.

Allie sourit pour remercier. Elle avait beau « avoir pris sa retraite », elle était toujours traitée comme la star de Hollywood.

— J'ai vu votre film français, *Les Étrangers sur la plage*. Vous aviez un rôle très émouvant.

D'un nouveau signe de tête, Allie le remercia.

— Je suis très heureuse qu'il vous ait plu.

Elles gagnèrent alors leurs appartements. Devant l'opulente suite Louis XIV, Pru resta bouche bée.

— C'est sublime ! s'exclama-t-elle en s'avançant vers la terrasse. Je regrette de ne pas avoir voyagé plus souvent avec toi.

Le hurlement persistant des sirènes de police et d'ambulances brisa une nouvelle fois le silence. Le directeur s'excusa.

— Nous avons des soucis à Monte-Carlo ce soir, un cambriolage dans une bijouterie. Je suis désolé, c'est la première fois que cela arrive ici.

— Je suis habituée, je connais New York, répondit Pru.

Allie était désormais la campagnarde qu'elle avait toujours rêvé d'être. Elle y aimait le silence total de la nuit. Un silence qui, pour celui qui savait écouter, était plein de sons : les bruissements de l'herbe, le roucoulement d'une colombe, le vent qui chantait dans les arbres, le frisson des feuilles tournoyant vers le sol. Elle avait appris que « la campagne » ne se taisait jamais.

Elle demanda alors au directeur de lui communiquer le numéro de la chambre de Sunny. Il le lui donna, lui indiquant que Mme Alvarez se trouvait sans doute au bar avec un compagnon.

Elle s'étonna. Quel compagnon ? Mac l'avait-il devancée ? Si c'était le cas, Ron avait dû le prévenir. Cela la contrariait beaucoup. De quoi diable se mêlait son mari ? Elle aurait d'abord voulu avoir une conversation avec Sunny ; maintenant, ses chances de découvrir la vérité étaient fichues.

Elle se tourna vers Pru. Elle était toujours sur la terrasse dans cette horrible tunique couleur fraise des bois qui, en fait, était deux fois trop grande pour elle. Pru avait apporté une valise dans laquelle, Allie le devinait, elle avait entassé le même genre de tenues informes en quantité suffisante pour un mois.

Elle haussa les épaules. Elle n'avait pas le temps de discuter de la garde-robe de sa compagne de voyage maintenant.

— Allons, Pru ! la tança-t-elle. Poudre-toi le nez, donne-toi un coup de peigne et enfile ça.

Elle lui tendit un châle en cachemire d'une finesse extrême. Allie pensait que sa couleur gris pâle atténuerait le rose de la tunique et des joues de Pru.

Pru jeta un regard dubitatif au pashmina. Elle avait espéré prendre une bonne douche et se faire apporter à dîner par le service d'étage.

— Où allons-nous ? s'enquit-elle.

— Pas le temps de discuter, nous descendons au bar, rétorqua Allie en enfilant un cardigan noir sur son T-shirt.

Elle le boutonna jusqu'au cou. Avec ses cheveux blonds tirés, son pantalon blanc et ses ballerines, elle aurait pu avoir dix-huit ans.

17

Maha était assise à sa table habituelle, au bar. Elle jeta un coup d'œil à sa montre puis vers l'entrée. Un petit pli fronça son front lisse. De sa place, elle voyait une partie du hall, les portes du restaurant, et gardait un œil sur Sunny. Cette dernière était assise au comptoir avec un homme très séduisant. Maha avait découvert qu'il se nommait Eduardo Johannsen.

Le langage corporel de Sunny n'avait aucun secret pour la belle Indienne. Elle la voyait se pencher vers lui, intéressée mais non sans une certaine réserve. Qu'est-ce qui pouvait bien la retenir avec un homme si attirant ? s'étonna-t-elle. Peut-être Eduardo était-il marié et s'étaient-ils donné un rendez-vous d'hiver secret sur la Côte d'Azur. C'était intéressant mais, heureusement, pas assez pour anéantir ses projets concernant Sunny.

Son assistante entra d'un pas décidé dans le bar, interrompant le fil de ses réflexions. Sharon Barnes, superbe Australienne, mesurait plus d'un mètre soixante-quinze et avait un physique de mannequin, son ancien métier. Elle ne faisait pas la quarantaine dont elle approchait, mais, n'ayant jamais été la reine des podiums, elle avait dû se retirer de la course. Elle avait depuis monté sa petite agence de recherche de mannequins à Prague et avait beaucoup voyagé dans les pays de l'Est. Ses affaires ne marchaient pas très bien. Jusqu'au jour où, trois ans auparavant, elle avait rencontré Maha.

Avec ses traits marqués, ses cheveux coupés court et ses membres anguleux, elle n'était pas une beauté. Mais elle avait des yeux magnifiques, d'un vert profond, avec des sourcils très rapprochés.

Sans lui dire bonjour ni l'embrasser, elle s'affala dans un fauteuil à côté de l'Indienne et fit signe au garçon :

— Un double whisky, *on the rocks*, aboya-t-elle.

La belle Indienne restait silencieuse. La main de Sharon se mit à frapper nerveusement le bras du fauteuil.

— Alors ? finit-elle par demander en haussant un sourcil interrogateur.

Le barman lui apporta son scotch et remplit encore une fois la coupe de Maha – qui n'avait que deux dépendances : le champagne et l'argent.

— Alors tout va bien.

— Seigneur ! Je meurs d'envie d'une cigarette, s'exclama Sharon en renversant la tête en arrière, une expression d'angoisse au visage.

Manifestement, elle carburait au whisky et au tabac.

— Tu peux toujours sortir fumer, suggéra Maha.

La nouvelle venue but une gorgée d'alcool avant de répliquer avec un très fort accent australien :

— Tu plaisantes ? Rester dehors comme ces prostituées russes avec leurs jupes au ras de leurs fesses nues, qui fument en reluquant les hommes ? Très peu pour moi !

Maha se mit à rire.

— Tu es toujours si sereine, si contente, maugréa son assistante.

— Je ne vois rien qui puisse me rendre malheureuse, répliqua l'Indienne en rajustant son sari bleu nuit sur sa peau couleur olive.

— Regarde ce que j'ai acheté, annonça alors l'ex-mannequin en tirant un pull en cachemire très simple d'un sac marqué JOSEPH. Gris, comme ces fauteuils.

— Intéressant, fit sa patronne, sans en penser un mot.

Sharon sourit. Maha maîtrisait la litote à la perfection.

— En solde, reprit-elle. Quarante pour cent de réduction.

Maha hocha la tête. D'une main, elle salua les deux hommes de la veille accompagnés d'une petite femme aux cheveux châtains, richement habillée, un sac Birkin d'Hermès orange au bras.

— Je vois que toi aussi tu as fait les soldes, lui dit-elle en déposant un baiser rapide sur sa joue poudrée, avant de serrer la main des deux hommes.

— Les soldes sont une bonne diversion, répondit-elle en embrassant Sharon.

— Où êtes-vous garés ? s'enquit Maha.

— Au Casino, répondit l'homme de haute taille.

Maha regarda Sharon qui, cédant à sa dépendance au tabac, prit un paquet de cigarettes dans son sac et se dirigea vers la porte.

— Je vais rejoindre la brigade des prostituées, lança-t-elle par-dessus son épaule.

Maha rit de nouveau. Les trois autres lui jetèrent un regard surpris. Puis, à l'instar des autres hommes d'affaires au bar, ils rapprochèrent leurs têtes pour discuter du marché du bijou. Étant donné ce qui se passait au bout de la rue, c'était sans doute un peu étrange. D'un autre côté, les bijouteries classiques comme *La Fontaine* ne vendaient pas les modèles de Maha.

Dehors, Sharon faisait les cent pas à travers la place en fumant nerveusement sa cigarette. Les sirènes hurlaient toujours dans la nuit. Elle alluma une deuxième cigarette avec le mégot de la première. Et tant pis si elle mourait de ce fichu cancer du poumon ! Puis, les yeux fermés, elle se boucha les oreilles pour ne plus entendre le bruit lugubre.

18

Quand Mac arriva à l'aéroport de Nice, il le trouva encerclé par un cordon de police. Des hommes armés inspectaient chaque passager. Les sirènes hurlaient au loin et les hélicoptères planaient au-dessus de leurs têtes. Aucun doute, il se passait quelque chose de grave.

Un hold-up dans une banque de la principauté ? s'interrogea le détective. Le rocher monégasque était pourtant l'un des endroits les plus sûrs du monde. Plongé dans ses pensées, il se joignit à la queue des passagers pour les formalités d'immigration. C'était Noël. Les festivités avaient peut-être poussé les gens à moins se méfier. Mais l'esprit de Noël ne pouvait avoir touché les malfrats qui, eux, savaient toujours comment tirer profit d'un relâchement de vigilance.

— C'est un vol de bijoux, expliqua quelqu'un devant lui.

La rumeur ne tarda pas à se répandre.

— Monte-Carlo. L'une des boutiques de luxe, comme *Cartier* ou *La Fontaine*.

Intéressant, se dit Mac. Un vol de bijoux à Noël. Quelqu'un allait recevoir un beau cadeau. Mais il refusait de se laisser impliquer dans un quelconque cambriolage, que ce soit une banque ou une bijouterie. Il n'était là que pour Sunny.

Lorsqu'il passa la douane en portant le petit sac qu'il avait préparé à la hâte avant de gagner l'aéroport par les routes désertées en ce jour de Noël, il fut arrêté comme les autres et, pendant dix longues minutes, dut prendre son mal en patience. Enfin, on lui fit signe de passer.

D'un pas vif, il traversa le hall des arrivées, en direction de la station de taxis. Tout à coup, il aperçut un policier dans son élégante veste d'uniforme et reconnut l'inspecteur avec qui il avait travaillé sur une série de vols d'œuvres d'art sur la Côte d'Azur, l'été précédent. À son expression lasse et tendue, Mac devina qu'il était arrivé quelque chose de grave.

Quand il lança son nom, le policier fit volte-face avant de s'exclamer, les deux mains en l'air :

— J'aurais dû me douter que je te retrouverais sur mon chemin. Tu es revenu me hanter.

— Non, les fantômes, c'est terminé, répondit Mac avec un sourire, faisant allusion à *Chez la Violette*, la villa qu'il avait louée l'été précédent. J'ai l'impression que, cette fois, c'est plus grave.

— Oh oui, *mon vieux* ! Tu peux me croire !

L'inspecteur lança un regard appuyé à Mac sans néanmoins lui demander pourquoi Sunny n'était pas avec lui. En bon Français, il était bien trop discret pour poser une telle question. Puis il reprit :

— Toutes les rues sont bloquées, tu n'iras nulle part.

Mac lui indiqua sa destination.

— Dans ce cas, tu ferais aussi bien de venir avec moi. Je dois repartir pour Monte-Carlo. Ils ont dévalisé une autre bijouterie *La Fontaine*. Ils n'ont rien dû laisser, comme ils ont vidé la boutique de la place Vendôme la veille de Noël. Je t'emmène, je te déposerai à ton hôtel.

Une fois dans sa voiture, il prit la route à vive allure, doublant les cars de police et brûlant les feux rouges. Pendant le trajet, il informa Mac des braquages en série.

— Deux en France, un à Londres, à Rome, à Berlin, à Milan.

— Voilà un sacré larcin à écouler. Tu as une idée de leur receleur ?

— Pas la moindre, fulmina le policier.

Avec un haussement d'épaules désabusé, il rajusta sa casquette d'une main. Derrière les vitres de la voiture, ils voyaient les faisceaux de l'hélicoptère balayer la côte.

— Personne ne sait comment ils arrivent à écouler ces diamants sans les tailler, ce qui réduirait leur valeur de moitié. Les autres pierres, les émeraudes, les rubis, sont assez faciles à revendre, ils ont déjà les receleurs. Mais les diamants, c'est une autre histoire.

— Combien penses-tu qu'ils valent ?

L'inspecteur poussa un profond soupir.

— À Paris, un collier seul avait une valeur de vingt millions. Ils ont pris des bagues, chacune valant des centaines de milliers d'euros. Et les pierres non montées.

Il haussa de nouveau les épaules.

— *La Fontaine* continue à nous cacher leur valeur réelle, même à nous. Sans doute parce qu'ils n'avaient pas tout déclaré aux impôts. Mais crois-moi, Mac, cela doit s'estimer à des centaines de millions.

— Pourtant, ici, à Monte-Carlo ? insista Mac. Sans doute l'endroit le plus sûr au monde ?

— Oui, avec Zurich. Pour l'instant, nous ne savons pas exactement ce qui a été volé ce soir. Ils ont utilisé le même mode opératoire, des femmes habillées de vêtements de luxe et portant des masques, devine de qui ? Je te le donne en mille. De Marilyn Monroe ! Elles ont pris le vigile en otage, tiré sur la caméra de surveillance, embarqué tous les téléphones portables, coupé les lignes et elles ont fermé les portes à clé derrière elles. L'alarme ne s'est pas mise en route, rien n'aurait pu laisser deviner la moindre anomalie, jusqu'à ce qu'un passant voie les lumières et les gens sur le sol. Elle nous a téléphoné.

— Elle ? fit Mac avec un coup d'œil intrigué.

Il aurait plutôt imaginé un homme donnant l'alarme.

— Une femme. Anonyme. Elle a dit qu'elle ne voulait pas être impliquée, mais que quelque chose clochait à *La Fontaine*. Mes hommes encerclent le périmètre qui est fermé par des cordons de police, nous avons envoyé des ambulances.

Mac haussa un sourcil étonné.

— Il y a des blessés ?

L'inspecteur répondit d'une voix morose :

— Il paraît. Nous y sommes, ajouta-t-il alors que la grosse voiture longeait la place et s'engageait dans un boulevard où un périmètre était marqué au scotch jaune. Des ambulances attendaient avec des douzaines de voitures de police et les lumières bleues de leurs gyrophares. Deux camions de pompiers étaient garés de l'autre côté de la rue, et des photographes de police prenaient des photos de la vitrine de la boutique. Les lumières de la bijouterie où s'affairaient des policiers en civil étaient allumées.

— Je suis désolé, je ne pourrai pas t'accompagner à ton hôtel, fit le policier qui, simultanément, parlait sur son téléphone portable à quelqu'un à l'intérieur du magasin. On a besoin de moi ici.

Mac le remercia et descendit de la voiture. Les halogènes balayèrent soudain la scène d'une lumière blanche et crue. Il aperçut un sac noir que l'on transportait de la bijouterie à une fourgonnette sombre : les pompes funèbres, devina-t-il. Il sentit la colère l'étouffer. Les salauds avaient tué quelqu'un, probablement le vigile ou une innocente vendeuse. Juste ciel ! Les hommes étaient capables de tout pour de l'argent ! Que valait une vie pour certains, comparée à des millions de dollars ?

Il se détourna et s'éloigna à grandes enjambées, se frayant un chemin parmi les policiers qui l'avaient vu arriver avec leur chef, dans le vacarme des sirènes de plus en plus nombreuses.

Il accéléra le pas, laissant derrière lui la dure lumière blanche qui disparut dans la pénombre veloutée de la Côte d'Azur. Il ne pensait plus qu'à Sunny. Ils allaient se retrouver, il lui dirait combien il l'aimait, ce qu'elle représentait pour lui. Il allait l'épouser quand elle voudrait. Mon

Dieu, s'il vous plaît, faites qu'elle m'aime encore. Faites qu'elle ne m'ait pas quitté pour de bon !

Sharon arpentait toujours la place en fumant. Allait-elle craquer pour une troisième cigarette ou regagner le bar où l'attendait son scotch *on the rocks* ? Elle frissonna en entendant les sirènes. À l'est, un halogène illuminait le ciel. Elle était à la fois attirée et révulsée.

Un homme séduisant, un sac à la main, se dirigeait vers l'hôtel. Dans un réflexe purement féminin, de sa main sans bagues, elle aplatit sa jupe, resserra sa petite veste de fourrure noire autour de son visage. Les diamants de ses grosses boucles d'oreilles scintillaient dans la nuit. Elle le suivit des yeux. Il ne l'avait même pas remarquée.

Les yeux plissés, elle le regarda monter le perron de l'hôtel d'un pas alerte. Elle l'avait déjà vu, elle l'aurait juré.

Kitty Ratte, qui avait été obligée de se garer à quelques rues de l'hôtel à cause du cordon de police, arrivait à pied. Elle aussi vit l'homme et, d'après la description de Sunny, comprit qu'il s'agissait de Mac Reilly. Elle l'examina d'un œil admiratif. Il était trop beau pour passer inaperçu. Aussi beau que l'homme avec qui Sunny était l'autre soir. Elle se félicita. Avec une femme comme Sunny, un peu stupide ou bien trop candide, le champ était libre pour un petit jeu. Or, jouer était ce que Kitty préférait au monde. En fait, elle en vivait.

19

Suivant son habitude, Pru mourait de faim. Allie se dit qu'elle ferait bien de l'emmener dîner. Elle en profiterait pour emmener Sunny par la même occasion. Elle aussi devait être affamée, mais pas pour la même raison : contrairement à Pru, elle ne devait même pas penser à la nourriture. Tout à coup, elle vit Mac traverser le hall. N'en croyant pas ses yeux, elle agrippa l'épaule dodue de sa compagne.

— Oh, non ! s'exclama-t-elle. Il m'a prise de vitesse.

— Qui ? fit Pru en resserrant le vaporeux châle gris sur sa poitrine pour essayer de paraître plus mince.

— Mac Reilly, bien sûr.

— Tu veux rire, fit Pru en scrutant le spacieux hall dallé de marbre de son regard de myope. Je regarde toujours son émission. Il est tellement beau... ni crétin, ni show-biz, ni rien. Juste beau... et sympa.

— C'est vrai, acquiesça Allie, tant qu'on ne lui parle pas mariage. Et maintenant, que vais-je faire ? Regarde, il donne son sac au groom, il ne va même pas dans sa chambre, il se dirige droit vers le bar.

— Mais c'est là qu'est Sunny.

Pru était si excitée que ses cheveux châtains semblaient se dresser d'eux-mêmes sur sa tête sans les coups de brosse vigoureux et le spray qu'elle utilisait habituellement. Cela faisait vingt ans que Pru se coiffait en arrière. Elle n'arrivait pas à accepter que la grosse touffe de cheveux crêpés à la Dallas ne soit plus à la mode. Si ce n'était que, désormais, bien sûr, elle ne se fatiguait plus. Ses cheveux pendaient comme des baguettes sur ses épaules.

Allie et Pru regardèrent Mac s'avancer vers le bar, précédé par une jeune femme blonde et mince. Vêtue d'une courte robe blanche, elle avait un bouquet de muguet à la main. Ses cheveux étaient retenus par un croissant en diamants et Pru pouvait sentir son parfum de jasmin.

Derrière Mac, le talonnant, arrivait une autre femme, dont les cheveux roux reflétaient la lumière dans un halo de couleurs. Elle trottinait, genoux serrés, la jupe de sa robe courte orange relevée sur ses cuisses dodues, son sac Chanel se balançant à son bras, ses boucles d'oreilles Dior oscillant à ses oreilles.

Derrière elle, une autre femme avançait à grandes enjambées sur de hauts talons, serrant frileusement le col de sa courte veste de fourrure noire d'une main, avec une toux de fumeuse qui résonnait.

— Eh bien, voilà Mac bien escorté ! fit remarquer Allie.

— Qu'allons-nous faire ? demanda Pru, enthousiasmée à l'idée de rencontrer Mac Reilly.

Allie réfléchit un instant. Devait-elle les laisser se retrouver, discuter, régler leur problème entre eux ? Mais elle était inquiète. Sunny lui avait dit que c'était fini. Terminé ! Elle était désespérée, n'avait pas les idées claires, et Allie savait qu'avec un cœur brisé une femme pouvait dire n'importe quoi. Dans cet état, elle avait les idées bien embrouillées. « Il a dit ça... il a fait ça... je lui ai dit... il m'a dit... Je n'aurais pas dû faire ci... ça... » ; elle ne pouvait pas abandonner Sunny dans cette situation. Elle devait l'aider.

— Voilà ce que je propose : nous allons entrer dans le bar et nous asseoir dans un coin discret, au fond, sans nous faire remarquer. Si je pense qu'il y a des problèmes, nous volerons à leur rescousse.

20

Sunny, stupéfaite, regarda entrer la mariée. Elle était revenue ! Comment était-ce possible ? Toujours en blanc, son bouquet de muguet à la main, elle se jucha de nouveau sur un tabouret et commanda :

— Martini, *on the rocks*, s'il vous plaît.

Le jeune barman la regarda et haussa les épaules. Ils voyaient de tout dans les bars, même des mariées sur leur trente et un. Elle avala son verre d'un trait, prit une profonde inspiration, releva le menton et ressortit d'un pas décidé. Elle croisa Mac qui entrait.

Intrigué, il se retourna. Que diable faisait cette mariée seule dans un bar ? Il aperçut une rousse d'une cinquantaine d'années derrière lui. Avec un clin d'œil, elle lui fit un sourire aguicheur. Que diable pouvait-elle bien lui vouloir ?

Eddie Johanssen savait qu'il était tombé amoureux de Sunny. Il aurait été difficile de ne pas craquer. Non seulement Sunny était belle, mais elle avait un charme, une aisance, un air à la fois coquin et juvénile qui chassaient ses soucis de divorce. Avec elle, il retrouvait le goût depuis longtemps oublié de la légèreté. Il avait envie de la serrer dans ses bras, d'embrasser ses lèvres sensuelles qui, il le savait, auraient une saveur sucrée. Aucune femme ne lui avait inspiré de tels sentiments depuis un temps infini. Si seulement il parvenait à convaincre Sunny qu'il y avait une vie après son détective et, peut-être, un avenir pour eux deux...

Penchée vers lui, la jeune femme était en train de lui dire à quel point elle avait apprécié sa compagnie. Le regard empreint de tristesse, elle enchaîna, hésitante :

— Mais...

Eddie détesta ce « mais ».

— Mais quoi ? la pressa-t-il en lui prenant la main. Mais quoi, Sunny ? Tu m'as dit que tu avais quitté Mac, que c'était fini. J'ai vu à quel point tu étais malheureuse. Ne puis-je pas être celui qui te console ?

— Tu es le seul homme qui le pourrait, crois-moi, lui assura-t-elle.

Elle sentait la pression de sa main dans la sienne. Elle devait mettre un terme à tout cela. Elle ne pouvait le laisser se bercer d'espoirs. Elle détourna les yeux et sursauta. Mac !

Ce ne pouvait être que lui, dans ce vieux blouson de cuir noir sur un T-shirt à la couleur passée. Une petite barbe couvrait ses joues, il avait les cheveux ébouriffés et les yeux battus.

Eddie comprit tout de suite qui était le nouveau venu. Quand il retira sa main de celle de Sunny, elle ne le remarqua même pas. Il avait l'impression d'être soudain devenu invisible. Elle fixait Mac, comme fascinée.

Tout comme le soir de leur première rencontre, à Malibu, leurs regards s'accrochèrent et le temps sembla se figer. Ils étaient seuls. Seuls dans ce bar, dans cet hôtel, seuls au monde.

Kitty Ratte ne perdait pas une miette de la scène. Elle eut vite fait de saisir la situation, d'appréhender les possibilités qu'offrait le jeu qu'elle comptait mettre en place. Ses yeux de serpent se durcirent.

— Très bien ! chuchota-t-elle. Parfait, même.

Eddie se leva et gagna l'autre extrémité de la pièce. Kitty s'empressa de le rejoindre. De leur coin obscur, Allie et Pru observaient la scène, retenant leur souffle.

À la table de Maha aussi, tous les regards étaient braqués sur le couple. Le face-à-face entre les deux amants était si intense qu'un halo de sensualité semblait s'être formé autour d'eux.

S'avançant vers Sunny, Mac lui tendit la main. Elle la prit et glissa du tabouret. Puis, oubliant son sac sur le bar, oubliant Eddie avec qui elle était quelques minutes auparavant, sa main dans celle du détective de son cœur, elle sortit du bar et traversa le hall dallé de marbre. Arrivés devant l'ascenseur, ils échangèrent un long regard.

— Chambre 101, chuchota-t-elle.

Il pressa le bouton. Il lui ouvrit les bras, elle s'y jeta et, éperdue, demanda :

— Pourquoi as-tu mis si longtemps ?

21

Allie s'élança à leur poursuite. Une nouvelle fois, Pru remarqua la grâce de son amie. Même habillée aussi simplement, sa beauté était inaltérable. Pas de bijoux voyants, pas de haut aguicheur. La femme qu'elle était devenue n'était pas tellement différente de la lycéenne qu'elle avait connue. Modeste, sans prétention, pas vaniteuse pour un sou. Elle, en revanche, était aujourd'hui une femme de quarante ans passés, en surpoids, vêtue d'un horrible caftan rouge et du pashmina de grande valeur d'Allie. Elle aurait pu y emmailloter un bébé. Mais elle n'en avait pas. Et n'en aurait jamais.

À la pensée de son mari infidèle et de sa maîtresse, elle poussa un soupir à fendre l'âme. Elle savait qu'il l'avait rencontrée sur son lieu de travail. Un cliché d'une banalité affligeante. On disait qu'un mari vous quittait toujours pour la collègue de travail, la voisine, la meilleure amie. Eh bien désormais, elle était bien placée pour savoir que c'était la vérité. Tout était une question de promiscuité, de disponibilité, d'occasion. De « allez, viens ! » sans grandes conséquences. Sauf que, dans son cas, il y avait eu des conséquences. Elle avait commencé à s'empiffrer, était devenue énorme et elle ne savait plus comment s'en sortir.

Laissant Pru à ses sombres pensées, Allie était dans le hall. À moitié dissimulée derrière l'immense composition florale, elle se posta derrière la grande table ronde. Devant l'ascenseur, Sunny et Mac étaient enlacés. Tout à coup, la jeune femme recula d'un pas et se précipita dehors, Mac sur les talons.

Allie décida que, pour le moment, elle ne pouvait rien faire de plus pour les aider. Elle allait croiser les doigts. Un peu plus tard, elle laisserait un message à Sunny pour lui expliquer qu'elle était arrivée plus tôt que prévu, qu'elle l'avait vue avec Mac, et lui demander de l'appeler pour lui dire où ils en étaient.

Le mieux qu'elle puisse faire était d'aller retrouver Pru qui risquait de s'évanouir d'inanition. Voilà quelqu'un qui avait bien besoin de son aide. Si Allie ignorait pourquoi son mari l'avait abandonnée, elle doutait que Pru en soit responsable. Elle ne connaissait de lui que la photo gardée précieusement par son amie dans son portefeuille : un visage rubicond à l'expression arrogante, des lunettes noires pour cacher ses yeux, des lèvres charnues esquissant un sourire, une main sur une Jaguar de sport verte à défaut de la Bentley dont, Allie était prête à le parier, il rêvait. Une belle ordure, manifestement ! Hélas ! la pauvre Pru semblait toujours très amoureuse. Elle contemplait ce visage comme s'il s'était agi du Saint Graal, en le caressant du doigt.

— Allons, Pru ! lança-t-elle en regagnant leur table. Viens dîner.

Et, l'entraînant hors du bar, elle lui raconta ce qui s'était passé dans le hall.

Maha les suivit des yeux.

— C'est Allie Ray, fit-elle remarquer. Toujours aussi belle.

Les têtes de son entourage se tournèrent vers la porte.

La petite scène qui venait de se jouer devant eux la laissait songeuse, tant l'émotion avait été palpable entre Sunny et l'inconnu. L'Américaine l'avait suivi comme une somnambule et Eddie Johanssen s'était retrouvé tout bête. La jeune femme ne l'avait même pas salué, ne lui avait présenté aucune excuse. Qui sait ? Tout n'était peut-être pas fini avec Johanssen, le jeu pouvait continuer. Quoi qu'il advienne,

Maha n'espérait qu'une chose : rien ne devait détourner Sunny Alvarez du projet qu'elle avait conçu pour elle. La jeune femme devait changer de vie et Maha savait exactement comment l'y aider. Et puis, chose curieuse, elle voyait que Kitty Ratte avait déjà jeté son dévolu sur Eddie.

Elle observa la rousse. Ses yeux aussi durs et brillants qu'une mer de glace étaient pleins de la même compassion que celle qu'elle avait feinte pour Sunny la veille. Le mal peut prendre plusieurs formes, entre autres le vice. D'instinct, Maha savait que Kitty Ratte était une professionnelle en la matière.

Le bar lui parut soudain étouffant, trop bruyant, le mélange de parfums des clientes lui montait à la tête.

— Et si nous allions dans ma suite ? proposa-t-elle à ses compagnons. Nous pourrions nous faire monter à dîner et continuer à discuter.

Accoudé au bar, Eddie serrait son verre entre ses mains glacées. Jusqu'à ce que Sunny l'abandonne sans même un regard en arrière, il n'avait pas pris la mesure de ce qu'elle représentait pour lui. Pas même une excuse. Pas même un « À propos, c'est mon ex-fiancé », ou un « Attendez-moi, je reviens ». Elle ne lui avait laissé entrevoir aucun espoir. Pourtant, il savait qu'ils partageaient la même violente attirance.

Il était en plein désarroi. Totalement désorienté. Que pouvait-il faire de plus que rester là en espérant qu'elle reviendrait ?

Une voix de femme vint interrompre le fil de ses sombres pensées.

— Vous devriez être en colère. Sunny n'aurait pas dû vous laisser comme ça.

Sans répondre, il tourna les yeux vers sa voisine.

Kitty le regardait, sachant exactement à quel type de proie elle s'attaquait : l'idéal. Un homme riche, avec un passé, ivre de désir pour un nouvel amour malheureux. Un homme vulnérable, aveuglé par de nouveaux espoirs.

— Je suis une amie de Sunny, annonça-t-elle en se redressant sur le tabouret.

Sa robe s'écarta jusqu'à mi-cuisse. Elle remarqua le coup d'œil discret d'Eddie et sourit.

— Je connais bien Sunny, reprit-elle d'une voix apaisante. Elle est émotive, elle n'est pas responsable de ses actes. Par exemple, comment a-t-elle pu vous quitter ainsi, sans autre forme de cérémonie ? Elle m'a dit que vous étiez ensemble depuis un moment maintenant, assez longtemps pour avoir compris que vous tenez à elle. Surtout, ne vous inquiétez pas, s'empressa-t-elle d'ajouter en pressant une main douce sur le bras d'Eddie, elle m'a tout raconté mais, bien sûr, je ne le répéterai jamais.

Perplexe, il se demanda ce que Sunny avait bien pu dire à cette femme.

Avec un sourire compatissant, Kitty lui jeta l'un de ses regards en dessous, empreint de modestie.

— Et si vous me laissiez vous offrir un verre ? Vous me raconteriez vos ennuis ? Je vous assure que je sais parfaitement écouter.

Elle fit signe au barman et commanda un Red Bull et un verre de vin rouge pour elle, et une autre vodka pour lui.

Fuyant délibérément son regard, l'homme aux cheveux argentés posa les verres devant eux. Il savait qui elle était. Pour lui, les femmes comme Kitty nuisaient à l'élégance de son bar.

— À vous ! s'exclama Kitty en levant son verre.

Sans remarquer qu'elle avait glissé un cachet dans sa vodka, Eddie se tourna vers elle et la scruta, prenant conscience de son apparence. Les cheveux rouge feu, les yeux bleus à moitié cachés sous de lourdes paupières, les joues de laitière, les dents de lapin, les boucles d'oreilles Dior vulgaires, les cuisses nues et grasses. Mais, surtout, à quel point elle semblait compatissante. Or, ce soir, Eddie était un homme seul qui avait besoin de réconfort.

Le sourire de Kitty s'élargit.

— Je bois à la chance, reprit-elle en levant de nouveau son verre.

Cette fois, il leva le sien en réponse et, soudain, ressentit le besoin de parler. Kitty se révéla une oreille attentive. Elle était à l'écoute, tapotait sa main pour le réconforter, sans lui laisser ignorer, par la même occasion, qu'elle le trouvait très séduisant.

Une heure passa, puis deux. Ils étaient toujours au bar et Sunny n'était pas revenue.

— Je ne comprends pas comment elle peut ne pas vouloir de vous, déclara Kitty en faisant courir une main légère sur le bras d'Eddie. Vous êtes si attirant, si…

Une lueur s'alluma dans ses petits yeux bleus énigmatiques.

— … sexy.

Il la fixait, fasciné, exactement comme elle l'avait voulu. L'effet du cachet dans sa vodka.

— Vous pouvez me croire, Eddie Johanssen, chuchota-t-elle. Je sais de quoi je parle. Vous ne savez pas ce que vous perdez. Sunny est une femme banale. Moi, en revanche, je suis capable de vous surprendre. Après tout, nous aimons tous les deux le sexe, non ? Allons ! admettez-le, jamais Sunny ne vous ferait ce genre de proposition.

En entendant le nom de Sunny, Eddie sursauta. Catapulté dans la réalité, il s'arracha au regard hypnotisant de Kitty et, titubant, il se leva.

— Je dois partir.

Il se sentait ivre. Pourtant, il n'avait bu que deux vodkas.

— Merci pour votre compagnie, Kitty, reprit-il. Vous avez été gentille d'écouter mon…

À court de mots, il se tut.

— Vos problèmes de cœur, murmura Kitty si doucement que, encore une fois, il dut se pencher vers elle pour l'entendre.

Elle l'embrassa de l'un de ces baisers furtifs dont elle était spécialiste. Ses lèvres entrouvertes frôlèrent les siennes en laissant planer le doute. Avait-il senti sa langue ou pas ?

Kitty était une professionnelle, elle maîtrisait son travail et savait exactement comment jouer le jeu.

— À demain ! appela-t-elle alors qu'il se tournait et se dirigeait vers la sortie. Je serai là.

Elle n'ajouta pas « si Sunny n'est pas là », elle savait qu'il comprendrait. Elle avait l'intention de faire chanter Eddie et elle était prête à parier son dernier dollar qu'elle allait pouvoir le prendre dans ses filets.

22

Après avoir laissé Mac devant l'ascenseur, Sunny s'élança dehors, frissonnant dans sa petite robe noire.

Les lumières des bateaux et du Casino scintillaient et, sur son rocher, le palais princier brillait comme un château de conte de fées. La courbe de la baie évoquait une rivière de diamants avec, à l'ouest, la Méditerranée à l'infini et, à l'est, la chaîne montagneuse.

Mac la regardait. Si la distance entre eux n'était que de quelques mètres, en réalité le fossé était profond. Sunny allait-elle baisser la garde et lui permettre de la rejoindre ?

— Tu me demandes pourquoi j'ai mis si longtemps ? dit-il.

Elle ne répondit rien, ne tourna même pas la tête pour le regarder. Préoccupé, il passa ses mains dans ses cheveux bruns déjà en bataille.

— Sunny, rentrons. Nous pouvons parler dans ma chambre. Nous allons attraper la mort ici.

Quand il posa la main sur son épaule, elle sursauta. À travers la soie de sa robe, le contact de sa peau était telle une décharge électrique. C'était comme si Mac lui imprimait sa marque au fer rouge. Tout comme la première fois qu'ils avaient fait l'amour, quand l'air autour d'eux semblait grésiller des étincelles de leur passion.

Elle fit volte-face et s'éloigna. Il la suivit. À la lumière blafarde des halogènes, les sirènes de police persistaient.

Au-dessus de leurs têtes, les balayant de leurs faisceaux, les hélicoptères faisaient tourner leurs pales.

Elle le regarda à la dérobée. Surveillait-il les activités de la police ? Cela faisait tellement partie de sa vie. Pourtant, la tête baissée, pour une fois il semblait indifférent. Seigneur ! comme il était beau avec son physique de baroudeur au visage buriné. Comme elle l'aimait ! Mais elle l'avait quitté pour une bonne raison et elle devait rester fidèle à sa résolution. Elle était lasse d'être son éternelle fiancée. Il était temps pour elle de devenir sa femme. Même si elle en avait envie, elle ne pouvait pas simplement tomber dans ses bras, comme elle l'avait fait devant l'ascenseur, et lui dire, suivant son habitude, ce qu'elle avait sur le cœur. « Pourquoi as-tu mis si longtemps ? », par exemple, quand elle aurait dû dire : « Salaud ! tu peux en épouser une autre, je te quitte. »

Elle savait pourtant que Mac ne se marierait jamais avec une autre. En fait, il était marié avec son travail.

Un frisson la secoua. Mac, qui l'avait remarqué, retira sa veste de cuir, la posa sur ses épaules, l'aida à enfiler les manches et les roula. Puis il la prit par les épaules et, avec une pression des mains, déclara :

— Tu es l'amour de ma vie, Sunny. Je ne te laisserai jamais partir. Je suis tellement désolé. Tu n'imagines pas à quel point. Je me suis conduit en égoïste, je n'ai pas pensé à toi, je me suis fait passer en premier.

Poussés par le vent, les longs cheveux bruns de Sunny vinrent balayer son visage. D'un revers de main, elle les dégagea et essuya ses larmes.

Mac la regardait. Quelques minutes auparavant, devant l'ascenseur, elle était retombée dans ses bras. Quand elle lui avait demandé pourquoi il avait mis si longtemps, il s'était senti submergé de soulagement. Elle ne s'était pas vraiment enfuie, avait-il pensé, en refermant ses bras autour d'elle, elle avait simplement été contrariée, s'était sentie rejetée. Par sa faute. N'avait-il pas, encore une fois, repoussé le mariage ?

À dire vrai, il ne s'était pas rendu compte à quel point cela comptait pour elle ; l'idée du mariage avait toujours été comme un jeu entre eux. L'année dernière, à leur retour à Malibu, après leur été mouvementé à Saint-Tropez, ces vacances chaotiques ponctuées de meurtres, il lui avait demandé de l'épouser. « Marions-nous, ici, tout de suite ! » avait-il proposé. Mais elle n'avait pas trouvé le moment bien choisi. Qu'y avait-il à comprendre aux femmes ? Aussi, leur petit jeu plein de légèreté avait continué, jusqu'à ce qu'elle devienne obsédée par l'idée de se marier le jour du Nouvel An. Bien sûr, il avait été d'accord. Il voulait passer le reste de sa vie avec Sunny, vieillir avec elle. Mais quand il s'agissait de fixer une date, un empêchement surgissait toujours. « Tu fais toujours passer quelqu'un d'autre avant moi », avait-elle dit.

Jamais il ne l'avait entendue parler avec une telle tristesse. En général, Sunny portait bien son nom. Comme le soleil, elle respirait la joie de vivre. Elle comprenait l'amour, comprenait Mac, l'aimait. Mais, ce soir, elle affichait une indifférence dont il ne pouvait la blâmer.

— Sunny, plaida-t-il.

Elle se tourna vers son visage familier. Mac disait-il vrai ? Si elle était d'accord pour rentrer à Los Angeles, pour retrouver leur vie, leur travail, leurs chiens, la villa sur la plage de Malibu, serait-ce exactement comme avant ? Elle se rappelait le conseil de Maha Mondragon : elle devait saisir les chances que la vie lui offrait, ne devait pas avoir peur de l'avenir. Peut-être Maha avait-elle un vrai don de devin. Si c'était le cas, avait-elle fait référence à son avenir avec Mac ? Pourtant, combien elle l'aimait !

La lumière du réverbère se reflétant dans ses yeux, elle lâcha :

— Espèce de salaud !

Mac baissa la tête d'un air coupable.

— Mais je t'aime toujours.

— Même si tu ne veux pas m'épouser ?

— Je ne peux que le répéter, Sunny. Je t'aime. Je t'aimerai toujours.

— J'ai acheté ma robe de mariée. En dentelle.

— En dentelle ? s'étonna-t-il. Tu n'es pourtant pas une fille à dentelle.

Sunny sourit. Mac la connaissait vraiment par cœur ! Tout au moins, il pensait la connaître. Car, pour le moment, il ignorait tout d'un certain Eddie Johanssen.

Eddie ! Mortifiée, elle se rappela la façon dont elle l'avait laissé au bar, sans lui fournir la moindre excuse. Avait-il attendu son retour ou avait-il deviné qui était celui avec lequel elle était partie ?

Certainement, se dit-elle avec un pincement de regret. Avec Eddie, tout avait été si simple, si loin de la réalité, dès leur rencontre, puis pendant ces longues heures passées ensemble, entre Los Angeles et Paris. Elle s'était sentie si seule, si vulnérable. Quel soulagement cela avait été de le voir s'intéresser à elle, d'avoir été l'objet de son attention.

— Je sais déjà pour la robe, dit-il. Je suis allé chez toi, je te cherchais. Je l'ai trouvée dans la penderie. Je l'ai apportée.

Abasourdie, elle tendit le bras et, comblant enfin le fossé qui les séparait, toucha son visage, éprouvant ses joues rugueuses de ses doigts légers.

— Tu as apporté ma robe ? murmura-t-elle.

— C'est ta robe de mariée.

— Je ne l'ai jamais vraiment aimée, avoua-t-elle.

Pour toute réponse, il lui prit la main, la retourna et embrassa sa paume.

— Tu me connais trop bien, Mac ! s'exclama-t-elle en se blottissant dans ses bras.

Leur baiser évoquait la chanson de Leonard Cohen *A Thousand Kisses Deep* : leurs lèvres s'unirent, se reconnurent, un millier de souvenirs affluèrent.

Leur baiser lui rappela tout ce qu'ils partageaient : leurs rires ; leurs tentatives pour protéger Pirate des attaques de Tesoro ; leurs dîners sur la terrasse de la villa de Malibu, tantôt en maillot de bain, tantôt emmitouflés pour se protéger du vent ou des brouillards d'été...

Elle se dégagea, lui caressa le visage et l'enveloppa d'un regard triste.

— Qu'y a-t-il ? demanda-t-il.

Elle repensait à la mariée entrant en trombe dans le bar pour commander un martini. Avait-elle été abandonnée elle aussi ? Elle refusait de se trouver un jour dans cette situation. Elle savait que le travail de Mac passerait toujours avant tout et elle le comprenait. Mais cette fois, elle était déterminée à agir.

— Nous devons tout remettre à plat, déclara-t-elle. L'amour n'est pas tout. Nous devons nous parler à cœur ouvert, cerner nos véritables personnalités, faire le point sur nos sentiments.

— Faire le point ? répéta Mac, perplexe. Mais je te l'ai dit, Sunny, tu es l'amour de ma vie.

Avec un haussement d'épaules, elle retira la veste de cuir et la lui tendit.

— Ça dépend, Mac !

Sur ces mots, elle rebroussa chemin, traversant la place d'un pas vif.

— Sunny, appela-t-il, serrant sa veste contre lui.

— Nous parlerons demain.

Sa voix flotta vers lui, à moitié couverte par le bruissement du vent dans les branches et par les sirènes qui ne s'étaient toujours pas tues.

À cet instant précis, la voiture de l'inspecteur s'arrêta à côté de lui dans un crissement de freins.

— Monte, lui enjoignit-il. Je te ramène à ton hôtel.

— Inutile, c'est juste en face, répondit le détective d'un air maussade.

— Une femme tuée, expliqua le policier avec un geste en direction de l'agitation dans leur dos. Ce n'est pas beau à voir, mon vieux ! Appelle-moi demain. Tu pourras peut-être me donner un coup de main.

— J'y réfléchirai, répondit Mac avant de se diriger vers le *Grand Hôtel*.

23

Les amis de Maha Mondragon semblaient fatigués. Réunis dans sa suite, ils avaient un peu mangé, beaucoup bu. Maha, pour sa part, ne buvait qu'avec parcimonie, et uniquement du champagne. De plus, ils étaient en affaires.

Les fenêtres étaient ouvertes sur la ville qui avait retrouvé ses bruits habituels : la circulation, les voix, les rires et la faible rumeur de la mer.

Deux employés du service d'étage étaient en train de débarrasser la table. Sharon était sortie fumer sur la terrasse. Maha ne supportait pas l'odeur du tabac dans sa chambre. La femme aux cheveux châtains était assise, silencieuse, les yeux lourds de sommeil, comme si elle était sur le point de s'endormir. Avec son visage rond et son menton trop court, c'était une femme banale, pensa Maha en la regardant. Mais quand elle faisait un effort, elle pouvait avoir l'air riche, ce qui était un plus.

Giorgio, le plus âgé des deux hommes, était toujours à son avantage : grand, les hanches étroites, habillé avec un goût parfait ; un homme qui pouvait passer partout. Italien, bien sûr. Seul un Italien pouvait avoir cette allure. Venait ensuite Ferdie. Un Argentin, ex-joueur de polo qui avait eu des revers de fortune. Fini les chevaux de polo, les invitations royales, la cohorte de blondes, une coupe de champagne dans une main, l'autre tendue pour les babioles de chez Cartier, la carte Black American Express : tout était bon.

Maha se sentait désolée pour Ferdie, qui avait toujours vu ses goûts de luxe satisfaits et qui, désormais, devait se contenter de beaucoup moins. Cependant il lui était utile, comme l'étaient toujours les hommes dans sa position, prêts à tout pour une récompense immédiate.

Les serveurs s'inclinèrent avec politesse avant de quitter la pièce. Maha entra dans sa chambre, prit un gros sac en toile, bordé de cuir, de cinquante centimètres sur cinquante : la taille idéale pour voyager en cabine. Elle le retourna et le posa sur la table de la pièce.

Elle défit la fermeture Éclair de la partie inférieure du sac dont elle vida le contenu : des paquets enveloppés dans du velours.

Un à un, elle les déballa : une bonne douzaine de colliers en or, conçus suivant la célèbre méthode Kundan, une joaillerie traditionnelle originaire du Rajasthan et consistant à mettre en valeur une perle ou une pierre en insérant une feuille d'or entre chaque pierre et la monture. Des boucles d'oreilles, des bracelets, des broches qui, à la lumière du lustre, scintillaient comme dans une vitrine. L'un des colliers brillait de gros rubis de la couleur que l'on appelait « sang de pigeon », même si, pour Maha, elle rappelait plutôt le rouge rosé du couchant. D'autres arboraient des émeraudes pour lesquelles le Rajasthan était réputé, plus précieuses encore que les rubis. Et, bien sûr, des saphirs aussi bleus que le sari de Maha ou que la Méditerranée au crépuscule, plus bleus encore que les yeux de l'homme que Sunny Alvarez avait suivi tout à l'heure, au bar, comme s'ils avaient été seuls au monde.

Avec un frisson d'appréhension, Maha se rappela soudain qui il était. Elle l'avait vu à la télévision, même si *Les Mystères de Malibu* n'étaient pas son genre d'émission. Elle préférait les histoires d'amour dans la haute société, pleines d'élégants protagonistes et de disputes civilisées. Rien à voir avec la vraie vie, bien sûr, mais tout ce qui comptait, c'était qu'elles lui faisaient oublier un moment la réalité. Elle n'en demandait pas plus. Mais Mac Reilly n'était pas un héros de fiction. Il était bien réel, spécialisé dans les crimes non élucidés, et il excellait dans son domaine. Et c'était inquiétant.

— Mon Dieu, Maha ! s'exclama Sharon en rentrant dans la pièce, tu te promènes avec ces bijoux de valeur dans ce sac ? Ils devraient être au coffre.

Elle venait d'écraser négligemment sa cigarette sur la terrasse. Pour les femmes comme Sharon, tout faisait office de cendrier : la plage, la rue, un balcon.

— Je n'ai aucune confiance dans les coffres, répliqua la belle Indienne. Je me sens beaucoup plus sécurisée ainsi. De plus, personne ne volera rien dans cet hôtel, à part, peut-être, des iPod et des téléphones portables. De toute façon, mes modèles sont trop identifiables pour qu'un escroc ait la moindre chance de les écouler. Pour moi, un sac de voyage, fermé à clé, bien sûr, est un bien meilleur endroit pour conserver un objet de valeur.

Ses employés, qui l'avaient rejointe dans la chambre, se rassemblèrent autour d'elle et de ses bijoux exposés sur la table laquée.

L'un après l'autre, elle jaugea ses quatre collègues du regard. À quoi allaient-ils lui être utiles désormais ?

— Félicitations, fit-elle enfin. Vous venez de vivre la nuit la plus importante de votre vie. Vous êtes déjà des champions. Maintenant, nous devons nous mettre au travail. Ces bijoux sont la clé de votre avenir. Sans eux, vous n'existez pas.

Sharon avait surpris le regard incisif de Maha. Elle le fixa dans sa mémoire pour y repenser plus tard. Beaucoup plus tard, quand les choses seraient enfin réglées entre elles. Pour le moment, toutefois, comme les autres, elle accordait une attention totale aux paroles de la belle Indienne.

24

Dans sa suite Louis XIV, Allie attendait en faisant les cent pas que Pru sorte de la salle de bains. Elle jeta un nouveau coup d'œil à sa montre. Pour être honnête, elle n'aurait sans doute pas pu supporter de partager une chambre double avec Pru. Elle devait une fière chandelle à la direction pour leur avoir alloué une suite avec deux salles de bains. Un atout majeur si l'on considérait que Pru était dans la sienne depuis une heure au moins. Elle l'avait entendue barboter dans la baignoire, faire fonctionner son séchoir, sans cesser, tour à tour, de pleurnicher ou de maudire son mari. Qui, avait-elle appris, se nommait Byron.
— Comme Lord, avait précisé Pru.
— Lord ? avait répété Allie, surprise.
— Lord Byron, le poète, enfin !
Malgré sa détresse, Pru avait éclaté de rire, retrouvant un instant le visage de joyeux lutin de leur jeunesse.
— Tu as oublié nos cours de littérature, avait-elle ajouté. Les romantiques. Ah ! Si seulement nous avions pu nous douter...
Allie avait deviné la fin de la phrase : « Si nous avions pu nous douter de l'effet qu'auraient les romantiques sur nos vies ! »
— Je crois au romantisme, avait-elle répondu à Pru.
La conversation close, cette dernière avait disparu dans la salle de bains où elle se prélassait depuis plus d'une heure, maintenant.

Si Allie s'inquiétait pour Pru, son souci majeur restait Sunny. Elle ne souhaitait qu'une chose : voir Pru se coucher avec un somnifère dans l'espoir qu'elle passerait une bonne nuit, puis appeler Sunny. Elle avait besoin de savoir si son amie allait bien, de lui demander ce qui s'était passé exactement entre elle et Mac ce soir. Sans parler de la raison qui avait poussé Sunny à prendre cette décision drastique de le quitter.

Elle était si préoccupée qu'elle en oubliait de penser à son mari. La sonnerie de son BlackBerry la fit sursauter.

— Bonsoir ! Où en sommes-nous ? fit la voix de Ron.

— Oh, c'est toi ! s'exclama-t-elle.

— Pardon ! J'espérais au moins un « bonsoir chéri, comment ça va ? »

— Bonsoir chéri, tu me manques.

Allie avait ce petit rire dans la voix que Ron aimait tant.

— J'espère bien ! fit-il d'un ton enjoué.

— Tu sais, mon chéri, je n'ai pas trop le cœur à rire. J'ai des problèmes. Rien ne se déroule comme je le voudrais.

— Hum ! Encore un caprice de ma petite star trop gâtée, la taquina-t-il.

— Pru passe des heures dans la salle de bains. Je sais qu'elle ne s'est pas noyée parce que je l'entends. En plus, elle n'arrête pas de jurer. Mais bon, c'est après son mari, donc tout va bien.

— J'ai intérêt à me tenir à carreau, si je ne veux pas subir le même sort, plaisanta Ron.

— Et puis Mac est venu chercher Sunny au bar de l'hôtel, enchaîna-t-elle, ignorant la blague. Je les observais d'une table en coin, ils ne m'ont pas vue. Jamais je n'ai assisté à une scène aussi torride. Sunny était avec un autre type. Quand Mac est entré et lui a tendu la main, elle s'est levée, l'a prise et l'a suivi sans un regard pour l'autre.

— Non ? s'exclama Ron.

— Je suis sortie dans le hall et les ai vus devant l'ascenseur. Je pensais qu'ils allaient monter dans l'une de leurs chambres quand soudain elle a filé dehors.

— Il l'a suivie, bien sûr.

— Bien sûr. Je ne l'ai pas revue depuis. En tout cas, si elle est toujours dehors, elle doit se geler. Les nuits de décembre ne sont pas chaudes à Monte-Carlo.

— Tu veux que je vienne ? proposa-t-il.

— Pardon ?

— Tu veux que je vienne, que je t'aide à gérer ces histoires d'amour et tout le reste ?

— Je crois que tu as fait assez de dégâts, le rabroua Allie en riant. Ronald, le beau chevalier, volant au secours de sa damoiselle. Maintenant, tu sais pourquoi je t'aime, repris de justice que tu es !

— Tu sais bien que c'était une erreur, chérie.

Elle hocha la tête.

— Menteur !

— Admettons. Presque une erreur. Cela aurait pu arriver à n'importe qui. Une erreur du comptable. C'est toujours le comptable qui est responsable d'une évasion fiscale.

— Tu parles ! Et ce sont toujours les nantis qui payent la note.

En entendant son soupir à fendre l'âme, elle éclata de rire.

— Non, tu n'as pas besoin de venir, en tout cas pas pour l'instant, reprit-elle. Bon, je dois te laisser. Tu ne vas pas me croire, mais une demoiselle en détresse sort enfin de la salle de bains, aussi rose qu'une pivoine en pleine floraison.

— J'imagine sa tête d'ici ! Enfin, je te fais confiance, tu vas prendre les choses en main.

— Tu peux compter sur moi ! En attendant, j'ai du boulot. Je dois aller trouver Sunny. À demain, chéri.

— À demain, répondit-il. Et Lovely t'embrasse.

— Moi aussi, je l'embrasse.

Lovely était un peu leur enfant.

Elle coupa la communication et se tourna vers Pru. Elle portait un pyjama à carreaux qui rappelait ceux des garçons en pension. Ses cheveux raides étaient attachés en queue-de-cheval par un élastique et son visage aussi luisant que la pomme de Blanche-Neige. Allie poussa un soupir résigné. Elle avait du pain sur la planche !

Pru s'affala sur le bout du lit et, machinalement, prit le chocolat que la femme de chambre avait déposé sur l'oreiller.

— Oh, Pru, quand seras-tu enfin raisonnable ? Ce n'est pas parce que c'est là que tu dois le manger.

Elle le lui enleva des mains, alla chercher le sien sur son propre lit, se dirigea vers le minibar et retira tous les paquets de cacahuètes, friandises et boissons sucrées, avant d'appeler le service d'étage pour les leur remettre.

— Seulement de l'eau, dit-elle.

— Je suis désolée, ça doit être l'habitude, répondit Pru en s'allongeant et en tirant les draps.

— Ce n'est pas grave. Nous en reparlerons demain. À propos, demain, nous allons t'acheter des chaussures.

Elle passa un verre d'eau à Pru et la regarda avaler les cachets blancs. Elle espérait que cela lui permettrait de bien dormir, d'un sommeil paisible que la pensée de son mari avec l'autre femme ne viendrait pas troubler.

— Pourquoi des chaussures ?

— Parce que tu as des jambes superbes et de jolis pieds. Une femme doit toujours mettre en valeur ce qu'elle a de mieux.

— Je regrette que ce ne soit pas mes seins, fit-elle en regardant sa poitrine tombante d'un air morose.

— C'est principalement de la graisse, Pru. On peut avoir une poitrine plus ferme en maigrissant et en faisant de l'exercice. Je me rappelle, au lycée, tu avais une très jolie poitrine. « Mignonne », disaient les garçons, à l'époque.

— C'était Teddie Masters qui disait ça ?

Teddie Masters, le champion de football du lycée, avait toutes les filles à ses pieds.

— Évidemment ! lui assura-t-elle en croisant ses doigts dans son dos.

« Encouragement » était le maître mot. Elle espérait que Dieu lui pardonnerait son mensonge.

— Imagine un peu ! Teddie Masters...

Les paupières alourdies par un mélange de sommeil et d'émotion, Pru se glissa dans son lit.

Allie vit son visage se détendre. Quelque part, derrière cette douleur, cette colère, se cachait une petite fille perdue, une femme qui avait besoin d'aide. Et Allie allait la trouver. Mais pour l'instant, il était temps de s'occuper de Sunny.

25

Sunny décrocha à la première sonnerie.
— Quel est le numéro de ta chambre ?
— Allie, c'est toi, fit-elle d'une voix un peu étranglée. Je suis à la 101.
Quand la star arriva devant la chambre 101, son amie l'attendait devant sa porte ouverte. Prenant sa main, elle l'attira à l'intérieur. Un joyeux désordre régnait dans la pièce. Fidèle à ses habitudes, Sunny s'était contentée de sortir ses affaires de sa valise et de les disperser sur les chaises et sur le sol.
— Oh ! Allie, fit-elle.
— Oh, Sunny !
Elles s'étreignirent, les yeux pleins de larmes.
— Tu veux que je lâche le chien sur Mac ? proposa Allie.
Sunny étouffa un petit rire.
— Lovely ? Ton labrador ? Elle lui ferait une fête à l'en étouffer, plaisanta-t-elle.
— Il y a pire comme façon de mourir !
Les mains jointes, les deux amies se laissèrent tomber sur le lit, prises de fou rire. Tesoro s'agitait autour d'elles en poussant des jappements inquiets. Allie fut la première à se ressaisir. L'heure n'était pas à la plaisanterie. La situation était grave.
— Tu sais que je suis prête à tout pour t'aider. Dis-moi juste ce qui se passe.
— Mac n'a pas voulu se marier.

— Il t'a larguée ? fit Allie, abasourdie.
— Non, juste le mariage.
— Oh, le mariage !

Le « mariage » de Mac et de Sunny était une vieille histoire et, malgré elle, Allie était un peu sceptique.

— Il a dit qu'il était trop occupé, qu'il était obligé de repousser la date.
— C'est tout ? Il voulait juste repousser la date ?
— Bon sang, Allie ! J'avais acheté la robe.
— D'accord, il semble avoir changé d'avis à la dernière minute, concéda Allie.

Elle lui jeta un coup d'œil pensif avant d'ajouter :
— En tout cas, si vous deviez vous marier, pourquoi n'étais-je pas invitée ?
— Personne ne l'était. Ni famille ni amis. Juste nous, les chiens et le pasteur, une femme.
— Ne me dis pas que Mac s'est enfui avec le pasteur ?
— Bien sûr que non ! fit son amie avec une bourrade.

Elle marqua une pause. Elle aussi avait l'air songeuse, tout à coup.
— Elle n'est pas mal, tu sais, dans le genre collet monté.

Se reprenant les mains, elles partirent d'un nouvel éclat de rire. Cette fois, Sunny fut la première à reprendre son sérieux.
— Tu veux boire quelque chose ? suggéra-t-elle.
— Oh que oui !

Sunny se leva pour aller ouvrir le minibar. Elle en sortit des mignonnettes de vodka, de whisky, de rhum et de gin.
— Ça te va ? fit-elle en agitant la vodka.

La vodka semblait être l'alcool que tout le monde préférait en ce moment.
— Tu as du jus de canneberge ? demanda Allie.

Allie se remit à fouiller dans le minibar. Elle portait toujours sa très chic petite robe noire, mais elle était pieds nus. Malgré ses yeux gonflés et ses cheveux ébouriffés, elle était toujours aussi sexy.

— Rappelle-toi quand j'ai quitté Ron. Tu es venue me voir, dit la star.
— Tu étais d'abord allée voir Mac, lui rappela Sunny.
— C'est vrai. Je voulais qu'il enquête sur la maîtresse de Ron, reprit Allie, songeuse. Celle qui a été assassinée.

Au souvenir de Mac et elle traquant l'assassin, Sunny frissonna.

— Mais ensuite, tu es venue me voir, insistait Allie. Et je t'ai demandé si tu avais déjà eu le cœur brisé. Le mien avait volé en éclats.
— Je sais, acquiesça Sunny.

Elle lui tendit un verre de vodka sur laquelle elle versa du jus de canneberge et une cuillerée de glace pilée. Puis elle remplit l'écuelle d'eau de Tesoro et lui donna une friandise pour chien. Les yeux perdus dans le vague, Allie but une gorgée avant de reprendre :

— La vérité, c'est que j'ai toujours aimé ce salaud.
— Et tu l'aimes encore.
— Je l'aimerai toujours. Et toi ?

Sunny s'installa sur le lit et allongea ses jambes. Accoudée à un oreiller, elle fixa le cocktail rose de son amie. Il lui rappelait les cosmopolitans qu'elle buvait l'été dernier dans ce charmant petit hôtel de Saint-Tropez où Mac et elle avaient atterri, en compagnie d'une bande de paumés. Parmi eux, deux enfants solitaires qui avaient déjà l'âge de connaître le chagrin mais pas encore celui de sentir le danger.

— Comme le temps file, fit-elle, songeuse. Et comme tout change.
— Rien n'a besoin de changer, Sunny. Crois-moi ! Mac et toi devez simplement vous expliquer.

Le menton au creux de la main, Sunny avait les yeux perdus au fond de son verre.

— Il m'a brisé le cœur. J'avais ma robe. Une robe crème, en dentelle.

Allie lui jeta un coup d'œil perplexe.

— Mais tu détestes la dentelle.

— Je ne sais pas, acheter une robe en dentelle m'a paru tout naturel. Et puis, l'hiver, la lumière est trop dure pour porter du blanc.

— Je reconnais bien là l'attachée de presse. Si ce n'est que dans ce cas, Sunny, il s'agit de toi. Qu'est-ce qu'un mariage a de si sensationnel, après tout ? Et puis, reprends-moi si je me trompe, mais il me semble bien que, l'hiver dernier, quand Mac t'a demandée en mariage, c'est toi qui as dit non ? Je te revois fondre en larmes et me dire que tu l'avais repoussé. Eh bien, je n'ai jamais entendu Mac venir me dire : « Sunny m'a repoussé. Pourtant, elle savait que j'avais acheté un costume en lin blanc et que nous aurions pu nous marier sur la plage. Nous vous aurions téléphoné, à Ron et toi, et vous seriez arrivés à une heure. Tesoro aurait porté un petit tutu blanc et une fleur à son collier et Pirate un nœud papillon pour chien. » Alors, mademoiselle Alvarez ? As-tu entendu Mac se plaindre une seule fois quand tu as refusé sa demande en mariage, l'été dernier, à Saint-Tropez ?

— Je suis une sale égoïste, admit Sunny d'un air morne. Pourquoi ai-je fait ça ?

Avec un soupir, Allie reprit d'un air songeur :

— Qui sait ce qui pousse les femmes à agir comme elles le font ? Les hommes pensent toujours que nous savons exactement ce que nous faisons quand, en vérité, la plupart d'entre nous n'en avons pas la moindre idée.

— Tout est une question d'instinct, approuva Sunny. Nous réagissons suivant les circonstances.

— Ne sommes-nous pas censées être au-dessus de tout cela ? Ne nous sommes-nous pas émancipées dans les années 1960 ?

— 1970, je crois.

Après un silence pesant, Sunny reprit :

— Il y a quelqu'un d'autre.

— Quoi ? s'exclama Allie qui, de surprise, renversa un peu de vodka. Mac a une autre femme ?

— Non, j'ai un autre homme.

— Oh non !

Un long moment, elles se fixèrent. Puis, brisant le silence, Allie reprit :

— Voilà qui change tout. Pourquoi m'as-tu laissée te parler de la sorte, dans ce cas ?

— Parce que je ne sais pas... je veux dire, je ne sais pas vraiment. Il ne s'est rien passé. C'est juste quelqu'un que j'ai rencontré dans l'avion. Il m'a laissée m'épancher avec beaucoup de compassion. Nous n'avons même pas échangé nos noms. Puis, une fois à Paris, comme je ne savais pas où aller, qu'il neigeait, il m'a conseillé Monte-Carlo et m'a réservé une chambre dans cet hôtel. Et il est arrivé.

— Comme par hasard ! Attends un peu. C'est l'homme dans le bar. Celui que tu as planté là, qui ne te quittait pas des yeux quand tu es partie avec Mac.

— Comme si j'étais hypnotisée.

— C'était plutôt lui qui semblait hypnotisé.

— Qu'est-ce que je vais faire, Allie ?

Allie étouffa un soupir résigné. Elle se sentait trop lasse pour faire face à ce nouveau rebondissement.

— Écoute, pour commencer, allons dormir. Demain, il fera jour. Nous pourrons parler. Avec Pru.

— Pru ? s'étonna son amie.

— Rappelle-toi, la copine de lycée dont je t'ai parlé. Demain matin, nous irons faire du shopping toutes les trois. Elle a besoin de chaussures.

— J'ai fait les boutiques ce matin. Avec Kitty Ratte.

Allie réfléchit une seconde.

— Je suis prête à parier qu'il s'agit de la rousse flamboyante qui a pris la relève auprès de l'homme mystère.

— L'homme mystère s'appelle Eddie Johanssen. Il est en plein divorce. Et oui, la rousse, c'est Kitty. Malgré son look étrange, elle est assez sympa.

« Assez sympa » était une phrase qu'Allie n'avait jamais entendue dans la bouche de Sunny. Elle était prête à parier que son amie se fourvoyait : pour elle, Kitty Ratte n'avait rien de « sympa ».

— Restons entre nous, toi, Pru et moi. Je ne pense pas pouvoir supporter quelqu'un d'autre. De plus, nous devons nous parler en privé.

— Reste avec moi, plaida Sunny. Demain matin, nous nous ferons servir le petit-déjeuner dans la chambre. Nous inviterons Pru.

Allie la serra dans ses bras.

— Il est temps que tu te reposes. Je pense que tu as besoin d'être seule un moment, pour réfléchir.

Elle se dirigea vers la porte. Sentant le regard implorant de Sunny, elle se retourna.

— À propos, si Mac téléphone, ne réponds pas. Pas dans l'état où tu es. Nous en reparlerons demain matin, d'accord ?

— D'accord.

Une fois son amie partie, Sunny s'affala dans son lit. Les yeux fixés au plafond, elle chercha les réponses au dilemme qu'elle s'était créé. Ses paupières alourdies se fermèrent et le visage de Maha Mondragon s'imposa à son esprit. La belle Indienne lui recommandait de saisir les chances qui se présentaient. Et de se méfier de Kitty Ratte.

26

Mac resta un long moment sous la douche réglée au maximum de sa puissance. Tête baissée, il laissa l'eau froide couler sur son dos. Si elle soulagea un peu la raideur de sa nuque, elle n'effaça pas pour autant la fatigue de son long voyage, la lassitude de la séparation d'avec Sunny et le silence d'une pièce qui, avec elle, aurait été encombrée de ses affaires et vibrante de vie.

L'émission télévisée de Mac n'était pas simplement un travail. Pour lui, elle venait combler un besoin essentiel pour tous ceux qui avaient perdu des êtres aimés, tombés aux mains d'un psychopathe ou d'un assassin sans pitié. Il était le seul espoir de ces pauvres âmes qui, confrontées au dédale des archives policières, anciennes ou récentes, ne savaient plus vers qui se tourner.

Il était vrai que son travail empiétait sur sa vie privée. Mais il avait l'impression d'être un peu comme un chirurgien toujours présent pour son patient quand il souffrait. Les longues heures passées loin des êtres aimés faisaient partie du jeu. Et oui, il aimait cette activité et pensait pouvoir sauver ceux qui avaient perdu tout espoir dans la vie. La « clôture » d'une enquête était le maître mot de son émission.

Il avait aussi son « travail de jour », comme aimait l'appeler Sunny. Les gens qui avaient des problèmes s'adressaient à lui. Ronald Perrin, par exemple, qui l'avait sollicité quand il avait été accusé de meurtre. Mac avait cherché et retrouvé la star de cinéma en fuite, la blonde Allie Ray, qui avait coupé ses cheveux, les avait teints en brun et avait dissimulé ses yeux turquoise derrière des lunettes noires. Il avait découvert l'identité de l'assassin qui avait commis le crime dont Ronald était accusé et était arrivé à temps pour l'empêcher de tuer Allie. Nombreux étaient ceux qui avaient des raisons de le remercier. Grâce à son émission et au bouche-à-oreille, il était désormais connu comme le « Privé de Hollywood ».

Une description qui le faisait toujours sourire. Pour lui, ce terme évoquait Raymond Chandler, les célèbres affaires des années 1930, 1940 et 1950, comme l'assassinat du Dahlia Noir, les films noirs avec des héros aux vestes de costumes avachies, aux larges épaules et coiffés de chapeaux de feutre. Rien à voir avec son jean, son T-shirt à la couleur fanée et la veste en cuir souple que Sunny lui avait offerte. Quand elle lui avait dit qu'il s'agissait d'une Dolce et Gabbana, il avait cru qu'elle faisait référence à une glace italienne. Ce qui en disait long sur sa culture en matière de marques.

Les pièges du succès le laissaient parfaitement froid. Il habitait toujours sa bicoque en bois qui surplombait le Pacifique : une entrée de deux mètres carrés, une chambre à coucher, un petit salon qui, par une porte-fenêtre coulissante, ouvrait sur une terrasse en teck. Par gros temps, les vagues venaient se fracasser sur les piliers de bois dans un bruit de tonnerre. Un vieux canapé où, quand il n'était pas sur le lit, son plus cher ami, Pirate, s'étalait à son aise. Enclin à ronfler, le brave corniaud perdait ses poils. Mac aimait tellement son chien que jamais il ne lui donnait tort. Il regrettait toutefois sa tolérance vis-à-vis de Tesoro. Ce chihuahua aurait bien mérité de se faire remettre à sa place une fois de temps à autre et un petit coup de croc au postérieur ne lui aurait pas fait de mal. Cela lui aurait appris à ne pas sauter dans le dos de Mac, toutes griffes dehors, quand il faisait l'amour à Sunny.

Il ferma la douche, sortit de la cabine, s'essuya vigoureusement, puis s'emmitoufla dans l'un des moelleux peignoirs de l'hôtel. Il ne prit pas la peine de regarder le réveil sur la table de nuit. L'heure n'avait plus d'importance. Le temps s'était arrêté quelque part entre Malibu et Monte-Carlo.

Un peu d'air frais lui ferait du bien. Il ouvrit la porte-fenêtre et sortit sur la terrasse. Le même vent froid qui avait glacé Sunny lui donna la chair de poule. Accoudé à la balustrade, il regarda, au loin, la scène de crime toujours éclairée aux halogènes. Quel malheur, cette femme assassinée. Une vie perdue pour un sac de diamants.

C'était le moment où le « Privé », héros d'un polar des années 1930 ou 1940, allumait une cigarette et, inhalant profondément une bouffée de tabac, spéculait sur l'identité du coupable. Bien sûr, la réponse lui venait en un éclair et, quand il leur dévoilait l'identité du cambrioleur-assassin, tous les conspirateurs s'alignaient, revolver à la main, prêts à tirer. Mais le Privé gagnait toujours.

Pas cette fois, pourtant. Malgré sa sympathie pour l'inspecteur et sa compassion pour la victime, Mac n'éprouvait aucun intérêt pour ce cambriolage.

Toute sa concentration, toutes ses émotions... sa vie entière... étaient focalisées sur la question de savoir comment récupérer Sunny. Néanmoins, Pirate lui manquait.

27

Il était tard quand Kitty quitta le club échangiste de Cannes qu'elle fréquentait souvent. Le genre de club où les clients se retrouvaient pour des rencontres sexuelles ou pour le spectacle : une femme avec un homme, parfois un homme avec un homme ou une femme avec une femme, ou encore à plusieurs. Suivant le bon plaisir de chacun.

Le « club » était une vaste pièce avec, au centre, une piste de danse sur laquelle se pressait une foule de danseurs, sur de la musique disco un peu rétro. Tous les murs et fenêtres étaient tendus de rideaux de velours noir. Des canapés de cuir, certains avec des couples en pleins ébats amoureux, s'alignaient le long de la pièce. Dans les pièces « privées », un ou plusieurs couples s'adonnaient à leurs plaisirs coquins dans d'énormes lits à baldaquin doré, ronds ou hexagonaux. Les portes restaient ouvertes afin de permettre aux voyeurs d'assouvir leurs fantasmes. De grands saladiers de préservatifs attendaient sur les tables, et le bar fournissait toutes sortes de boissons. La clientèle se partageait entre provinciaux en quête d'une nuit torride en ville et vrais accros au sexe, voyeurs, masochistes qui recherchaient leurs semblables dans la foule bien habillée. Aux jeans, interdits, on préférait les tenues de cocktail. Les femmes n'avaient pas le droit de porter de slips et les hommes ne se voyaient imposer aucune « restriction », comme le disait avec humour la brochure.

Une fois par semaine, le vendredi soir, les hommes étaient autorisés à venir seuls. Les femmes seules, en revanche, étaient toujours bienvenues. En payant un supplément, on pouvait dîner en observant les ébats et, le cas échéant, s'y joindre.

Des lumières stroboscopiques léchaient les corps à moitié nus et, de temps à autre, un employé aspergeait la salle de parfum.

Kitty avait besoin du contact sexuel des inconnus qu'elle rencontrait dans les clubs. Coucher avec des hommes aussi dénués de sentiments qu'elle lui procurait une étrange satisfaction psychologique. Pourtant, contrairement à eux, elle n'en retirait jamais la moindre satisfaction sexuelle mais plutôt une sensation de pouvoir. Paradoxalement, c'était souvent elle qui se voyait dégrader par quelque acte sadomaso, menotter, un collier au cou, des hommes groupés autour d'elle la regardant gémir, crier et feindre une extase qu'elle n'avait jamais ressentie. Voilà ce qui la rendait puissante : les hommes croyaient la posséder avec leur sexe et elle savait que c'était faux. Pourtant, étrangement, elle en était dépendante, de la même façon que certains le sont de la cocaïne, qu'elle ne refusait pas de consommer quand elle en avait l'occasion.

Kitty était connue au club, mais son numéro et son corps commençaient à se fatiguer. Elle ne pouvait plus se déshabiller complètement. Elle devait se rabattre sur les touristes ou les hommes d'affaires pour qui c'était la première visite, qui ne l'avaient jamais vue dégrafer sa robe et s'exposer. À présent, elle avait honte de son corps de femme vieillissante en forme de poire et de ses seins plats. Elle ne quittait jamais son soutien-gorge ni le caraco qui recouvrait ses bourrelets, mais pas ses parties intimes, son *chaton* comme elle l'appelait en français, pour faire un jeu de mots avec son prénom « Kitty ».

Pas de slip, bien sûr, le client devait avoir une érection le plus rapidement possible. La vérité étant que son corps vieillissant ne provoquait plus la même excitation chez les hommes.

Des adolescentes aux courbes de rêve prenaient peu à peu la relève. Quel homme ne préférait pas la chair fraîche ? Elle devait désormais miser sur la flatterie, le charme, les conversations érotiques, une attitude outrageuse accompagnée de promesses de faire tout ce que femmes, hommes, ou hommes et femmes ensemble voudraient.

Elle était inscrite sur Craigslist et sur Eros.com où elle vantait son expérience sexuelle. Sur ses photos, avec son soutien-gorge matelassé et son caraco, elle prenait des poses érotiques et, comme par magie, semblait rajeunie. Elle passait des annonces dans les journaux locaux : « Étrangère d'âge mûr. Experte en massages de toutes sortes. Vraie rousse prête à expérimenter tout ce que vous souhaiterez pour vous apporter le bonheur. »

Elle travaillait aussi pour une agence d'escort-girls qui ne l'envoyait que dans des hôtels de deuxième catégorie. Elle n'avait jamais fait partie des call-girls de haut vol. Elle était tout simplement une escort. Elle se faufilait, tête basse pour passer inaperçue, et pour une somme modique elle y retrouvait des hommes d'affaires médiocres. Elle savait pourtant que, partout, des caméras de sécurité enregistraient les moindres mouvements des clients ou visiteurs de passage. Ces enregistrements étaient archivés dans tous les hôtels pour faciliter le processus d'identification en cas de problèmes avec la police.

Mais jusqu'ici, Kitty avait évité ce genre de complication. Elle n'avait jamais rien dérobé aux hommes d'affaires, n'avait jamais triché sur ses tarifs, même si elle essayait de leur extirper plus d'argent pour des extras, comme quand, par exemple, elle agitait une paire de menottes devant eux en chuchotant : « Allez, tout le monde le fait, c'est amusant. » Ou bien quand elle se caressait partout sur le corps, les mains enduites d'huile parfumée, tout en demandant : « Ça vous excite ? » Ou bien : « Vous voulez me faire mal ? Partout, sauf au visage. » Elle arrivait à ses rendez-vous avec la même tenue et, bien sûr, toujours chaussée de ses précieuses Louboutin à semelles rouges facilement identifiables qui, croyait-elle, lui donnaient une allure riche et élégante. Son petit sac de nuit renfermait sa tenue pour soirée torride : le slip léopard, le soutien-gorge matelassé, le caraco bleu ciel, bon marché. Plus des lotions, des lubrifiants, un vibromasseur, des menottes, un collier de cuir à pointes de métal, des jouets sexuels, des masques, un petit fouet et une spatule pour donner des fessées. Pour elle, tout se valait. De toute façon, elle n'avait aucune sensation sexuelle. Ce qui ne l'empêchait pas de pousser de nombreux gémissements pour duper ses partenaires.

Sa relation avec James Franklyn, alias Jimmy, le comptable, durait depuis un moment. Quand Jimmy se mettait en colère après elle, il la traitait de nymphomane. « Partenaires multiples, hurlait-il en comptant sur ses doigts, un besoin constant de masturbation et jamais aucun sentiment de satisfaction. »

Il était vrai que Kitty ne connaissait pas l'orgasme. Dans le fond, le sexe la laissait profondément indifférente, même si, chaque matin, elle essayait en vain de se donner du plaisir avec son vibromasseur. Ce qu'elle aimait, c'était l'attention. Elle était une prédatrice sexuelle qui recherchait les hommes sensibles à ses flatteries. Elle aimait exciter un homme, lui proposer de coucher avec elle. Pourtant, dans le fond, elle était une voyeuse. Kitty Ratte avait le cœur aussi sec que le désert, elle était aussi manipulatrice, aussi calculatrice que n'importe quel criminel. Elle persistait à nier sa nymphomanie, mais le jour où Jimmy l'avait traitée de folle, elle avait été à deux doigts de le tuer. Au lieu de cela, elle avait décidé de consulter une psychiatre.

Cette dernière ne l'avait reçue qu'une fois. Tout en la regardant droit dans les yeux, elle lui avait posé quelques questions pertinentes sur son style de vie, ce qu'elle ressentait quand elle était avec un homme, qui elle pensait être vraiment, puis l'avait congédiée en lui déclarant :

— Vous mentez, même à vous-même. Je ne peux pas vous apporter l'aide dont vous avez besoin, avait-elle déclaré aussi posément que ses manières professionnelles le lui permettaient.

Avoir été percée à jour par une psychiatre avait contrarié Kitty. Elle avait payé beaucoup d'argent uniquement pour se faire insulter. Aussi, avant de sortir de son cabinet, elle s'était retournée et avait lâché, trahissant son accent lituanien :

— Alors ? Je suis une nymphomane ?

De derrière sur bureau, les mains jointes, le médecin lui avait répondu avec le plus grand calme :

— Absolument.

— Et une folle ?

— Posez-vous la question et voyez quelle sera votre réponse. En attendant, je vous recommande de consulter mes collègues d'une clinique en Suisse dont je peux vous indiquer l'adresse. Ils pourront peut-être vous aider.

Elle avait griffonné les indications sur une feuille de papier et s'était levée pour la remettre à Kitty. Sans quitter la psychiatre de ses petits yeux bleus, ses sourcils froncés exprimant sa colère, cette dernière l'avait fourrée dans son sac.

— Garce ! avait-elle jeté en claquant la porte derrière elle.

28

Ce soir-là, quand Kitty rentra du club, Jimmy l'attendait chez elle, allongé sur le canapé de son appartement.

Il se leva. Grand et émacié, rasé de près, il avait des yeux noirs enfoncés et des cheveux bruns et fins : un physique aussi banal que celui de Kitty. Il l'avait rencontrée dans un bar d'hôtel. Elle lui avait fait son discours aguicheur, lui avait dit combien elle aimait le sexe, à quel point il était sexy, attirant, combien elle le désirait. Jimmy était tombé dans son piège tête baissée parce que, tout comme elle, il était un voyeur. Il aimait regarder Kitty faire son « numéro » : elle prenait des poses provocantes dans un slip léopard en tortillant ses fesses dodues, utilisait son vibromasseur en lui demandant si elle l'excitait. Mais elle ne retirait jamais son caraco et encore moins son soutien-gorge.

— J'ai honte de mon corps, avait-elle avoué à Jimmy plusieurs semaines après leur rencontre. Je vieillis. Mais mon autre amant de toujours me dit que je suis belle. Et que nous faisons très bien l'amour.

Bien sûr, il n'y avait pas d'autre amant. Détail qu'à ce moment-là Jimmy ignorait.

Pour lui, elle était loin d'être belle, mais son numéro et ses histoires d'exploits sexuels l'excitaient. Depuis deux ans environ, ils s'étaient rapprochés et Jimmy passait de plus en plus de temps loin de sa vie de banlieue londonienne pour se consacrer à l'« affaire » de chantage que Kitty et lui avaient mise au point ensemble. Leur affaire prospérait, mais sans grande envergure. Ils ne visaient pas très haut, s'en prenaient à des hommes mariés qui, de peur d'être surpris par leurs femmes, payaient et passaient à autre chose. Néanmoins, Kitty avait trop peur pour continuer et la somme accumulée n'avait pas tardé à s'envoler en fumée. De toute façon, elle n'aurait pas suffi pour acheter l'appartement de Kitty, pas même des montres et des bijoux, sans parler du bar dont ils rêvaient à Marbella.

— Tu es en retard, fit Jimmy sans un geste de tendresse.

— Je suis allée au club, répondit-elle en posant son sac sur la chaise.

Son appartement, trop petit à son goût, se trouvait au rez-de-chaussée d'une vieille maison divisée en plusieurs logements. Une porte-fenêtre ouvrait sur un minuscule jardin fermé d'une haie. La décoration se voulait méditerranéenne : des coussins en forme de coquillages, des rideaux de cretonne bleu et blanc, des bibelots en argent, des figurines de cristal bon marché représentant des poissons et des mouettes, souvenirs des voyages de Kitty, qui désormais ne pouvait plus s'en offrir.

Dans le petit salon, deux canapés beiges et des chaises assorties entouraient une table basse. Quelques reproductions de tableaux et un miroir soleil au-dessus de la fausse cheminée où des bûches électriques rougeoyaient. Ce que les visiteurs ignoraient, c'était la présence d'une caméra vidéo professionnelle de la taille d'une tête de vis. Cachée dans le plafond, elle était dirigée vers l'un des canapés. Aucun détail n'échappait à cette merveille électronique.

Kitty détestait ne pas être propriétaire. Travailler pour trouver l'argent de son loyer mensuel la rendait folle. Elle ne pouvait même pas se payer une autre paire de Louboutin, sans parler du sac Hermès dont elle rêvait.

Néanmoins, avec ses rencontres au *Grand Hôtel de Paris*, sa chance allait tourner.

Elle se dirigea vers la chambre et commença par enlever ses talons aiguilles qui la tuaient. Puis elle retira sa robe, le caraco, le soutien-gorge et enfila un peignoir. Elle regagna alors le salon où Jimmy se versait une vodka soda. Elle ne se supportait nue que devant Jimmy. Il la connaissait, la comprenait.

— Viens avec moi, le pria-t-elle en le précédant dans la cuisine.

Jimmy lui emboîta le pas. Un ordinateur attendait sur le bar, sous une rangée de placards.

— Tu veux un verre ? demanda-t-il en montrant le sien.

— Un Red Bull, répondit-elle.

Il s'installa sur la chaise de métal face à l'ordinateur allumé sur Skype. Ainsi, quand Jimmy était en Angleterre, ils gardaient un contact sexuel, nus devant leurs écrans, en ligne avec tout un réseau. À cet instant précis, le sexe était la dernière des préoccupations de Kitty. Elle avala le Red Bull et attendit le coup de fouet de la caféine. Comme c'était le sixième de la soirée, l'effet ne tarda pas à se faire sentir.

— Regarde, dit-elle en faisant signe à Jimmy.

Elle venait de taper Eduardo Johanssen sur Google. Le moteur de recherche recelait des tas d'informations sur lui. Plus que ce qu'elle avait besoin de savoir, mais, ainsi qu'elle s'apprêtait à l'expliquer à Jimmy, tout avait son importance.

— J'ai passé deux heures avec cet homme ce soir. Il se sent seul. Une fille vient de le quitter pour un autre. Une certaine Sunny que je connais aussi. Ne t'en fais pas, elle n'est pas méfiante, un peu simple, ou un peu bête, je ne sais pas. Les deux, peut-être. Quoi qu'il en soit, je suis sa nouvelle confidente et je la gère. Et je suis aussi l'amie d'Eddie. Je l'ai ensorcelé. Il m'a dit que sa femme avait demandé le divorce. Ça se passe très mal. Elle a demandé la garde des enfants. Il a refusé. Il est riche et seul.

Se tournant vers Jimmy, elle reprit avec un sourire rayonnant :

— À la moindre preuve du manque de moralité d'Eddie, il perd ses enfants. Et presque toute sa fortune. C'est le moment de passer à l'attaque, il est à point.

Jimmy eut un signe d'assentiment.

— Je vais déterrer tout ce qu'il y a d'autre à savoir. Dès demain, tu auras les informations qu'il te faut.
— Sans oublier mon arme secrète.
Elle prit un flacon de pilules sur le bar et le lui tendit. Pour faire chanter Eddie, la drogue du viol et l'ecstasy n'étaient que deux des armes secrètes de Kitty.

29

Sunny se réveilla, le cœur battant. Un rai de lumière filtrait par la porte de la salle de bains car elle était incapable de dormir dans l'obscurité complète. La première fois que Mac et elle avaient passé la nuit ensemble et qu'elle lui avait confié qu'elle avait toujours eu peur du noir, le détective avait ri.

— Sunny Alvarez a peur du noir ? avait-il demandé en déposant un baiser au creux de son cou, à l'endroit où le pouls palpitait.

— Attends ! Toutes les femmes ont une angoisse secrète, avait-elle rétorqué.

— Pas cette femme-là ! Pas la femme qui chevauche une Harley comme un homme, qui conduit une voiture comme un coureur automobile professionnel, qui surfe et qui nage comme un marsouin. Pas celle qui a trouvé un cadavre dans un réfrigérateur de Toscane et un autre sous un cactus dans le désert de Californie. Qui est arrivée à une fête de Halloween qui, somme toute, n'avait rien de Halloween, en se fichant bien d'être la seule invitée déguisée.

Sunny s'était travestie en femme vampire, avec des bas résille, des talons aiguilles et des canines proéminentes. Mac aussi s'était trouvé bien embarrassé de son propre costume de vampire, pourtant bien plus discret que le sien. Elle avait affronté les regards de ces dames du country-club dans leurs tailleurs St John, leurs martinis à la main. Le menton relevé en signe de défi, elle avait affiché son plus beau sourire de

« vampirette » et, drapée dans sa dignité, avait quitté les lieux sans se douter que Mac et elle fonçaient tête baissée vers le danger. Elle étouffa un soupir. Tout cela était de l'histoire ancienne. Ce soir, elle était dans sa chambre, à Monte-Carlo, et elle avait peur du noir.

Elle alluma la lampe de chevet et Tesoro, furieuse d'être dérangée, émit un grognement en battant des paupières sur l'oreiller.

Par les rideaux entrouverts filtrait une lueur blafarde. Un coup d'œil au réveil lui indiqua qu'il était cinq heures et demie. Trop tôt pour le soleil, trop tard pour la lune. L'aube était en train de chasser l'obscurité. Elle se sentit immédiatement rassérénée.

Elle se leva pour gagner la salle de bains, clignant des yeux à la lumière vive. Après une douche rapide, elle enfila un jean, un chemisier et un sweat-shirt à capuche trop grand. Puis elle attacha ses cheveux en queue-de-cheval et coiffa sa casquette de base-ball.

— Allez debout, Tesoro ! lança-t-elle d'un ton guilleret. Nous sortons nous promener.

Les yeux toujours fermés, la chienne enfonça sa truffe dans l'oreiller.

Après lui avoir mis son harnais et sa laisse, Sunny la prit dans ses bras et sortit pour gagner l'ascenseur.

En regardant les portes coulisser, un souvenir surgit dans sa mémoire. Mac et elle, dans un autre ascenseur, dans cette même ville, Monte-Carlo, l'été dernier. Elle portait une robe courte en mousseline noire, à large ceinture en satin, qui tombait en plis étroits, fermée dans le dos par de petits boutons de cristal.

— Tu as déjà fait l'amour dans un ascenseur ? avait-elle demandé à Mac, en déboutonnant ses petits boutons et en faisant glisser la robe sur ses seins nus, riant devant son expression choquée.

Elle adorait faire la coquine. Paniqué, Mac l'avait rhabillée à l'instant même où l'ascenseur s'arrêtait à leur étage. Un autre couple était entré dans la cabine, les fixant avec une expression sceptique, avant de les suivre d'un regard soupçonneux alors qu'ils s'élançaient en riant dans le couloir.

— Coquine ! avait fait Mac, en la rattrapant à la porte de leur chambre.

— Tu ne trouves pas que c'est drôle ? avait-elle répliqué, en se laissant tomber sur leur lit, toujours riant.

Il avait retiré la robe en mousseline noire et ils avaient fait l'amour.

Ce matin, à Monte-Carlo, il soufflait comme une petite brise printanière. Sunny longeait le port avec Tesoro qui, réticente, tirait sur sa laisse, s'arrêtant tous les quelques mètres pour renifler.

Il était tôt, même pour les équipages qui, chaque matin, à l'aube, s'affairaient sur les ponts des luxueux yachts. Les plus gros, trop importants pour la marina, étaient ancrés au large, leurs fanions battant au vent, des hélicoptères blancs posés sur leurs ponts, comme des oiseaux de mer géants. Leurs propriétaires, absents, reviendraient en mai pour le Festival de Cannes, pendant lequel ils recevraient des célébrités hollywoodiennes avec le luxe censé les combler, alors que, vraisemblablement, à l'instar d'Allie Ray, la plupart des stars rêvaient d'une vie simple.

Sunny savait qu'elle avait choqué Allie en lui parlant d'Eddie. Elle était pourtant bien innocente. Presque, du moins. Eddie et elle ne s'étaient même pas embrassés. Hormis une fois, à l'aéroport de Paris, trois baisers chastes sur les joues. Pour l'amitié. Et, bien sûr, quand ils s'étaient dit bonsoir dans le hall de l'hôtel et que leurs lèvres s'étaient effleurées.

Elle fronça les sourcils. D'après Allie, Kitty Ratte aurait fait des avances à Eddie. Cela ne pouvait être vrai. Kitty était son amie. Kitty était si provinciale, si inoffensive, qu'elle en était presque ennuyeuse. Et elle voulait toujours faire plaisir. Maintenant qu'elle y pensait, Kitty n'avait-elle pas abordé un sujet étrange ? Ne lui avait-elle pas demandé si le sexe avec Mac lui manquait ? Et que, si c'était le cas, elle pouvait y remédier ? Une offre qu'elle s'était empressée de classer au rayon des « bavardages idiots entre femmes ». Pourtant, à présent, le doute s'insinuait en elle.

Voyant que la bande de Scotch jaune délimitait le périmètre de sécurité du cambriolage de la veille et que les voitures de police étaient toujours là, elle s'engouffra dans une petite rue secondaire et tomba sur la minuscule terrasse d'un bistrot qui ouvrait tôt. Attirée par l'arôme du café, elle prit place au comptoir et commanda un crème avec un croissant. Soudain, les souvenirs de l'été dernier à Saint-Tropez avec Mac affluèrent, et elle se mit à pleurer à chaudes larmes.

Le serveur la regarda de derrière son bar, un tablier blanc enroulé autour de la taille et noué sur le ventre, ses manches de chemise roulées. Malgré l'interdiction de fumer dans les lieux publics en France, sa cigarette se consumait dans une soucoupe.

— Vous avez besoin d'aide, *madame* ?

Elle secoua la tête.

— Ça va.

Il inhala une nouvelle bouffée de sa Gauloise bleue, l'écrasa et jeta le mégot et les cendres dans la poubelle sous le comptoir.

— C'est un homme, bien sûr, fit-il, comprenant tout de suite. Mais *madame* est trop belle pour pleurer pour un homme, quel qu'il soit.

Il lui apporta un ballon de cognac puis repassa derrière son bar pour lui préparer un express à la machine qui sifflait. Sunny le dégusta par petites gorgées. Corsé, le café était le remède idéal en cas de passage à vide. Elle but alors un peu de cognac et s'étrangla.

— Vous êtes très compréhensif, dit-elle en parvenant à sourire.

— Retournez le voir, dites-lui que c'est un crétin, lui conseilla-t-il.

Puis, avec un de ces petits haussements d'épaules si caractéristiques des Français, qui voulaient dire, comme le savait Sunny, « que diable ! », il ajouta :

— D'un autre côté, tous les hommes sont des crétins.

Elle poussa quelques euros sur le bar pour le payer. Il les lui rendit. Il lui offrait ses consommations. Sunny le remercia, le salua et se leva pour sortir. Sur le seuil de la porte, elle se retourna et déclara :

— Le problème, c'est qu'il y a deux hommes.

— *Mon Dieu !* s'exclama le serveur d'un air surpris. *Eh bien, madame, bonne chance !*

30

L'inspecteur, qui n'avait pas dormi, était assis à son bureau. Avec son visage allongé, ses grandes oreilles et ses yeux marron aux paupières alourdies, il ressemblait à un basset vieillissant.

En règle générale, à cette heure matinale, le commissariat était calme. L'endroit ne tarderait pas à être envahi par les petits malfrats que, tous les jours, ses subalternes appréhendaient. Tout était mis en œuvre pour éviter de perturber la richissime population de ces quelques kilomètres de la Riviera française, lieu de résidence de l'élite de ce monde.

Les délinquants étaient pour la plupart des contrevenants mineurs. Des pickpockets, des escamoteurs de cartes de crédit, des voleurs à la tire, mais le réseau de sécurité était dense et ils parvenaient rarement à passer à travers les mailles du filet.

Les années 1920 et 1930 avaient connu des cambriolages plus hardis, avec un genre de malfrats n'hésitant pas à s'introduire par les toits dans la chambre principale d'une grande villa rose pour vider le coffre-fort de ses bijoux. Il y avait aussi eu l'histoire de l'incendie criminel de l'appartement d'un homme très riche qui avait péri dans les flammes, pour lequel un coupable avait été arrêté. Mais en règle générale, ce coin de France ne connaissait pas de délits graves. C'est pourquoi le cambriolage de *La Fontaine* était inconcevable. Tout comme l'étaient ceux de Paris, de Milan, de Berlin, de Londres, de Rome. Ou de n'importe quelle autre ville. L'inspecteur poussa un soupir. Il était trop las pour y penser.

Il ne voyait qu'une chose, il avait un meurtre sur les bras. Une jeune femme était morte, laissant un petit garçon de deux ans. D'après ce qu'il avait compris en interrogeant les autres vendeurs, atterrés, les cambrioleurs n'avaient eu aucune raison de la tuer. Tous les employés avaient obéi aux ordres, leur avaient remis les clés, les téléphones, les diamants. Tous avaient été d'accord pour dire que cela n'avait absolument aucun sens. À l'exception de la malheureuse victime, ils étaient tous partis à l'hôpital en observation.

Pris d'un immense sentiment de découragement, l'inspecteur s'adossa à son fauteuil auquel il avait accroché son élégante veste, et posa les pieds sur son bureau à côté de sa casquette. Croisant les mains derrière la tête, il se mit à réfléchir. Un petit coup à sa porte le fit sursauter. Un policier entra.

— Les photos de la scène de crime, chef, fit-il en lui tendant un paquet de clichés.

L'inspecteur les prit et, sans leur accorder un regard, les rangea dans une chemise bleue qui portait le nom de la jeune femme, « Mme Yvonne Elman, décédée ». Les ayant déjà reçues par e-mail, il ne souhaitait pas les revoir pour le moment. Il se leva, enfila sa veste, mit sa casquette, prit la chemise sous son bras et annonça à son collègue qu'il allait prendre un café et qu'il pouvait être joint sur son portable au besoin. Puis il sortit et gagna le bistro le plus proche, au coin de la rue. Il était huit heures du matin. Cela faisait plus de douze heures qu'il pensait à Yvonne Elman.

Il s'installa à sa place habituelle, commanda son petit-déjeuner favori, un œuf dur, deux croissants et un double express. Il avait envie d'un cognac, mais il était toujours en service. Prenant son téléphone, il appela chez lui pour s'annoncer : il allait passer à la maison dix minutes pour prendre une douche et se changer avant de repartir travailler.

Sa femme comprenait : elle avait eu ses comptes-rendus téléphoniques toute la nuit. La situation était grave et elle était désespérée que cette jeune maman ait connu une mort si précoce et si inattendue.

Puis, entre deux gorgées d'express, il avala son œuf dur. Il fit signe au garçon de lui apporter un café crème double, et plongea son croissant dans la mousse. Était-il trop tôt pour appeler Mac Reilly ? Sans doute pas. À la réception du *Grand Hôtel de Paris*, on lui répondit que M. Reilly ne prenait pas encore d'appels. Il ouvrit son dossier et, encore une fois, étudia le visage défiguré d'Yvonne Elman.

31

Le rocher sur lequel le palais des Grimaldi s'élevait depuis plus de sept cents ans dominait Monaco. Sept siècles à travers lesquels la petite principauté avait connu bien des vicissitudes et scandales. D'une superficie d'à peine deux kilomètres carrés, elle était construite pour la plus grande partie sur des terrains gagnés sur la mer. L'idée était venue de l'armateur grec Aristote Onassis, qui, avant son différend avec le prince Rainier, avait conçu l'extension du petit État pour en faire l'un des ports les plus élégants du monde navigant.

Grâce au milliardaire, une principauté qui tombait pratiquement en ruine était devenue prospère. Ses résidents bénéficiaient d'un statut fiscal inégalé. Si Monaco était connu pour ses millionnaires, le « titre » plus récent, plus « élégant », de milliardaire garantissait l'entrée à toutes les réceptions où se pressait le gratin, sur un yacht, dans un appartement en terrasse surplombant la marina, ou dans une villa au pied des collines. Nombreux étaient les Monégasques qui possédaient aussi des résidences près de Saint-Rémy-de-Provence ou de Saint-Tropez. Ainsi échappaient-ils à l'atmosphère un peu étouffante de Monaco et au risque constant de tomber sur les mêmes gens aux mêmes réceptions.

Au milieu de toute cette grandeur, du vacarme des touristes et des badauds, les Monégasques d'origine vivaient leur quotidien comme partout. Mais protégés et soignés par leurs dirigeants comme sans doute nulle part ailleurs dans le monde : sécurité de l'emploi, absence d'impôts, et fêtes pour presque toutes les occasions.

Depuis des décennies, Monte-Carlo était célèbre pour son casino et ses boutiques de luxe. *La Fontaine*, le célèbre joaillier qui avait pignon sur l'un des principaux boulevards, devait son succès à la Belle Époque, aux Années folles, puis aux années 1930, époques où les hommes dépensaient ce qu'ils avaient gagné au casino en bijoux extravagants pour une courtisane ou une nouvelle maîtresse.

Bien sûr, tout le monde avait entendu parler du cambriolage du magasin de Paris et de l'acte de violence commis sur une jeune vendeuse. Personne, néanmoins, n'aurait pu imaginer qu'une telle chose puisse arriver à Monte-Carlo, la ville de la vie en rose.

— C'est justement pour ça que c'est arrivé, expliqua Mac à l'inspecteur qui lui téléphonait. Juste après Noël, tout le monde est détendu, les cadeaux ayant été achetés et offerts. Étant donné que les grands bijoutiers comme *La Fontaine* ne font pas de « soldes », les jours suivant Noël sont une période tranquille pour les employés. À mon avis, hormis les quelques femmes venues échanger leurs cadeaux, la journée d'hier a dû être très calme.

Il était neuf heures dix, le lendemain du braquage, du meurtre d'Yvonne Elman, et de l'arrivée du détective à Monte-Carlo. Il s'était enfin décidé à répondre au policier français qui essayait de le joindre pour la troisième fois ce matin.

— Le joaillier est installé dans une avenue chic, disait son interlocuteur. Toutes les boutiques y sont chères et les clients n'entrent que très bien habillés.

L'inspecteur faisait sans nul doute référence à des couturiers comme Dior et de grands fourreurs. Monte-Carlo était très différent de Los Angeles. Dans la cité des anges, personne ne portait de fourrure et, s'ils en avaient envie, les gens riches se promenaient dans les plus belles boutiques en short, T-shirt et tongs.

— Je vois. Mais pourquoi m'appelles-tu au juste ? demanda Mac qui avait déjà sa petite idée sur la réponse.

— Mac, une jeune femme a été assassinée hier soir. La mère d'un enfant de deux ans, la femme d'un membre d'équipage d'un yacht. Un jeune couple sympathique. Un bébé privé de sa mère.

— Je suis désolé pour eux, lui assura le détective avec sincérité. J'ai déjà été confronté à cette situation. Ce n'est jamais facile. C'est même un enfer que nul ne devrait avoir à connaître.

— Je savais que toi, tout particulièrement, tu comprendrais. C'est pour ça, et à cause de ton expérience dans ce genre de meurtre étrange, que je te demande ton aide. Pas officielle, bien sûr.

Sa tasse de café à la main, Mac regarda par la fenêtre. Il pensait à cette Yvonne Elman qu'il ne connaissait pas.

— Pourquoi dis-tu que ce meurtre est étrange ? finit-il par demander.

— Parce qu'il était totalement inutile. Celui qui a tiré sur cette jeune femme n'avait aucune raison de le faire. Le directeur et ses quatre vendeuses, dont elle faisait partie, avaient déjà donné les bijoux, les clés, les téléphones. Les trois braqueuses avaient tiré dans les caméras de sécurité, l'alarme avait été débranchée, le vigile désarmé. Elles portaient des perruques blondes, des gants de chirurgien, des masques. Par conséquent, il était impossible de les identifier. Elles avaient ce qu'elles voulaient. Tout ce qui leur restait à faire, c'était sortir, barrer la porte derrière elles et filer dans le véhicule qui, j'en suis sûr, les attendait. Elles savaient que, selon toute probabilité, le cambriolage ne serait pas découvert avant un bon moment et qu'alors elles seraient déjà loin. En fait, c'est exactement ce qui s'est passé. Le personnel était resté enfermé avec la morte, il lui était impossible d'appeler des passants pour demander de l'aide.

Mac repensa au cambriolage de Paris et à l'acte de violence contre une autre vendeuse innocente. Si le vol des bijoux était le motif principal, il devinait qu'il y avait autre chose. Même si cela restait une histoire d'argent, impliquant au moins cinq pays et un réseau de cambrioleurs experts. Mais il savait déjà que la bijouterie de Monaco serait leur dernier larcin. Aucun bijoutier au monde ne permettrait plus à des femmes en fourrure de passer la porte sans vérifier leur identité au préalable. Malgré son envie d'aider l'inspecteur, qui depuis l'été dernier était devenu un copain, et sa compassion pour la famille de la jeune femme assassinée, il ne pouvait pas s'impliquer. Il était venu pour Sunny, elle était sa priorité.

— Il faut me comprendre, *mon vieux*, fit-il d'un ton affectueux, je suis ici pour des raisons personnelles.

Après une hésitation, il ajouta :

— Très personnelles. En fait, pour moi, en ce moment, rien n'est plus important. Je suis désolé.

Il entendit le long soupir résigné à l'autre bout du fil.

— Je suis désolé aussi, Mac. Bien sûr, je comprends.

C'était probablement vrai. Peu d'hommes comprenaient aussi bien les affaires de cœur que les Français.

Cependant, l'inspecteur n'avait pas dit son dernier mot.

— Viens au moins au commissariat jeter un coup d'œil aux photos de la scène de crime, plaida-t-il. J'aimerais tellement avoir ton opinion.

— Je te rappelle, promit Mac.

Le téléphone de sa chambre sonnait. Il éteignit son portable et répondit.

— Allô ? fit une voix de femme un peu essoufflée. Mac Reilly ?

— Oui.

— Monsieur Reilly, je m'appelle Kitty Ratte. Je suis une amie de Sunny. Voilà, je dois vous parler, c'est urgent.

Il ne réagit pas. Mac s'était entraîné à ne jamais répondre spontanément à ce genre de proposition.

— Monsieur Reilly ? répéta la voix, maintenant anxieuse. Vous êtes toujours là ?

— Je suis là, oui. Mais étant donné que je ne vous connais pas, je me demande ce que vous avez à me dire de si urgent.

— Eh bien, monsieur Reilly, il s'agit de Sunny, fit-elle d'une voix sensuelle malgré son timbre éraillé. Je serai sur la terrasse, sur la gauche en sortant. Je suis rousse, vous ne pouvez pas me rater.

— Rousse, répéta Mac.

— Je vous attends, dit Kitty.

32

Après le retour de Kitty du club, Jimmy et elle avaient passé le reste de la nuit à discuter. Si Eddie avait été au centre de leur conversation, le sujet de Mac Reilly avait été abordé aussi.

Une nouvelle recherche sur Internet leur avait permis d'en apprendre plus sur le détective mondialement connu. Sa présence à Monaco risquant de compromettre leur opération de chantage, il avait été décidé de prendre les devants pour l'empêcher de nuire. C'était pourquoi, ce matin, Kitty passait à l'action. Tout comme Eddie, Mac Reilly était vulnérable. Il venait d'être quitté par la femme de sa vie. C'était un homme qui avait besoin de réconfort. Or, tout détective qu'il était, il n'était pas immunisé contre le leurre du sexe, pas plus qu'il ne l'était contre le chantage, et Kitty savait que si Sunny apprenait qu'il avait couché avec elle, elle le quitterait pour de bon.

Dans son esprit dément, Kitty se croyait plus habile que n'importe quel détective, ce qui, jusque-là, s'était révélé exact. Hormis un court séjour dans une prison espagnole pour extorsion de fonds, une affaire mineure oubliée depuis longtemps, elle n'avait jamais été prise la main dans le sac.

Et puis l'idée de faire des avances au fiancé de Sunny lui donnait le frisson du plaisir défendu. Sa vie était si éloignée de celle de femmes comme elle ou comme Allie Ray. Des femmes dotées d'une beauté, d'un charme, d'un talent, d'une intelligence qui leur avaient permis de devenir ce qu'elles étaient ; des femmes qui créaient, qui vivaient de vraies vies. De vraies femmes ! Elle, en revanche, n'avait que sa façade, et si peu à offrir qu'elle le donnait pour rien. Le sens de l'« honneur » lui était totalement étranger, elle n'y aspirait même pas.

Kitty vit Mac avant qu'il ne la voie. Il était vraiment très séduisant. Sunny avait de la chance, elle avait tous les hommes à ses pieds. Tous tombaient sous son charme d'idiote. Kitty était en effet convaincue que Sunny était idiote. Trop bête pour voir ce qui pouvait arriver juste sous son nez. Le détective se dirigea vers la table où elle était assise, une tasse de café devant elle. Il n'était que neuf heures quarante-cinq et, hormis les quelques courageux clients vêtus de marinières et attablés devant leur petit-déjeuner, la terrasse était très calme.

Ce matin-là, Kitty avait pris soin de sa tenue. Elle avait choisi une robe à fleurs avec un col en V qui descendait presque jusqu'à la taille sur une chemisette blanche très sobre. Elle s'était aspergée d'autobronzant et sa jupe s'ouvrait sur ses cuisses d'un hâle doré. Chaussée de ses précieuses Louboutin, elle avait un sac en Nylon noir dont le logo triangulaire PRADA était bien en évidence. Ses petits pendants d'oreilles affichaient DIOR. Étrangement, elle s'était fait deux couettes qui pointaient comme deux fusées rouges derrière ses oreilles, et avait fait bouffer sa frange sur ses yeux de façon, croyait-elle, à paraître plus gamine, plus douce.

Elle lui adressa son sourire le plus ouvert, le plus affable possible, accompagné d'un délicat salut de la main.

— Madame Ratte ? fit Mac en l'examinant de pied en cap.

— Oui. Je suis si heureuse de vous rencontrer, monsieur Reilly. Mac, comme vous appelle toujours Sunny.

Le détective ne répondit rien.

— Je vous en prie, reprit-elle en indiquant la chaise à côté de la sienne, asseyez-vous, Mac. Ici, à côté de moi, pour que nous soyons vraiment tranquilles.

— Je ne vois aucune raison pour laquelle nous avons besoin d'être tranquilles.

— Mais si, puisque je connais Sunny, répondit-elle en tapotant la chaise avant d'insister, l'air soudain mélancolique, s'il vous plaît, Mac. Sunny m'a dit que vous étiez si gentil. Je vois que vous êtes un homme bon. Pourriez-vous être gentil avec moi, me faire ce plaisir ? Qui sait, nous pourrions peut-être devenir amis.

Intrigué, Mac vint s'asseoir à côté d'elle. Elle fit signe au serveur et commanda deux express. D'un coup d'œil en coin, elle vit que Mac l'observait.

— Et si vous me disiez ce que vous me voulez, suggéra-t-il en regardant sa montre d'un air éloquent. J'ai un rendez-vous.

— Je parie que ce n'est pas avec Sunny, avança Kitty.

Elle guetta sa réaction. Il ne répondit rien.

— Vous êtes un homme très séduisant, reprit-elle d'une voix langoureuse. Mais je ne dois pas être la première à vous le dire, j'en suis sûre.

Mac poussa un soupir exaspéré. Il n'avait pas de temps à perdre avec cette inconnue qu'il avait accepté de rencontrer uniquement parce qu'elle lui avait dit être une amie de Sunny qui lui aurait fait des confidences. Il en doutait fort. Néanmoins, il était vulnérable. Il voulait savoir si, par chance, Sunny avait dit l'aimer toujours.

Le café arriva. Dans les tasses de bistrot vert bouteille, l'express d'un marron soutenu était recouvert d'une petite mousse. Kitty mit deux sucres dans le sien, prit sa petite cuillère et, l'air pensif, le remua. Mac ignora sa tasse. Il ne voulait pas prendre de café avec cette femme. Ni ce matin ni aucun autre.

— Sunny m'a dit qu'elle vous avait quitté, finit par lâcher Kitty. Je comprends à quel point vous devez souffrir. Maintenant que je vous connais, je me demande comment elle a pu ! Comment elle peut ne pas vouloir de vous ! Vous êtes si séduisant.

Elle marqua une pause et posa une main légère sur son genou.

— Je sais tout de vous. Par séduisant, Mac Reilly, j'entends sexuellement. Vous voulez savoir ? Vous et moi sommes de la même race. Naturellement, c'est par Sunny que je sais quel amant exceptionnel vous êtes. D'après elle, elle était comblée, si ce n'est que vous ne voulez pas l'épouser. Cela dit, maintenant que je vous ai devant moi, je me demande bien pourquoi vous voudriez vous marier, quand vous pouvez avoir exactement ce que vous voulez sans avoir à signer ce registre ridicule ni porter une alliance.

Mac était pris au dépourvu. Sunny avait-elle vraiment parlé de lui avec cette femme, de ce qu'ils avaient partagé en privé ? Il plongea son regard dans les yeux de serpent de Kitty Ratte. Avait-elle vraiment dévoilé leur intimité à cette rousse ?

Remarquant l'inquiétante lueur dans les pupilles de Mac, Kitty retira sa main de son genou d'un geste vif. Il n'avait pas besoin d'ouvrir la bouche, elle savait qu'il l'avait percée à jour, qu'il la voyait comme une minable prostituée de banlieue en chasse. Elle refoula sa fureur. Puisqu'il en était ainsi, elle allait lui injecter son venin de vipère. Tout en remuant le reste de sucre, elle fixa le fond de sa tasse comme si elle lisait dans le marc du café et lâcha d'un ton doucereux :

— Bien sûr, Sunny m'a parlé d'Eddie. Eddie Johanssen, ajouta-t-elle en levant les yeux. L'homme qu'elle a rencontré dans l'avion, celui qui lui a réservé cet hôtel. Et qui, ensuite, est venu la rejoindre.

En un quart de seconde, Mac fut debout. Levant les yeux vers lui, Kitty lui décocha un sourire.

— Faites-moi confiance, je vous en prie.

Elle était inquiète, soudain. Était-elle allée trop loin ?

— Je ferai tout ce qui est en mon pouvoir pour vous réunir. Je parlerai à Sunny, je lui dirai à quel point elle compte pour vous.
— Puis-je vous demander quelque chose, madame Ratte ? la coupa Mac. Comment savez-vous à quel point Sunny compte pour moi ?

Écarquillant des yeux pleins d'innocence, Kitty répondit :
— Mais elle m'a tout raconté.

Sans ajouter un mot, Mac tourna les talons et l'abandonna à son sort.

Elle le regarda s'éloigner de sa démarche nonchalante. Sous son jean et sa veste de cuir, elle devinait un corps splendide. Cet homme était bien trop beau pour qu'elle le laisse filer. Cette fois, un deuxième motif de voler l'homme d'une autre venait s'ajouter au chantage : la jalousie.

33

À dix heures trente, ce matin-là, Sunny consulta enfin son BlackBerry. Elle avait deux messages. C'était Mac, bien sûr. Il l'avait appelée deux fois depuis huit heures.

« Je t'aime, s'il te plaît, appelle-moi », disait-il dans le premier. Et dans le second : « Je t'aime. S'il te plaît, épouse-moi. »

Sa voix était calme et assurée. Elle n'arrivait pas à décider s'il était sûr de son amour pour elle ou s'il ne doutait pas du sien pour lui. Ou s'il était juste convaincu qu'elle allait se jeter dans ses bras. Ce qui, d'ailleurs, était exactement ce qu'elle avait fait la veille.

Le troisième message était d'Allie.

— Alors comment va notre fugueuse amoureuse ce matin ? J'espère que tu es prête pour aller faire les boutiques. Ne dit-on pas qu'aller acheter des chaussures est la meilleure façon pour une femme de se remonter le moral ? Personnellement, je me suis souvent demandé qui avait bien pu dire une bêtise pareille, mais aujourd'hui, pour toi, pour Pru, je veux y croire. Tu te rappelles Pru, je t'en ai parlé ? Eh bien, une fois que tu l'auras vue, tu ne risques pas de l'oublier. Voilà pourquoi j'ai du pain sur la planche. Rendez-vous sur la terrasse à onze heures. J'ai réservé une voiture. Et je te défends de prendre prétexte de tes larmes pour me laisser tomber. Souviens-toi que je suis au courant pour ton admirateur, alors inutile de me raconter des salades. Je te dis à tout à l'heure donc, onze heures.

Sunny n'avait pas la moindre envie d'aller faire du shopping. Mais Allie avait décidé de gérer la situation. Par conséquent, bien sûr, elle serait au rendez-vous.

Elle avait déjà pris son petit-déjeuner dans le bistrot de la petite rue tranquille en compagnie du barman si compréhensif. Elle ignora donc le plateau avec la cafetière et la corbeille de croissants apporté par la femme de chambre et s'installa dans le canapé avec les journaux du matin. Par la fenêtre ouverte, le soleil la réchauffait. Les gros titres, en français, disaient ASSASSIN... TUÉE, MORTE. Des mots qu'elle comprenait. L'article était illustré de trois photos : une jolie brune en robe de mariée, son mari et un bébé maussade.

Elle ouvrit alors l'*Herald Tribune*, qui consacrait tout un article au meurtre d'une jeune vendeuse lors du hold-up d'une prestigieuse bijouterie. Un crime d'une froideur déconcertante, expliquait le journaliste : obéissant aux instructions des cambrioleurs, les vendeurs leur avaient remis tout ce qu'ils demandaient. Quel besoin avaient-ils eu d'assassiner cette jeune mère de famille ? Pourquoi ce meurtre gratuit ? Personne ne semblait avoir la réponse.

Elle se repassa mentalement la scène éclairée aux halogènes, les faisceaux des hélicoptères balayant la mer obscure jusqu'à la chaîne des Préalpes, le gémissement des sirènes de la police française. Une femme avait été assassinée et elle ne pensait qu'à Mac, à elle-même et à leur constant « je t'aime moi non plus ». Tout comme, elle l'admettait maintenant, à Eddie qui avait bien failli être son amant.

Même seule dans sa chambre, elle ne prononçait pas le nom du Suédois à voix haute. De toute façon, il ne lui avait laissé aucun message. Elle ne pouvait le blâmer de ne pas avoir cherché à la joindre. En partant avec Mac sans même un « pardon, excusez-moi, je vous appelle plus tard », elle l'avait humilié publiquement.

Cette pensée la laissa songeuse. L'aurait-elle fait ? Et si elle lui téléphonait maintenant ? N'importe quoi ! se rabroua-t-elle en se levant d'un bond. Elle n'appellerait personne, c'était décidé. Au lieu de cela, elle se dépêcha de se changer pour aller rejoindre Allie et son amie. Elle ne devait plus penser qu'à acheter des chaussures.

Son téléphone se mit à vibrer. Voyant le nom qui s'affichait, elle poussa un soupir exaspéré. Kitty Ratte était bien la dernière personne à qui elle avait envie de parler. Mais soudain, prise de remords, elle se rappela sa solitude le jour de Noël. Elle avait alors été bien contente de la trouver quand elle avait eu besoin de quelqu'un à qui se confier. Même si Allie l'avait surprise à faire des avances à Eddie, Kitty Ratte était néanmoins une femme sympathique.

Le téléphone cessa de vibrer, puis recommença. Elle se décida à décrocher.

— Sunny ! fit la voix de Kitty qui semblait toujours essoufflée, comme si elle venait d'être prise en flagrant délit d'une bêtise quelconque. Je suis en train de prendre un café à la terrasse de l'hôtel. Je pensais à toi. Tu veux me rejoindre ? Après ce qui s'est passé hier soir, je me suis dit que tu aurais envie de parler.

Sunny poussa un soupir résigné. Elle avait une dette envers la rousse qui s'était montrée compréhensive, soucieuse de l'aider à se changer les idées, avec sa petite expédition shopping, son déjeuner entre filles. Et, dans un sens, elle y était parvenue. Tout comme elle avait essayé d'aider le pauvre Eddie, abandonné à son triste sort en public. De plus, elle brûlait de curiosité de savoir ce qu'il lui avait dit.

En tout cas, elle avait une dette envers elle.

— Une demi-heure, pas plus, annonça-t-elle. Après, je vais faire les boutiques.

— Oh ! fit Kitty d'un air déçu. Avec Allie Ray, je suppose. Tu as de la chance d'avoir une telle amie. Bien, je t'attends, Sunny chérie. Je te dirai tout concernant Eddie.

34

Maha Mondragon mettait de l'ordre dans sa suite avant l'arrivée des femmes de chambre pour le ménage. Son cortège de domestiques était resté dans son palais de marbre blanc de Bombay où elle vivait depuis qu'elle était née, trente-huit ans auparavant.

Bombay, aujourd'hui Mumbai, était située sur la côte est de l'Inde, comptait plus de dix-huit millions d'habitants, et c'était l'endroit où elle préférait vivre. Elle venait aussi de faire l'acquisition d'une petite maison à Londres, à Kensington, non loin de *Harrods*. Au célébrissime grand magasin londonien, Maha préférait son voisin, *Harvey Nichols*, qui correspondait plus à ses goûts, mis à part le rayon nourriture. Pour elle, rien ne surpassait le *Harrods' Food Hall*, pas même *Fortnum and Mason's*, l'autre célèbre magasin londonien. Elle raffolait surtout de ses pâtisseries, ces mélanges artistiques de chocolat et de framboise sur une couche d'onctueuse *custard*[1]. Maha préférait le chocolat au caviar. Et le champagne était sa boisson de prédilection. Elle ne buvait rien d'autre.

Elle enveloppa ses merveilleux bijoux, toujours exposés sur la table de sa chambre dans leurs étuis de velours noir, et les rangea dans le sac de voyage en toile où ils allèrent rejoindre d'autres housses du même velours. Puis, après avoir fait glisser la fermeture Éclair, elle le ferma au cadenas

---

1. La véritable crème anglaise.

et le souleva. Son expression contrariée indiquait à quel point il était lourd.

Partout où elle voyageait, de New York à Tokyo, Maha descendait dans des hôtels haut de gamme. Une femme comme elle, spécialisée dans le commerce d'objets d'une telle valeur, se devait d'être vue dans des endroits très chics. Elle partait du principe que la qualité était toujours signe de qualité. Puisqu'elle vendait des bijoux haut de gamme, elle descendait dans des lieux haut de gamme. Elle avait néanmoins l'intention de s'installer définitivement à New York, où elle avait déjà choisi son appartement, dans l'Upper East Side, le quartier des gens « de qualité ». Elle avait travaillé des années pour assouvir cette ambition, un dessein hélas souvent contrecarré par des employés négligents, pas assez intelligents ou trop émotifs pour exécuter ses ordres.

Maha avait décidé depuis longtemps que, dans son domaine professionnel, la candeur était la qualité essentielle chez une femme. Et Sunny Alvarez possédait cette candeur.

Les bijoux de Maha étaient déjà vendus dans les plus beaux magasins et boutiques de Tokyo à Paris. *Harrods* les avait refusés, sous prétexte qu'ils n'étaient pas assez sobres pour sa clientèle. Maha s'en était étonnée. Les modèles sur mesure exécutés par des artisans du Rajasthan auraient dû satisfaire le goût de la très nombreuse population indienne de Londres. De plus, le grand magasin était un lieu incontournable pour les riches touristes qui composaient la majorité de sa clientèle, cette même clientèle qui lui avait permis de se constituer une petite fortune. Certes, elle était riche, mais elle en voulait toujours plus.

Elle prit les sacs qu'avait laissés Sharon et les Bulgares, vestiges de sa visite aux soldes, et en bourra les corbeilles à papier. L'air dégoûté, elle y jeta ensuite les mégots couverts de rouge à lèvres et les mouchoirs de Sharon. Elle avait pourtant recommandé à l'Australienne, qui avait un rhume carabiné, de ne pas s'éloigner de plus de vingt mètres de sa propre suite, mais elle n'avait rien voulu entendre.

Elle ouvrit alors sa penderie. Les grandes housses à vêtements et ses deux valises jumelles étaient toujours fermées à clé. Les vêtements qu'elle avait l'intention de porter dans le Midi avaient été nettoyés et suspendus bien en ordre sur les tringles, les saris pliés avec le même soin sur les étagères, ses délicates chaussures alignées sur le sol. Maha ne se contentait pas de Louboutin. Ses chaussures étaient faites à la main, sur sa propre forme, chez un luxueux bottier de Milan, où elle se rendait une fois par an pour choisir une nouvelle collection. Pour elle, Louboutin était une marque purement commerciale.

Dans la spacieuse salle de bains dallée de marbre, elle mit de l'ordre dans ses crèmes de beauté et dans ses huiles au parfum subtil apportées d'Inde, des mélanges créés spécialement pour elle afin de satisfaire son goût exquis. Elle les disposa en rangée nette sur une serviette. C'était plutôt le travail des femmes de chambre, mais elle leur avait dit préférer s'en acquitter elle-même. Personne ne devait toucher ses affaires personnelles.

Elle passa ensuite à son maquillage : le khôl noir qu'elle utilisait pour agrandir ses yeux, le fard à joues bronze avec un soupçon de paillettes pour ses pommettes, la crème hydratante subtilement teintée, et les rouges à lèvres cerise profond ou beige nu qu'elle utilisait en alternance, suivant la couleur de son sari.

Elle portait le sari le soir et, parfois, pour des déjeuners d'affaires où son allure exotique lui conférait un certain pouvoir de séduction. Quand elle s'habillait à l'occidentale, elle optait souvent pour un chemisier en lin blanc, un pantalon et une veste courte noirs et ses ravissants escarpins faits main, à petits talons. Par les journées plus chaudes, elle portait des sandales serties de turquoises ou autres pierres et, en hiver, d'élégantes bottines. Ayant été élevée dans une société où il n'était pas correct pour une femme de montrer ses jambes, elle évitait les jupes.

Mais Maha ne se préoccupait plus de ces règles. Elle préférait son style. Or, le noir et le blanc, interchangeables, étaient les deux couleurs les plus pratiques pour voyager. Le soir, elle y ajoutait toujours une note de couleur, un foulard de soie, un bijou scintillant, parfois même une fleur, une orchidée ou un hibiscus, dont la teinte se reflétait dans ses cheveux d'un noir de jais, chatoyants, sévèrement tirés derrière ses jolies oreilles.

Maha Mondragon était consciente de sa très forte personnalité. Elle avait la beauté et avait réussi, par son travail, à s'extraire de la pauvreté des bidonvilles sordides de Bombay pour gravir un à un les échelons de la réussite. Elle s'apprêtait à gravir le dernier, à réaliser son rêve : elle allait enfin faire partie de cette élite qui, jusqu'ici, avait su se passer d'elle pour exister. Or, Sunny Alvarez pouvait l'aider dans son projet. C'était élémentaire : Sunny avait besoin d'elle et elle avait besoin de Sunny. Comment son plan aurait-il pu échouer ?

35

Sunny portait un jean, un T-shirt blanc, un cache-cœur rouge assorti à son rouge à lèvres de jour, et ses confortables UGG noires en peau de mouton. À ses oreilles brillaient les petits diamants qu'elle s'était offerts des années auparavant. Hormis sa montre Cartier Tank au bracelet en crocodile blanc, elle n'avait ni bague ni bijou. Tesoro la précédait, tirant sur sa laisse.

La simplicité du bon goût, pensa Kitty en l'enveloppant d'un regard envieux. Elle porta une main à ses propres boucles d'oreilles Dior. Pourquoi ne pouvait-elle jamais y arriver ? Dans son ample robe en jersey, ses Louboutin aux pieds, elle se sentait trop habillée. Elle lui adressa un petit salut de la main, ses deux incisives scintillant.

Sunny plaqua deux baisers sur ses joues et installa Tesoro sur la chaise entre elles.

— Très belle, murmura Kitty, feignant l'admiration. Parfaite.

— Je ne sais pas, répondit Sunny, un peu gênée. J'ai juste enfilé ce qui me tombait sous la main.

— Mais tu es toujours parfaite, insista-t-elle.

Une lueur qui n'était pas d'admiration brillait dans son regard. D'animosité, peut-être ?

— En fait, répondit Sunny avec nervosité, en ce moment, je ne me sens ni parfaite ni merveilleuse ni belle, ni rien. Je continue à me réveiller la nuit, effrayée. Je ne sais pas ce qui m'effraie, le noir, je suppose. J'étais debout à cinq heures et demie du matin. J'ai sorti Tesoro et j'ai pris mon petit-déjeuner dans un café à proximité de la scène du crime.

— La scène du crime ? répéta Kitty d'un ton parfaitement indifférent.

Elle fit signe au serveur et commanda un café-crème pour Sunny et un Red Bull pour elle.

— Tu veux dire le vol de bijoux, reprit-elle alors.

— Le meurtre, plus exactement.

Kitty avala une gorgée de son Red Bull directement de la cannette, et reprit avec un haussement d'épaules désabusé :

— Il y a des meurtres partout. Même s'ils sont rares dans ce coin du monde. Je parie que si tu étais à New York, tu ne l'aurais même pas remarqué.

Sunny la dévisagea, choquée. Comment pouvait-elle faire preuve d'un tel cynisme ?

— Eh bien, je ne suis pas à New York et je le remarque ! rétorqua-t-elle. D'autant plus qu'il a eu lieu juste en bas de la rue, pendant que tu étais au bar en train de boire du champagne.

— Avec Eddie Johanssen, tu veux dire.

D'un coin de serviette en papier, Kitty s'essuya la bouche avec délicatesse.

Sunny poussa un soupir.

— Je suis désolée de ce qui est arrivé.

— Qu'y a-t-il de désolant ? fit son interlocutrice avec un nouveau haussement d'épaules. Ton amant est venu te retrouver et tu es partie avec lui. À propos, je suis tombée sur Mac tout à l'heure, sur la terrasse. J'ai pris la liberté de me présenter comme l'une de tes amies. Je lui ai dit que je comprenais et que je ferais tout ce qui est en mon pouvoir pour l'aider. J'espère que tu ne m'en veux pas.

D'un geste brusque, Sunny posa sa tasse dans sa soucoupe, faisant tinter la petite cuillère. Tesoro poussa un aboiement nerveux.

— Pardon ? fulmina-t-elle.

L'air surpris, Kitty leva les mains en l'air.

— Je n'aurais pas dû ? Oh, Sunny, je suis désolée. Je voulais juste aider. Tu avais laissé Eddie seul au bar. Tout le monde t'avait vue partir avec Mac, comme deux amoureux seuls au monde, et l'abandonner.

— J'ai entendu dire que tu n'avais pas été longue à le consoler.

— Qui d'autre pouvait recoller les morceaux ? Ce pauvre homme avait l'air épuisé, et bien embarrassé.

Un peu honteuse, Sunny baissa la tête. Tout ce que Kitty avait essayé de faire était de rattraper la situation.

— Je suis désolée, répéta-t-elle en prenant sa main. Je sais que tu n'avais que de bonnes intentions et que je me suis mal conduite. Mais j'ai eu l'impression d'être dans un rêve.

— Alors, raconte. Tu as fait l'amour avec Mac hier soir ? demanda-t-elle alors avec son sourire de prédatrice.

Tesoro bondit et lui mordit le poignet.

— Oh ! hurla-t-elle. Regarde, je saigne.

— Vilaine chienne ! lança Sunny en lui passant deux serviettes.

Ce qui ne l'empêcha pas de penser que Kitty n'avait que ce qu'elle méritait.

— Je suis mortifiée que tu puisses penser que j'ai mal agi, fit Kitty en la regardant par dessous, des larmes perlant à ses paupières. Tu sais que je ferais tout pour t'aider, Sunny. Et pour aider Eddie.

— Bon. Qu'a dit Eddie après mon départ ?

Les petits yeux bleus de Kitty se plissèrent.

— Vraiment, je ne devrais pas le répéter. Pas maintenant que tu es de nouveau avec Mac.

Elle avait raison. Sunny savait qu'elle aurait dû aller s'excuser auprès d'Eddie, lui dire qu'elle était désolée et reprendre de zéro. Mon Dieu ! Comment ça, reprendre de zéro ? Avait-elle perdu la raison ?

Maha, qui venait de sortir de l'hôtel, longea la terrasse, se dirigeant vers sa voiture. D'un coup d'œil, elle aperçut les deux femmes assises à la même table. Les ignorant, elle s'installa au volant et s'éloigna.

Kitty ne la remarqua même pas. Juste derrière elle arrivait la célèbre Allie Ray, accompagnée d'une femme en surpoids, habillée d'un kilt et d'un chemisier verts et d'un châle en cachemire gris. L'assistante d'Allie, sans doute. Une personne sans importance. Elle la raya de son radar.

— Une journée de shopping entre copines, fit-elle avec mélancolie. Merveilleux ! Exactement comme toi et moi, Sunny. Je n'arrive pas à croire que c'était hier, cela me semble déjà si loin.

Sa tristesse feinte eut le résultat escompté. Pleine de remords, Sunny se sentit obligée de lui demander de se joindre à elles. En fait, elle n'avait qu'une envie, se retrouver seule avec Allie pour mettre de l'ordre dans sa vie amoureuse. Et maintenant, Kitty allait être de la partie. Comme si Allie n'en avait pas eu assez sur les bras, avec Pru et elle-même !

36

Eddie était sur un vol pour l'Allemagne où un client, un Américain d'origine arabe qui avait fait fortune dans le pétrole, lui avait passé commande pour la construction d'un cargo dans les chantiers navals de Hambourg. Les riches armateurs n'étaient plus tous grecs.

Le travail d'Eddie était de conclure ce genre d'affaire. Il gérait toujours les chantiers familiaux qui, en Hollande et en Scandinavie, avaient vu naître de magnifiques bateaux. Mais le marché actuel était si encombré qu'il avait dû réduire leur activité. Ses autres commandes lui permettaient néanmoins de conserver l'élégant style dont sa famille et lui étaient coutumiers : une grande maison dans le vieux Stockholm, une résidence secondaire sur leur île privée, au large de la côte suédoise. Dans la capitale, son fils de cinq ans et sa fille de six ans fréquentaient l'une des meilleures écoles de leur quartier, proche du centre-ville, et sa femme passait le plus clair de son temps à des fêtes avec des « amis ».

Quand Eddie l'avait rencontrée pour la première fois, la jolie Jutta ressemblait au rêve masculin de la Suédoise : des cheveux d'un blond presque blanc, naturel, de grands yeux bleus ombrés de cils clairs sur lesquels elle ne mettait jamais de mascara, accentuant ainsi son air juvénile, un sourire découvrant de belles dents blanches et régulières, un corps svelte et athlétique. Championne de ski, quand elle dévalait les pistes dans sa combinaison du même bleu que ses yeux, ses cheveux blonds au vent, Jutta était une vision de rêve.

Aussi beaux l'un que l'autre, ils formaient ensemble le couple idéal.

Aussi, personne ne comprenait pourquoi ils avaient rompu. Et tous, amis de Jutta ou d'Eddie, avaient eu la même question : Pourquoi ?

— Parce que c'est fini, avait répondu Jutta avec un haussement d'épaules blasé.

Pour sa part, Eddie, qui avait une vision un peu différente de la situation, avait dit :

— Parce que nous n'aurions jamais dû nous marier.

Il ne la blâmait pas, il voyageait trop. Laissée seule avec deux petits enfants, Jutta avait dû prendre son indépendance. Le profond amour qu'ils avaient eu l'un pour l'autre avait diminué et, chez elle, avait laissé place à la colère. Aujourd'hui, même si elle n'aimait plus Eddie, elle ne voulait pas qu'il soit avec une autre. Elle devenait vindicative, non par amour mais par jalousie.

Eddie ne comprenait pas son attitude. Il était prêt à se montrer généreux, à lui laisser leurs deux maisons et beaucoup d'argent. Mais elle voulait beaucoup plus. C'était le problème. Elle demandait la garde des enfants, avec un droit de visite se limitant à un week-end par mois. Lui désirait la garde alternée.

« M. Johanssen est si souvent parti que, de toute façon, il voit à peine ses enfants, avait-elle écrit dans un rapport au tribunal. Pourquoi cela devrait-il changer ? Cela ne ferait que perturber leur routine. Leur équilibre émotionnel est en jeu. »

Ils étaient dans une impasse. Eddie adorait ses enfants. Rien ne comptait plus pour lui. Il n'avait eu que deux choses dans sa vie : eux et son travail. Jusqu'à ce que sa rencontre avec Sunny Alvarez sur un vol Los Angeles-Paris vienne tout bouleverser. Ce n'était pas la première femme qu'il rencontrait depuis sa rupture avec Jutta, deux ans auparavant, mais Sunny était différente.

La voix de l'hôtesse le tira de sa rêverie. Séduisante, elle le regardait, une lueur chaleureuse dans les yeux. Eddie la remercia, refusa le verre et, s'adossant à son siège, recommença à penser à Sunny.

Comment était-il possible d'éprouver des sentiments aussi forts pour une femme qu'il avait si peu vue, et qui, il en était sûr maintenant, était amoureuse d'un autre ? Il n'avait jamais cru au coup de foudre, pourtant il commençait à se poser des questions. Était-ce de l'amour qu'il ressentait pour Sunny ? Du désir, sans aucun doute : elle était belle et très sexy. S'agissait-il juste de l'attirance des opposés ? Et des circonstances ? Eddie, si mesuré, si absorbé par sa vie professionnelle, déprimé par l'échec de son mariage, et Sunny si vulnérable, si spontanée, avide de retrouver sa joie de vivre, si abattue par la rupture avec l'homme qu'elle aimait.

Paupières closes, il revécut la scène de la veille au soir en esprit. Mac entrant dans le bar, tendant la main à Sunny qui, sans un mot, sans un regard en arrière, l'avait prise et l'avait suivi.

Cela faisait mal. Et même si la rousse, Kitty, ou quel que soit son nom, l'avait abruti d'alcool et de compassion, Eddie était remonté dans sa chambre seul. Il avait passé la nuit affalé dans un fauteuil comme s'il avait trop bu, se demandant qui était cette fichue Kitty et ce qui avait poussé Sunny à agir ainsi. Même si, dans le fond, il connaissait la réponse.

L'avion s'apprêtait à atterrir. Il regarda par le hublot la mosaïque floue de la ville qui se déployait sous lui. Les derricks géants dans les chantiers, le brasier des feux où les rivets étaient transformés en acier, le linceul gris du ciel du Nord par mauvais temps. Combien il aurait aimé être à Monte-Carlo ! Avec Sunny.

37

— Je te présente mon amie Pru, déclara Allie à Sunny.
Spontanément, Pru embrassa Sunny sur les deux joues.
— Je suis contente de te connaître.
Sunny présenta alors Kitty comme une nouvelle amie qui avait proposé de se joindre à elles pour leur expédition shopping. Ignorant royalement Pru, la rousse fixa Allie, les yeux brillant d'admiration.
— Génial ! s'exclama-t-elle. Je suis si heureuse de vous rencontrer.
— Cela ne devait pas être que du shopping, fit remarquer Allie à Sunny.
Elle regrettait qu'elle ne soit pas venue seule pour pouvoir parler, car elle était curieuse d'en apprendre davantage sur l'autre homme. De plus, quelque chose dans le regard de Kitty la mettait mal à l'aise. Pourtant, cette femme n'était pas désagréable. Elle discutait des meilleures affaires qu'offrait Cannes, de ses endroits préférés pour courir les boutiques. Toutefois, Allie ne pouvait pas s'empêcher de penser qu'elles n'étaient pas sur la même longueur d'onde concernant les vêtements. Allie prisait avant tout la simplicité. Sunny, pour sa part, avait son propre style, si distinctif, tantôt motarde, tantôt sylphide romantique, suivant les circonstances. Ou, plus exactement, suivant son humeur : Sunny se fichait royalement des circonstances.

Pru monta la première et s'assit dans un coin de la limousine. Kitty prit place à côté d'elle, sans lui prêter la moindre attention. Sunny et Allie les suivirent.

Quand Sunny retira ses lunettes de soleil, Pru remarqua ses yeux gonflés. Elle était au courant de la situation entre la jeune femme et Mac. Le matin même, au petit-déjeuner, elle avait eu droit à un compte-rendu par Allie qui, toujours vigilante, l'avait empêchée de prendre un croissant avec son café au goût très français. Un goût que ses papilles n'avaient jamais expérimenté dans son *coffee-shop* local. Comment une fille comme elle, du fin fond du Texas, qui n'était jamais allée nulle part, se retrouvait-elle dans un endroit aussi élégant que Monte-Carlo ? Un lieu connu de tous mais que si peu de gens ont l'occasion de visiter. Et si elle n'avait pas rencontré Allie au lycée, elle n'aurait jamais connu une star de cinéma. Elle jeta un regard en coin à Kitty. Cette dernière racontait à Allie qu'elle vivait à Cannes et qu'elle faisait un peu de mannequinat.

— Comme c'est intéressant, fit la star, polie, d'un ton parfaitement indifférent.

Elle se tourna vers Sunny qui, malgré ses promesses, luttait pour ne pas pleurer.

— Ressaisis-toi, la réprimanda-t-elle. Jamais nous n'arriverons à rien si tu continues comme ça.

Sunny renifla et Allie passa un bras autour de ses épaules.

— Je t'aime, chuchota-t-elle.

En les regardant, Kitty sentit son cœur comme broyé par un étau. Elle avait la gorge si serrée qu'elle était incapable de parler. Elle voulait être à la place de Sunny, être la meilleure amie de la star de cinéma ; en fait, à cette minute précise, elle voulait être Allie Ray. Elle enviait ceux qui, comme elle, avaient tout : la beauté, la célébrité, l'argent.

Elle jeta un coup d'œil furieux par la vitre et aperçut Mac Reilly qui, sur le perron de l'hôtel, regardait leur voiture s'éloigner. Il avait vu sa fiancée monter dans la limousine. Une bouffée de haine pour Sunny submergea Kitty : elle détestait ce genre de femme, si bien dans sa peau, qui charmait comme elle respirait, le genre de femme qu'elle ne serait jamais. Bien déterminée à se venger, elle avait pensé au chantage. Mais pourquoi pas le meurtre ?

Mac étouffa un soupir. Sunny n'avait même pas pris la peine de répondre à ses messages. Pourvu qu'Allie puisse lui faire entendre raison.

Elle ne s'était jamais éloignée de lui aussi longtemps, même si, comme tout le monde, il leur était arrivé de se quereller. Même Tesoro n'avait pas eu son aboiement habituel de reconnaissance. Il était banni de la vie de Sunny et jamais il ne s'était senti aussi seul.

Et s'il appelait Ron ? Il pourrait lui demander de venir le rejoindre pour l'aider, ou encore, pourquoi pas, aller le retrouver dans son vignoble de Dordogne, l'endroit que l'ex-magnat de Hollywood appelait désormais son chez-lui ? Mais il était trop tard.

Au lieu de cela, il composa le numéro de l'inspecteur sur son portable.

— Je viens jeter un coup d'œil aux photos, annonça-t-il.

38

— Par où commençons-nous ?

Le chauffeur de la limousine avait pris l'autoroute qui menait à Cannes.

— Monoprix, déclara Pru.

Elle ne faisait jamais ses courses ailleurs que dans les grands magasins et avait entendu dire que l'enseigne française n'était pas chère.

— Hermès, lança Kitty simultanément.

— Chanel, décida Allie d'une voix sans réplique.

Allie aimait les vêtements classiques avec la petite touche dont, elle le savait, Pru avait besoin.

— N'y a-t-il pas un marché, ce matin ? s'enquit Sunny. J'ai entendu dire qu'on pouvait y dénicher des trucs très chouettes.

— Comment sais-tu ça ? s'étonna Kitty.

— Un souvenir de l'été dernier.

— Tu étais ici l'été dernier ?

— Avec Mac, répondit Sunny d'un air crispé.

— Chez Chanel, chauffeur ! lança Allie avec une pointe d'autorité.

— Mais je ne peux pas me payer Chanel, fit remarquer Pru.

— Moi, je peux, rétorqua la star. Et tu feras ce qu'on te dira de faire, d'accord ?

— D'accord.

Pru baissa les yeux sur son kilt vert. Si elle avait pu se douter de cela, elle aurait mis une tenue plus élégante pour aller dans une boutique aussi chic.

Lui tournant le dos, Kitty regarda Sunny et déclara, un sourire rayonnant aux lèvres :

— Je sais que tu seras ravissante en Chanel.

— Sunny est ravissante quoi qu'elle porte, y compris sa combinaison en cuir noir de Harley, intervint Allie.

— Vraiment ?

Kitty enveloppa la belle jeune femme brune d'un regard curieux. Imaginer Sunny en cuir noir l'intéressait. Sa première tenue « sexe » avait été un bikini en cuir noir qu'elle avait porté dans un sex-club de Budapest. Cela remontait à bien longtemps.

Silencieuse, Pru attendait sur la chaise moelleusement rembourrée chez Chanel. Une vendeuse s'empressait autour d'elle, lui apportant tour à tour plusieurs modèles de chaussures à essayer. Les autres assistantes, groupées dans un coin, semblaient en effervescence. Elle devina qu'elles parlaient du hold-up de la bijouterie qui s'était soldé par le meurtre d'une jeune femme, vendeuse comme elles. Du danger de travailler dans une boutique de luxe.

— Elles sont ravissantes, approuva Allie. Marche un peu pour voir comment elles te vont.

Les chaussures étaient en daim noir avec des talons de neuf centimètres et une petite semelle compensée.

— Madame a le pied idéal pour nos modèles, la complimenta la vendeuse. De très jolis pieds.

— Elles sont parfaites, renchérit Sunny.

Pru, qui sentait ses chevilles se dérober sous elle, persifla :

— Oui, si je peux marcher avec un jour !

— Que dirais-tu de les prendre en rouge ? suggéra Allie, résolue à les lui faire acheter. Rien de mieux que des chaussures rouges pour remonter le moral d'une femme !

Son amie lui lança un coup d'œil horrifié. L'idée même de chaussures rouges qui, elle le savait, attireraient l'attention, la terrifiait. Quand Allie se leva pour jeter un coup d'œil à la ronde, Kitty lui emboîta le pas. Pru remarqua que la rousse sortait son téléphone portable et comprit qu'elle devait être en train de prendre des photos de la star de cinéma. Son manège n'était pas difficile à saisir : elle avait l'intention de les vendre à la presse. Elle voyait déjà les gros titres du *National Enquirer* et de *People* : ALLIE RAY, LA DISCRÈTE, CHEZ CHANEL À CANNES. L'intimité qu'Allie avait eu tant de mal à préserver en France s'envolerait en fumée.

Elle se leva d'un bond et lui arracha son téléphone. Kitty le lui reprit et, dans son geste, une photo en mémoire s'afficha sur l'écran. Elle montrait un homme nu avec un collier en cuir clouté, un fouet à la main. Il n'était pas difficile de comprendre ce qu'il s'apprêtait à faire.

— Oh, mon Dieu ! murmura Pru, choquée. Qui est cet homme nu dans votre téléphone ?

Kitty s'empressa de fourrer celui-ci dans son sac Prada.

— Quel homme nu ? De quoi parlez-vous ?

— Celui sur la photo dans votre téléphone. Avant les photos que vous avez prises d'Allie.

— Je ne photographiais pas Allie. Je prenais une photo de certaines chaussures. Je regarderai la photo plus tard chez moi et déciderai si je veux les acheter.

— Menteuse, lâcha Pru sous cape.

Elle ne voulait pas faire de scène. Ce n'était ni le lieu ni le moment.

— Vous ressemblez à une ménagère sortie pour la journée, lui lança Kitty avec un regard venimeux.

— Et vous, siffla Pru, à une vieille bourgeoise en chasse. Je parie que n'importe quel homme ferait l'affaire.

— Salope ! fulmina Kitty.

— Salope ! rétorqua Pru.

La guerre était déclarée entre Pru Hilson et Kitty Ratte.

Beaucoup plus tard (quatre paires de chaussures plus tard, plus un jean qui, au grand étonnement de Pru, lui allait comme une seconde peau, amincissant ses cuisses et ses fesses), elles se dirigèrent vers un café. En chemin, elles avaient acheté quelques hauts, deux pulls dans une boutique bon marché d'une rue tranquille (les vêtements Chanel n'allaient pas à Pru et, de plus, elle voulait payer ses emplettes elle-même, et non profiter de la générosité d'Allie). Elles avaient également fait étape dans un magasin de lingerie où elle avait trouvé un soutien-gorge très sexy qui mettait sa poitrine ronde en valeur. Sunny lui avait même fait acheter des bas noirs et un porte-jarretelles, lui assurant que cela lui donnerait l'impression d'être une nouvelle femme.

— Après tout, tu ne sais jamais quand une occasion qui prendra la forme d'un bel homme se présentera. Une femme doit toujours être prête, tu sais, Pru.

Pru avait eu l'air dubitatif. Les adonis n'étaient pas légion dans sa petite ville. Ou bien ils l'ignoraient. D'un autre côté, elle n'y habiterait sûrement plus. Elle ne savait pas encore où elle vivrait, mais elle allait prendre un nouveau départ. C'était exactement ce qu'elle voulait : un nouveau départ. Et en regardant la vendeuse emballer sa lingerie neuve dans du papier rose vif, elle sourit. Homme ou pas, les porter lui ferait du bien. C'était comme un secret qu'elle garderait pour elle.

En sortant de la boutique de lingerie, Allie était entrée dans le salon Dessange pour lui prendre un rendez-vous pour le lendemain matin.

Puis elles avaient gagné un petit restaurant. Assises à une table en terrasse, elles regardaient les passants tout en buvant du rosé et en croquant des radis.

— Quelle merveilleuse journée ! s'exclama Kitty rayonnante, d'un air humble et plein de gratitude. Je ne vous remercierai jamais assez de m'avoir invitée.

Allie, qui ne l'avait pas invitée, se contenta d'esquisser un sourire un peu crispé.

— Pru, c'était juste un début, fit-elle à l'intention de son amie. Est-ce qu'acheter les chaussures t'a un peu remonté le moral ?

— Je crois, dit Pru, toujours inquiète des dépenses, même si elle savait qu'Allie prenait du plaisir à la gâter. Et merci.
— Bon, Pru, nous te mettons à la salade, annonça Sunny.
Elle se sentait très concernée par le *makeover* de Pru Hilson qui, après tout, était une femme plaquée, comme elle. Pas exactement néanmoins. Elle-même n'avait pas été plaquée, elle était partie.
— Arrête de penser à Mac, lui recommanda Allie en lui tapotant la main pour la ramener à la réalité. Nous parlerons de lui et de l'autre plus tard. Quand nous serons seules.
— Et après deux verres de vin, renchérit Sunny. Tu sais que Mac a toujours aimé ce rosé du Var.
— Mac t'a toujours aimée, lui répondit son amie, avant d'ajouter : en fait, je n'ai jamais vu un homme aussi amoureux.
— À part Ron de toi.
— Et regarde, j'ai bien failli le perdre. Nous avons bien failli nous perdre. Réfléchis bien à ce que tu fais, Sunny. Tu me promets ? demanda-t-elle, le regard grave.
Sunny promit.
Ignorant la compagnie de Pru, Kitty ne perdait pas une miette de la conversation concernant Mac. Elle avait déjà bu deux verres de vin et commanda une autre bouteille.
— Je vous invite, déclara-t-elle, radieuse.
Pru leva les yeux et vit que Kitty la regardait avec animosité. Cette garce ! fulmina-t-elle en son for intérieur. Dès qu'elles seraient seules, elle veillerait à mettre Allie et Sunny en garde contre elle.
Sunny avait déjà remarqué que Kitty buvait trop mais elle ne dit rien. C'était son problème, elle avait assez des siens à gérer.
— Pru, nous avons décidé que demain tu serais blonde, déclara-t-elle.
— Tu veux rire ?
Pru n'avait jamais songé à changer son châtain terne.
— Prépare-toi pour le nouveau « toi », déclara Allie avec un grand sourire.

Puis, après un coup d'œil à la carte, elle commanda à déjeuner pour sa protégée et elle. Quelques instants plus tard, l'air consterné, Pru fixait la minuscule portion de fettucine dans son assiette. Une quantité de pâtes à peine suffisante pour rassasier Tesoro, se dit-elle.

— Vous êtes-vous jamais demandé pourquoi, malgré la délicieuse nourriture dans ce pays, les Françaises sont si belles ? Pourtant, elles semblent passer leur temps dans les restaurants et les cafés à manger.

Pru n'avait jamais réfléchi aux Françaises et à leur alimentation En fait, elle n'avait jamais pensé aux Françaises du tout.

— Ce que Sunny veut dire, c'est que tout réside dans la façon de s'alimenter, pas dans ce que l'on mange. Les Françaises ne se contentent pas de manger, elles dégustent. Chaque bouchée compte. Goûte tes fettucine au homard, Pru. Savoure, et dis-nous ce que tu en penses.

Pru fixa les trois femmes qui guettaient sa réaction avant de regarder son assiette d'un air sceptique. Elle aimait le homard, elle aimait les pâtes. Mais la sauce presque inexistante était bien pâle. Et ce n'était sûrement pas la variété de tomates à laquelle elle était habituée. Une feuille d'herbe inconnue ornait le côté de l'assiette. Elle la ramassa et la renifla.

— Pru, comment as-tu pu vivre jusqu'à aujourd'hui sans connaître l'estragon ? demanda Sunny, exaspérée.

— Facile. Personne ne mange d'estragon où j'habite. Habitais, s'empressa-t-elle d'ajouter, parce qu'il n'était pas question pour elle de retourner un jour dans cette ville.

— C'est l'une des herbes les plus odorantes. Mac adorait l'utiliser pour cuisiner.

— Mais c'est de la réglisse, dit Pru en reniflant de nouveau.

— Non, c'est de l'estragon et ça va avec le homard. Maintenant, goûte avant que ce soit froid.

Pru prit un morceau de homard, à moitié effrayée de le mettre dans sa bouche car elle avait déjà décidé qu'elle n'aimait pas l'estragon mais ne pouvait pas dire non.

— C'est comme le sexe, l'encouragea Allie. Ferme les yeux et pense à ce que tu fais.

Les yeux fermés, Pru se concentra. Elle vit tout de suite la différence de goût entre le petit homard local et celui du Maine, qui lui était familier, que l'on mangeait habituellement nappé de beurre fondu.

Soudain, elle comprit.

— Il a le goût de la Méditerranée, déclara-t-elle en ouvrant grand les yeux, étonnée que cela puisse être aussi spécifique.

Sunny lui prit la main.

— Bien sûr. Voilà ce que tu dois faire. Reconnaître un goût. Il ne s'agit pas de quantité, ni de remplir le réservoir, il s'agit de prendre ton temps, de savourer le plaisir que cela te donne. Le plaisir du moment. C'est tout l'attrait de la bonne nourriture. Cela ne doit être que du plaisir.

— La sauce est une sauce Alfredo très délicate, ajouta Allie.

Elle avait commandé la même chose et se régalait des pâtes fraîches et légères, du goût délicieux du homard tout droit sorti de la mer.

— Et voilà ! s'exclama Sunny d'un air réjoui. Tu as appris une nouvelle philosophie de la nourriture : tu n'as pas besoin d'une grosse quantité pour te sentir bien et tu n'as pas besoin de régime. Il te suffit de manger comme une Française. Et je te promets que si tu me dis quand tu auras fini que tu as vraiment apprécié chaque bouchée, je te commanderai des fromages. Trois, je pense, une tranche de chacun, afin que tu puisses nous dire lequel tu as préféré et pourquoi.

— Tu fais mon éducation ? fit Pru, un peu offensée, même si elle se régalait.

En fait, l'assiette était presque vide et elle en voulait encore.

— Vois ça comme le *makeover* de Monte-Carlo, répondit Allie.

Et les quatre femmes, y compris Kitty, partirent d'un grand éclat de rire.

— Je suis ravie, décida Pru. Et voulez-vous que je vous dise ? Je pense que ce jean m'ira encore mieux désormais.

39

Mac était assis en face de l'inspecteur, à son bureau, les photos du cadavre d'Yvonne Elman étalées devant lui. Il ne les regardait plus. Il fixait par la fenêtre la cime des arbres dont les feuilles étaient agitées par une petite brise. L'inspecteur regarda ses mains, les doigts joints comme s'il priait, même si ce n'était pas le cas. Il se contentait d'espérer.

— Atroce ! fit-il enfin, brisant le silence.

— C'est le moins que l'on puisse dire.

Il n'était pas facile de contempler ce masque sanglant de chair tuméfiée et d'os qui avait été un visage de jeune femme. Enfoncés dans les restes de ce visage, des éclats de diamant. De minuscules morceaux de ce qui avait été une pierre de vingt carats, fragmentée par une balle, qui avait explosé et qui, sous le flash de l'appareil photo, scintillait dans la bouillie rose des restes de cervelle ensanglantée, tout ce qui restait de la tête d'Yvonne. Un diamant hors de prix qui avait perdu toute sa valeur avait coûté la vie à cette jeune femme.

— Je suppose que la victime, je veux dire Yvonne, reprit Mac qui détestait faire de la morte un simple cadavre, tendait le diamant à son assassin et que, au lieu de le prendre, il a tiré.

— En plein dans le diamant, acquiesça l'inspecteur.

— Il visait la vendeuse et le diamant, fit Mac songeur.

— Tu veux dire que le cambrioleur voulait « tuer » la pierre ?

— Oui, sans doute juste pour le plaisir, pour montrer son pouvoir, prouver qu'il avait déjà plus qu'assez, qu'il n'avait pas besoin de ce diamant qu'elle lui tendait, ni de la société en général.

— Dans ce cas, notre cambrioleur est un sociopathe.

— C'est possible. Un sociopathe se fout de tout le monde sauf de lui-même. Pourtant, son comportement, en apparence normal, lui permet de faire son chemin dans la société en usant de son charme. Malgré sa cruauté et sa perversion cachées, il fera tout pour se sentir accepté. Mais, il est capable de tuer sans aucun état d'âme. « Un assassin bourré de charme », voilà comment il faudrait le qualifier. La plupart des escrocs sont des sociopathes, ils deviennent vos amis, c'est comme ça qu'ils s'en sortent. Regarde tous les scandales financiers de ces derniers temps... Malgré de nombreuses similarités, le psychopathe est plus sauvage, plus dangereux. Son point commun avec le sociopathe est qu'il passe avant tout. Il n'a pas de vrais amis et, souvent, vit une vie solitaire, paraît inoffensif pour l'entourage. Puis il sera pris de folie meurtrière. Enfant, il fait l'expérience du frisson de la puissance en s'en prenant aux petits animaux. Adulte, il passera au viol et au meurtre. Il laisse généralement sa victime hideusement défigurée, mutilée, coupée en morceaux. Vient ensuite un troisième type, le fantasque, un mélange des deux, celui qui en apparence est plein de charme, à l'aise dans la société, mais toujours avec un passé caché ; et, toujours, cette pulsion meurtrière.

— J'ai remarqué qu'ils tuent souvent les nuits de pleine lune, fit remarquer l'inspecteur, songeur.

Il se rappelait la clarté de l'astre qui, la nuit du crime, venait s'ajouter aux faisceaux des hélicoptères et aux halogènes.

— C'est possible. Les marées suivent les lunes, pourquoi pas le cerveau humain ?

— Supposons-nous maintenant que l'assassin était un homme ?

Mac n'avait aucune certitude. Il se contenta de répondre :

— Ce genre de meurtre inutile est typiquement masculin mais, d'après la description des braqueurs, leurs tailles et leurs poids approximatifs, leurs vêtements, tout laisse à penser qu'il s'agissait de femmes.

— Elles avaient des petits revolvers, le genre d'arme qu'une femme riche possède pour sa propre protection. Bien qu'elle ait besoin d'un permis, bien sûr, et d'une bonne raison, expliqua l'inspecteur.

— Se protéger contre un kidnapping, par exemple.

— Par exemple.

— Mais une femme riche fait appel à un garde du corps, fit valoir Mac en pensant à Lev Orenstein, le meilleur garde du corps du monde, avec qui il avait encore une fois travaillé, l'été dernier, à Saint-Tropez.

Pour le détective, celui qui s'en prenait à une victime sans défense était impardonnable. Quelle que soit l'excuse invoquée par leur avocat lors du procès, Mac n'avait aucune indulgence pour les assassins qui tuaient de sang-froid. Il regarda de nouveau les photos d'Yvonne.

— J'espère que son mari n'a pas été obligé de les voir.

— Il a identifié son cadavre d'après les bagues qu'elle portait. Ces doubles sont pour toi.

Il les rassembla, les mit dans un dossier, y glissa une photo d'Yvonne du temps où elle était encore une jolie jeune femme, et non une morte sans visage.

— C'est contre les règles, mais il n'y a pas de règles dans ce genre d'affaire. J'ai besoin de tes idées, Mac, c'est tout. Tu ne peux pas enquêter avec nous, c'est le rôle de la police. Mais tu as un don pour flairer le détail insolite, celui qui nous échapperait et qui pourrait nous mener au coupable.

— Pas toujours, répliqua le détective, se rappelant les fois où il avait échoué. Je ne suis pas parfait.

— Peut-être pas. D'un autre côté, personne ne l'est.

Le fait que Mac reparte avec le dossier contenant les photos d'Yvonne Elman sous le bras suffisait à réjouir l'inspecteur. Cette fois le détective n'avait pas refusé de l'aider, et peut-être cela les mènerait-il à un résultat. Qui sait ?

40

Ce soir-là, Maha portait un exquis sari bleu indigo fait dans une mousseline d'une finesse incomparable. Il était retenu à l'épaule par une énorme aigue-marine scintillant de mille feux qui attirait tous les regards des clients du bar. La foule irrita la belle Indienne. Depuis le vol de bijoux, l'endroit était très animé. Il semblait être devenu le lieu de rencontre à la mode, comme si tout le monde voulait voir la scène du crime. Avec un frisson imperceptible, elle prit place à sa table habituelle et commanda une bouteille de son champagne favori. Pas de caviar ce soir, cependant. Elle n'était pas d'humeur caviar. Elle opta pour une assiette de petits-fours tout chocolat, une minigénoise, nappée de crème et enrobée d'un épais glaçage. Ce soir, elle n'arrivait pas à contrôler sa gourmandise.

Elle jeta un coup d'œil à la ronde. Dieu merci, la rousse n'était nulle part en vue. Cette femme la perturbait profondément. Maha comprenait Kitty Ratte. Elle savait qu'elle était perverse et que, comme tous les pervers, elle était en chasse pour trouver une victime. Si elle ignorait à quel jeu elle se livrait, elle savait reconnaître une prédatrice et avait immédiatement compris que celle-ci avait jeté son dévolu sur Sunny. Pourquoi au juste, elle ne le saisissait pas très bien.

Quoi qu'il en soit, Maha ne permettrait pas que cela arrive. Si quelqu'un devait corrompre Sunny Alvarez, c'était elle. Et sa méthode n'avait rien à voir avec les jeux sexuels que, elle en était convaincue, la rousse avait en tête.

Son assistante numéro un, Sharon, entrait dans le bar d'un pas conquérant, suivie par l'ex-fiancé de Sunny. Maha se sentit soudain glacée d'appréhension. Elle était déterminée à découvrir tout ce qu'il y avait à apprendre sur Mac Reilly. Elle savait exactement qui il était, ce qu'il faisait, savait qu'il le faisait bien, grâce à son intuition. Ne possédait-elle pas la même quand il s'agissait de cerner les gens, de comprendre qui ils étaient vraiment ? Une sourde inquiétude la gagna.

En quelques pas, Sharon combla la distance entre l'entrée et sa table, jeta sa veste Valentino neuve de la couleur du sari de Maha sur la chaise à côté de la sienne. Son premier geste fut de plonger sa main dans son sac fourre-tout pour en sortir son paquet de cigarettes. Ses « clopes », disait-elle, comme si le mot conférait aux cigarettes une espèce de désinvolture qu'elle devait assimiler au charme féminin.

— Merde ! s'exclama-t-elle.

Elle venait de se rappeler l'interdiction de fumer. D'un geste dégoûté, elle rangea le paquet, fit signe au garçon et commanda un double whisky et des olives.

Avec sa tête brune aux cheveux courts, ses sourcils froncés et sa moue boudeuse, Sharon aurait pu jouer un rôle dans un film français. Du reste, elle parlait français comme une Française, héritage de toutes ses années en Europe. Elle vivait désormais à Prague mais elle avait toujours un pied en l'air et pouvait choisir de s'installer n'importe où. Du moins, cela avait été le cas avant qu'elle s'associe avec Maha, trois ans auparavant.

Elle fixait Mac, debout au bar. Elle l'entendit commander une Stella Artois, puis le vit se retourner et survoler les lieux du regard. Une fraction de seconde, leurs yeux se croisèrent, puis il détourna la tête.

Sharon aimait son physique. Son beau corps mince et athlétique. Elle ne supportait pas les hommes avec de l'embonpoint, les poignées d'amour ne lui faisaient aucun effet. Elle aimait compter leurs côtes. Elle se tourna vers Maha et demanda :

— Tu sais qui c'est ?

— L'ex de Sunny Alvarez. L'un des plus célèbres détectives américains qui est devenu une star grâce à son émission télévisée. Mac Reilly a réussi à résoudre des affaires sur lesquelles tous, y compris la police, avaient échoué.

Sharon haussa un sourcil surpris. Elle était vraiment jolie quand elle faisait tomber son masque dur. Maha n'ignorait rien de la dureté de Sharon. C'était la raison pour laquelle elle l'employait.

— Ex quoi ? demanda-t-elle en buvant une gorgée de whisky.

Elle fit une grimace. L'alcool lui brûlait la gorge et elle se demandait souvent pourquoi elle en buvait. Si ce n'est que, dès la deuxième gorgée, il lui faisait du bien. Comme ses fichues cigarettes. Oui, elle était dépendante. Et alors ?

— Je crois que c'est son ex-fiancé et Sunny est ici parce qu'elle l'a quitté.

— Comment le sais-tu ? demanda alors Sharon.

Elle croqua dans une olive et le jus coula sur son chemisier Valentino.

— Merde ! fit-elle de nouveau, perdant patience.

— Les barmans savent toujours tout, fit remarquer Maha.

Elle n'ajouta pas qu'elle aussi s'assurait de toujours savoir ce qui se passait là où elle se trouvait. Elle connaissait tous les détails du cambriolage de la bijouterie et du meurtre, y compris le fait qu'un énorme diamant avait été volé. Le Babe Bailey était un diamant très connu, de plus de vingt carats, sans un défaut, limpide et d'une grande valeur. Maha n'ignorait rien de son histoire. Il avait été taillé par un Iranien aujourd'hui décédé. Elle n'avait jamais rencontré un tel spécialiste en diamants.

— J'ai entendu dire que le diamant Babe Bailey a été brisé au cours du cambriolage.

Délicatement, elle prit une bouchée de génoise et but un peu de champagne. Le visage de Sharon exprimait son indifférence.

— Je me fous royalement des diamants ! lâcha-t-elle, désinvolte.

Maha étouffa un soupir. Quel dommage que Sharon soit incapable de contrôler sa façon de s'exprimer ! Même si, pour sa part, elle avait été élevée dans la misère des rues de Bombay où les jurons, la violence, la brutalité et la mort étaient le quotidien, elle était devenue une femme raffinée. Maintenant, bien sûr, les beaux bijoux conçus par ses orfèvres du Rajasthan avaient remplacé ces terribles scènes de son enfance dans son esprit, mais ces dernières expliquaient qu'elle sache reconnaître le mal quand elle le voyait. Et avec Kitty Ratte, elle le voyait à cet instant précis, entrant de nouveau dans le bar. On aurait dit que la rousse ne pouvait pas se détacher de cet endroit. Sunny était-elle la seule personne qui l'appâtait ? se demanda-t-elle, intriguée.

— Oh non, la salope est de retour ! fit Sharon en piquant un petit-four dans l'assiette de Maha. Je me demande qui elle est et ce qu'elle veut. À part un homme.

Sharon en savait long sur les femmes.

— Nous sommes les seules à voir le vice en elle, dit Maha.

Kitty avait aperçu Mac Reilly. D'un pas rapide, elle se dirigea vers lui de sa démarche d'aguicheuse, sa jupe portefeuille laissant entrevoir ses cuisses.

— Les hommes ont droit à ses avances : le discours habituel, « je suis si sexy et vous êtes si merveilleux ». Et je parie que la plupart tombent dans le panneau, fit remarquer Maha.

Sharon éclata de rire.

— Tu veux dire qu'elle baise plus que moi ?

Maha lui jeta un coup d'œil.

— Et tu « baises » beaucoup, comme tu le dis si élégamment, Sharon ?

Avec un haussement d'épaules, cette dernière répondit :

— Je suppose que je le pourrais si je me jetais à la tête des hommes comme la rousse. C'est comme si elle portait une pancarte « libre » autour du cou. Quand même ! Une provinciale dans la cinquantaine, avec ces horribles cheveux, ces grosses cuisses et cette robe portefeuille bon marché, tu ne penses pas que les hommes devraient la rembarrer ?

Maha observait le vice se matérialiser sous ses yeux.

— Ce qu'a Kitty, c'est l'expérience, reprit-elle, songeuse. Elle sait utiliser la flatterie, la compassion, faire croire à un homme qu'il est merveilleux, qu'elle a besoin de lui, qu'elle le désire.

— En tout cas, la proie n'est pas mal, fit Sharon.

Un sourire flottait sur ses lèvres mais son regard vert restait glacial.

— Dommage pour le diamant Babe Bailey, répéta Maha.

Toujours imperturbable, sa compagne de table se contenta de demander où étaient les autres.

— Lisa est repartie d'où elle était venue. Ferdie et Giorgio sont en route pour Budapest, répondit l'Indienne, provoquant enfin une réaction chez Sharon.

— Et moi dans tout ça ? demanda-t-elle d'un air indigné.

— Tu rentres à Prague, murmura Maha. Garce !

41

Mac avait laissé des messages à Sunny. Il lui demandait de le retrouver où elle voudrait, il serait là. L'important pour lui était de la voir. Pourtant, en dépit de ce qu'elle avait dit la veille – qu'ils devaient parler, faire le point sur leur relation – Sunny ne l'avait pas rappelé. Alors il se retrouvait au bar, devant une bière dont il n'avait pas vraiment envie, avec l'espoir que son téléphone sonnerait.

Il posa un coude sur le comptoir en bois ciré sans rien voir autour de lui. Il était obsédé par l'horrible vision de la cervelle en bouillie, pleine d'éclats de diamant, d'Yvonne Elman. Mac avait vu bien des atrocités dans sa carrière, mais c'était peut-être l'une des pires. Et tout cela pour l'appât du gain. De l'argent rapide. Ou peut-être pas si rapide. L'Europe de l'Est était censée être le nouvel eldorado du trafic de diamants. Mais il n'arrivait toujours pas à comprendre comment et où les pierres étaient taillées. Il savait que, parmi les plus grosses, beaucoup étaient identifiables et auraient sûrement besoin d'être retaillées avant de pouvoir être remises sur le marché. Peut-être les braqueurs allaient-ils essayer de les revendre immédiatement via le commerce souterrain, ce qui serait plus rapide mais moins rentable.

Ils feraient leur profit sur un meurtre ; sur une vie de femme ; sur un enfant sans mère ; sur un jeune mari désespéré.

— Oh, Mac ! vous voilà.

Il sentit une pression pleine de familiarité sur son avant-bras et tourna la tête. Les lèvres de Kitty Ratte frôlèrent les siennes.

— Oh, Mac ! répéta-t-elle, ses petits yeux bleus exprimant un mélange d'admiration et de compassion. J'ai trouvé que vous aviez l'air si seul, devant ce bar. Non ? J'ai deviné que vous auriez besoin d'un peu de réconfort.

Mac retira la main de Kitty de son bras et la posa délicatement sur le bar en bois.

— Et à quel genre de réconfort pensiez-vous, mademoiselle Ratte ? dit-il d'une voix si glaciale qu'elle aurait découragé n'importe quelle femme.

— Oh, je sais à quel point vous tenez à Sunny. Elle est si belle.

— Sunny est belle, acquiesça Mac.

— Enfin, comment peut-elle ne pas vouloir de vous ?

C'était l'une des phrases préférées de Kitty.

— Vous voulez que je vous dise, madame Ratte, je ne sais pas ce que vous cherchez, mais je ne suis pas intéressé.

— Je vous en prie, plaida-t-elle, ses yeux s'embuant de larmes. Je suis si seule. Et Sunny est devenue une si bonne amie. Elle me dit tout.

Son regard s'était fait perçant.

Mac lisait à livre ouvert chez les gens comme Kitty : il avait l'expérience des psychopathes, des sociopathes, de tous ces cyniques au cœur froid que rien ni personne ne pouvait émouvoir.

— Je vous en prie, asseyez-vous ici, à côté de moi, nous pourrons parler tranquillement. Vous savez, j'étais avec Sunny aujourd'hui.

Elle posa une main sur le bras de Mac, comme pour établir un lien entre eux.

— Nous avons déjeuné ensemble, elle est très...

Kitty sembla hésiter, comme si elle cherchait le mot exact.

— Très indépendante dans sa façon de penser.

Elle croisa le regard du détective et, d'un doigt tremblant, essuya une larme.

— C'est comme si le fait de ne pas se marier avait changé son caractère. Je ne pense pas que vous connaissiez jamais la nouvelle Sunny telle que je la connais maintenant. Sunny veut changer de vie, peut-être même de ...

Elle laissa sa phrase en suspens.

— Non, je ne vais même pas aborder le sujet...

Baissant la tête, elle regarda Mac par en dessous avec un air plein de compassion. Elle voulait semer le doute dans l'esprit du détective, le laisser supposer que Sunny envisageait de le quitter pour un autre.

Mac se leva et s'éloigna. Elle le suivit de son regard dur. Une minute, une minute seulement, elle avait tenu le grand Mac Reilly en son pouvoir. Fais bien attention, Sunny Alvarez, *mademoiselle J'ai-tout-je-suis-la-plus-belle-la-plus-intelligente*, se dit-elle haineusement, ça ne m'empêchera pas de te prendre ton homme, je le ferai se tordre de plaisir et tu souffriras le martyre. Les femmes comme toi, qui traversent la vie avec le monde à leurs pieds, vivent une douleur indescriptible quand leur homme les trahit pour une femme comme moi.

Une fois dans le hall, Mac appela de nouveau Sunny. Elle ne répondit pas. Son cœur se serra. Il avait de la peine. Cette fois, il appela Ronald Perrin.

— Viens me rejoindre, Ron, fit-il brusquement. J'ai besoin de toi.

— Ah bon ? Et Allie ?

— Quoi, Allie ?

— Je t'ai dit qu'elle était à Monte-Carlo. Avec Sunny. Et sa copine.

Mac avait complètement oublié Allie.

— Ah oui, c'est vrai ! Mais ce n'est pas seulement Sunny. J'ai un meurtre sur les bras.

— Encore ? rugit Ron. Tu ne changeras donc jamais !

42

Mac était devant l'hôtel quand il entendit la voix de Sunny. Il regarda son téléphone. Rêvait-il ?
Non ! À quelques pas de lui, Tesoro en laisse, elle le regardait avec une expression mi-implorante mi-têtue, comme si elle était déterminée à ne pas céder mais que pourtant elle en ait eu envie.
Il se dirigea vers elle, lui prit la main et la porta à ses lèvres. Un mur invisible se dressait toujours entre eux.
— Sunny. S'il te plaît. Laisse-moi te dire combien je t'aime.
Il ne plaidait pas, c'était une simple affirmation.
— Un amour comme le nôtre ne s'évanouit pas d'un coup.
Il sentit sa main prendre la sienne et étouffa un soupir de soulagement.
— Non, répondit-elle.
Il fixa son visage. Que voulait-elle dire ? Était-elle d'accord ? Comment avait-il pu devenir détective quand il n'arrivait même pas à comprendre ce qu'une femme entendait quand elle disait quelque chose d'aussi important ?
— Aide-moi, Sunny chérie, implora-t-il en caressant son avant-bras.
Elle portait un pull lavande qui épousait les formes de son corps avec une telle perfection qu'il imagina que celle qui l'avait tricoté dans la campagne anglaise devait l'avoir créé spécialement pour elle. Sur son cou, il remarqua une veine

de la couleur de la laine. Aucun détail n'échappait à un homme amoureux.

— Tu t'es fait une natte, dit-il en frôlant la tresse brillante qui retombait sur son épaule.

Il mourait d'envie de l'embrasser.

Soudain, comblant l'abîme entre eux, elle se pencha vers lui et s'empara de ses lèvres. L'espace d'une minute, la vie retrouva son cours normal. Jusqu'à ce qu'elle s'arrache à son étreinte en disant :

— Mac, et si nous parlions ?
— D'accord. Tant que tu ne lâches pas ma main.

En cette minute, il aurait acquiescé à tout.

Main dans la main, la petite chienne derrière eux, ils rentrèrent dans l'hôtel. Elle le conduisit au bar. Mac se demanda pourquoi ils n'étaient pas allés dans sa chambre où ils auraient pu être seuls, mais il devinait que Sunny ne voulait pas encore qu'ils le soient.

Elle s'arrêta pour saluer la belle Indienne qui buvait du champagne en compagnie d'une femme de type mannequin au visage maussade.

Il serra la main délicate de Maha dans le cliquetis d'une douzaine de bracelets. Il avait beau être novice en matière de bijoux, il était prêt à parier que ceux de cette femme avaient beaucoup de valeur. Tout particulièrement la broche en aigue-marine. Maha n'était pas simplement belle, elle avait un air mystérieux qui ne laissait rien entrevoir de la vraie femme qui se cachait derrière ce sourire, ces splendides yeux noirs, cette élégance. Sunny la fixait d'un air chaleureux, comme une vieille amie. Puis Maha leur présenta son associée, Sharon Barnes.

— J'ai l'impression de déjà vous connaître, fit Sharon en la regardant de la tête aux pieds. Maha m'a tellement parlé de vous.

— Sunny ! cria soudain la voix de Kitty. J'espérais te voir ce soir.

Elle était toujours assise au bar, une bière à la main. Sunny s'arrêta pour l'embrasser et pour lui présenter Mac.

Kitty lui décocha son plus beau sourire.

— Je suis si heureuse de vous rencontrer, monsieur Reilly, dit-elle.

Il lui jeta un regard glacial. Dire que quelques minutes auparavant, elle avait essayé de l'embrasser !

Sunny prit congé et ils allèrent s'asseoir à une table en coin éclairée. Elle mit la chienne sous sa chaise et lissa sa jupe crayon noire sur ses genoux dorés tout aussi lisses. Avec un pincement au cœur, Mac remarqua qu'elle portait les hautes bottes en cuir noir qu'il avait voulu lui offrir pour Noël.

— Raconte-moi comment tu as connu cette rousse ? demanda-t-il.

— Kitty ? Je l'ai rencontrée dans ce bar le soir du 25 décembre. J'étais seule, elle aussi. Elle m'a souhaité un joyeux Noël et elle est venue me parler. Elle était agréable. Nous avons déjeuné ensemble le lendemain. Elle m'a dit comprendre ma solitude et j'ai senti que c'était...

Elle s'interrompit et fixa Mac d'un œil vide. Elle se rendait soudain compte qu'elle n'avait aucune idée de ce qu'elle avait pensé de Kitty à ce moment-là. Mais maintenant, elle le savait.

— Je l'ai crue désemparée, reprit-elle.

— Et Maha Mondragon ?

Sunny sourit.

— Tu es jaloux parce que je me suis fait de nouvelles amies ?

— Exact.

— En fait, Maha aussi m'a abordée le soir de Noël. C'était très étrange. Elle m'a mise en garde contre Kitty. « Prenez garde à cette femme, a-t-elle dit. Le vice dégage un parfum très particulier. » Je n'ai pas compris ce qu'elle voulait dire par là.

— Maha est une femme intelligente, approuva Mac.

Sunny décida de ne pas souffler mot du conseil de Maha sur les chances dans la vie ni du travail qu'elle lui avait proposé. Elle avait ses raisons : d'abord, la mystérieuse

Maha lui était vraiment sympathique, ensuite son nouveau désir d'indépendance la pousserait peut-être à accepter son offre.

Soudain nostalgique de leur été à Saint-Tropez, elle commanda un cosmopolitan.

— Je sais que ce n'est pas branché, fit-elle en lissant de nouveau sa jupe d'un geste nerveux.

— Et depuis quand as-tu besoin de t'excuser de commander un cocktail de fille ? demanda Mac en lui reprenant la main. Sunny chérie. Je t'aime tant. Tu peux boire une douzaine de cocktails roses et quand je te borderai, ivre, dans ton lit, je sentirai leur goût en embrassant tes lèvres.

— Mon lit ?

Les yeux dans les yeux, ils se grisèrent de la magie de leurs souvenirs.

— *Notre* lit, dit-il en serrant ses deux mains dans les siennes.

— Avec Tesoro qui te mordra les oreilles, chuchota-t-elle.

— Ou même ailleurs, bien pire...

Ils se sourirent.

— Et ce pauvre adorable Pirate, reprit-elle. Qui craignait de monter sur le lit de peur que Tesoro ne l'en chasse.

— Jusqu'à ce que, prenant pitié de lui, tu le prennes dans tes bras et le poses sur le lit.

— Et Tesoro grognait, et dehors le vent soufflait et les vagues déferlaient sur la plage, inondant les rochers d'écume, dans un bruit de chutes du Niagara.

— Et un feu brûlait dans la cheminée, et la maison embaumait de *Mitsouko*, ton parfum, et le bois de pommier et le vin, et tes lèvres avaient le goût de...

— Des pêches que nous venions de manger, leur jus coulait sur ton menton.

— Et des raisins, et du...

Mac n'avait pas besoin d'en dire plus. L'expression dans le regard de Sunny indiquait qu'elle se souvenait.

— Et maintenant ? demanda-t-il.

Elle était d'une telle fraîcheur, d'une telle simplicité, avec ses cheveux nattés et ses diamants aux oreilles qui lui évoquaient les boutons de la robe en mousseline noire qu'elle avait failli retirer ce fameux soir, dans l'ascenseur. Elle portait son rouge à lèvres carmin, un rouge à lèvres qu'il connaissait bien parce qu'il l'avait souvent dans sa poche quand ils sortaient le soir et qu'elle ne voulait pas prendre de sac. Les petits gestes d'intimité étaient si fréquents entre eux. Il était amoureux du rayonnement de son hérédité latine, de sa peau, de la courbe délicate de sa joue, des yeux couleur d'ambre qui prenaient celle du cuivre à la lumière de la lampe, des longues jambes aux genoux soyeux et des cuisses crémeuses que laissait deviner la jupe noire. Et ces bottes, qui auraient dû l'attendre sous le sapin de Noël. Chaque année, il penchait toujours d'un côté parce qu'il n'arrivait pas à le faire tenir droit, avec son odeur d'aiguilles séchées.

— Qu'allons-nous faire, Sunny ? demanda-t-il.

La question resta suspendue dans le silence, avec leurs souvenirs.

— Tout ce que je sais, c'est que je t'aime, salaud ! déclara-t-elle enfin.

Leurs mains s'agrippèrent sous la table. Ils se dévoraient d'un regard brûlant, elle sentait sa jambe pressée contre sa cuisse. Les lèvres tremblantes, elle but une gorgée de son cocktail.

— C'est sans espoir, fit-elle avec un sourire inattendu qui éclaira son visage, lui réchauffant le cœur. Je t'aime, merde ! Comme au premier jour.

— Et je t'aime aussi, mais ne jure pas.

Elle lui souriait. Posant sa main sur la jambe de son amant, elle lâcha :

— Avec toi, je veux tout. Et tout de suite.

Mac se pencha pour l'embrasser. Il respira le délicat parfum *Mitsouko* sur sa peau chaude.

En sentant sa main sur son genou, elle fut traversée de décharges électriques. Ses lèvres la transportaient dans un autre monde.

— Je te veux nue, chuchota-t-il. Tout de suite.

Elle lui décocha de nouveau son sourire.

— Chambre 101, lui rappela-t-elle. Dans dix minutes.

Il la regarda s'éloigner, loin de se douter qu'il n'était pas le seul à la suivre des yeux. Kitty Ratte n'avait pas perdu une miette de la petite scène sensuelle qui venait de se dérouler devant elle. La jalousie la brûlait comme l'acide. Mlle Rayon de Soleil ne perdait rien pour attendre. Elle allait s'occuper d'elle. Mais pour le moment, elle avait du travail.

43

Pru Wilson portait ses chaussures neuves, les escarpins à brides Chanel qu'elle s'était finalement laissé convaincre d'acheter. Elles lui rappelaient les femmes sur le retour de *Sex and the City*, l'un de ses feuilletons préférés durant ces longues nuits devant la télévision quand son mari partait « en voyage », comme il le prétendait. Découvrir enfin la vérité sur son compte n'avait pas rendu les souvenirs de ces nuits plus faciles, mais ce que les femmes disaient sur le fait d'acheter des chaussures s'était révélé exact. Pru se sentait mieux, un peu faible néanmoins. Depuis le sandwich à la dinde de Noël, elle n'avait eu droit qu'à quelques olives et à des portions limitées de plats délicieux qui ne comblaient pas toujours ses besoins, surtout à des moments comme celui-ci. À cet instant précis, elle éprouvait un besoin désespéré de se mettre quelque chose de consistant sous la dent.

Elle ne rêvait que d'une chose : un vrai hot-dog américain. D'ailleurs, comment avait-elle atterri en France ? Il avait suffi d'un simple coup de téléphone et d'Allie lui disant : « Bien sûr, il faut que tu viennes, je vais t'aider » et elle était arrivée comme une fusée.

Elle sortit de l'ascenseur et jeta un coup d'œil inquiet dans le hall. Personne en vue. Parmi ses connaissances, du moins. Un frisson la traversa. Qui était cet homme superbe qui venait vers elle ? De haute taille, des mèches de cheveux châtain clair lui barrant le front, il s'avançait d'une démarche nonchalante.

— Bonsoir, la salua-t-il.

Elle ignorait que ce très bel homme s'appelait Eddie Johanssen.

Il s'arrêta de côté, devant les portes coulissantes et, poliment, patienta. Son petit sourire trahissait sa perplexité. Pru ne bougeait pas. Soudain, elle comprit. Il attendait qu'elle sorte de l'ascenseur pour pouvoir y monter.

Balbutiant des excuses, elle se hâta d'en descendre, oubliant complètement les talons de neuf centimètres de ses chaussures Chanel rouges. Ses chevilles flageolèrent et elle faillit tomber. Écarlate, elle se redressa de toute la hauteur de son mètre soixante-cinq et s'avança à grandes enjambées.

Elle était très consciente de ses rondeurs, mais Allie ne s'était pas trompée, ses chaussures neuves lui faisaient de très jolies jambes. C'était sans doute pourquoi les femmes hypothéquaient leurs maisons ou vendaient leurs enfants, afin de pouvoir s'en offrir, plaisanta-t-elle intérieurement.

Après un nouveau coup d'œil prudent, elle entra dans la brasserie au fond de l'hôtel et s'installa à une table dans un coin tranquille. Elle commanda un Coca Light, un sandwich club et des frites. D'un haussement d'épaules, elle chassa sa culpabilité. Après tout, c'était un Coca de régime, et une ou deux frites ne pouvaient pas lui faire de mal. À moins que...

Elle jeta un coup d'œil à sa poitrine toujours ample que dissimulait un haut en soie noir informe, qu'elle avait payé un certain prix, sur lequel elle avait passé un cardigan noir pour dissimuler ses défauts. Et Dieu sait qu'elle en avait.

Comme dans beaucoup de brasseries françaises, les murs étaient tapissés de miroirs. Elle ne pouvait donc échapper à son image, qu'elle voyait en taille réelle reflétée cent fois. Elle poussa un soupir accablé. Elle devait peut-être éviter les frites, après tout. De plus, si Allie l'apprenait, elle la tuerait. Avec son œil de lynx, elle ne la laissait rien avaler de trop. Elle se sourit dans le miroir. Au moins, elle pouvait être fière de ses dents : un peu grandes, peut-être, mais blanches et régulières, et toutes vraies, grâce à une mère qui lui avait appris à en prendre soin. Elle avait été une adolescente jolie, avec un corps normal, une taille trente-huit, trente-six même, peut-être. Allie ne lui avait-elle pas dit que le beau gosse du lycée, Teddy Masters, la trouvait vraiment mignonne ?

Elle se regarda de nouveau discrètement ; malgré son visage bouffi elle apercevait encore ses pommettes. Et grâce à Allie qui lui avait donné une crème hydratante teintée et un blush mine bronzée au lieu du rose qu'elle utilisait, ses joues étaient moins rubicondes. Bientôt, elle passerait même peut-être au mascara et au gloss. Peut-être pas ; elle n'avait pas l'impression d'être du genre à porter du gloss. Elle aurait aimé pouvoir mettre un rouge à lèvres rouge comme Sunny Alvarez, qui avec Allie était la plus jolie femme qu'elle ait jamais rencontrée. De toute façon, demain, elle allait chez le coiffeur. Allie lui avait pris rendez-vous au salon Dessange, à Cannes. Elle allait devenir blonde.

Elle se demanda, pleine d'espoir, s'il était vrai que les blondes s'amusaient plus. Peut-être était-ce juste une légende de bonne femme, comme le fait qu'acheter des chaussures remontait le moral. Dubitative, elle tapota ses cheveux devant le miroir. Elle ne s'était jamais imaginée en blonde. Avec son embonpoint, elle allait peut-être ressembler à la serveuse type. Elle sourit. Ce n'était peut-être pas si mal. Elle trouverait un nouveau travail.

Le Coca Light français était différent du Diet Coke américain. Plus sucré. Beaucoup trop sucré.

— C'est du Diet Coke ? demanda-t-elle au serveur qui lui apportait un saladier de frites et un sandwich.

— Bien sûr, madame.

— Eh bien, dans ce cas, j'ai changé d'avis. Apportez-moi un Perrier s'il vous plaît. Avec du citron.

Pru prit une frite. Elle fut immédiatement réconfortée sans pour autant se débarrasser de son sentiment de culpabilité.

Quand le serveur lui apporta le Perrier, elle avait dégusté un quart du sandwich. Elle repoussa l'assiette de frites. Demain, elle allait à la gym avec Allie, puis au spa où elle devait recevoir des traitements de thalassothérapie, même si elle n'avait pas la moindre idée de ce que cela voulait dire. Cela devait avoir un rapport avec l'eau de mer, les massages à l'aide de galets chauds, le « derma... » quelque chose. « Ça marche », lui avait promis Allie.

Sans qu'elle puisse se l'expliquer, le sandwich ne la tentait plus autant. Devant son reflet dans le miroir, Pru buvait son Perrier rondelle, admirait ses jolies chaussures très chères. Pour une fois, elle pensait à demain au lieu d'aujourd'hui. Mais il était toujours difficile pour une femme de changer ses vieilles habitudes.

Elle fixa les frites qui semblaient la regarder. Les trois quarts de son sandwich étaient toujours dans l'assiette. Elle savait qu'elle ferait bien de s'en aller avant de tout gâcher. De plus, la culpabilité n'était pas un sentiment positif. Et, pour être honnête, elle n'avait même pas vraiment apprécié le sandwich.

Elle signa la note, se leva, laissa son assiette à moitié pleine et sortit. C'était une petite victoire mais c'était quand même une victoire.

Allait-elle de nouveau croiser ce blond sublime dans l'ascenseur ?

44

Mac et Sunny étaient dans la chambre 101, perdus dans le lit moelleux tendu de soie vert menthe, les rideaux fermés autour d'eux, coupés du reste du monde. On était beaucoup mieux isolés à deux que seul, pensa Sunny. Deux, c'était parfait.

La langue de Mac se promena langoureusement de ses lèvres à son cou. Ses doigts dessinèrent des arabesques autour des pointes durcies de ses seins, avant de descendre le long de son long corps doré si familier, si aimé. Il s'empara de nouveau de sa bouche en un baiser dévorant.

Il s'arracha à son étreinte. Sunny riait ?

— Je suis désolée, haleta-t-elle. Vraiment. Je ne voulais pas rire, mais c'est si...

Elle riait tellement qu'elle dut enfouir sa tête dans un oreiller pour étouffer ses hoquets.

Il se rassit et la fixa.

— Quoi ? demanda-t-il, surpris.

— Quoi, quoi ? fit la voix étouffée de Sunny sous l'oreiller.

— Ça ne m'est jamais arrivé avant, dit Mac.

— Ah ! c'est parce que tu n'as jamais fait l'amour à une femme aussi heureuse.

L'air hilare, les yeux brillant de malice, Sunny serra l'oreiller sur ses seins. Mac, l'air un peu penaud, baissa les yeux sur son érection.

— Je suis désolée, fit-elle en le prenant dans ses bras. C'est que je me sens si heureuse, qu'il est si merveilleux de ne plus être « seule », ou plutôt d'être seule mais avec toi. Oh, Mac ! Je suis si amoureuse de toi, ça me donne envie de rire, même dans ces moments-là. Tu n'imagines pas ce que j'ai traversé sans toi.

Il l'enlaça et ils s'allongèrent face à face.

— Oh oui, je sais, répondit-il. Je sais et je te le dis, plus jamais je ne te laisserai partir.

— Tu n'aurais pas dû me laisser partir, objecta-t-elle. Tu aurais dû me dire : « Ne pense même pas à me quitter, Sunny Alvarez, ta place est avec moi. »

— Je te le dis maintenant.

Elle s'arracha à son étreinte.

— Dis-le, implora-t-elle, dis-le maintenant, jure.

— Je le jure ! Tu es l'amour de ma vie. Jamais je ne te laisserai partir.

— Je suis si heureuse !

Elle se détendit, en paix dans ses bras, toute envie de rire envolée. Leurs regards étaient plongés l'un dans l'autre.

— Je ne partirai pas, Mac, promit-elle. Plus jamais je ne te quitterai pour m'enfuir loin de toi.

— Je suppose que cela veut dire que nous devons nous marier.

Sunny l'emprisonna d'une longue jambe et l'attira plus près.

— Peut-être. Peut-être que oui, peut-être que non.

— Mais je t'appartiens, murmura-t-il en passant sa main sous ses reins. Je suis ton esclave.

Son sexe durci en était la preuve. Il était prêt pour elle, prêt à lui donner tout ce qu'elle voulait. Il enfouit son visage dans ses longs cheveux bruns et brillants, à la naissance de sa nuque et reprit :

— Fais ce que tu veux de moi.

Sunny se remit à rire et, cette fois, Mac se joignit à elle.

— Mon Dieu ! si tu savais comme je t'aime. Tu me fais toujours rire.

Le téléphone portable du détective se mit à vibrer. Sunny leva les yeux. Elle vit la chaise sur laquelle Mac avait jeté son pantalon, à côté de sa jupe et de son pull. Ses chaussures étaient à côté de la porte, à côté de ses bottes, le blouson de cuir noir sur le dos d'une autre chaise. Son soutien-gorge avait atterri à côté du téléphone sur la table basse en verre.

— Tu ferais mieux de répondre, lui enjoignit-elle. Tu réponds toujours.

— Pas cette fois, fit-il.

Il s'empara de nouveau de ses lèvres et elle sentit son corps envahi d'une myriade de sensations exquises. Une vague de plaisir infini la submergea.

45

Le vibreur du téléphone du détective avait continué de résonner toutes les dix minutes mais les deux amants n'entendaient rien. Mac finit par se rallonger, l'enlaçant d'un bras, tandis que sa main gauche caressait ses cheveux bruns emmêlés. Elle avait niché sa tête au creux de son épaule, sa jambe droite jetée sur lui de manière possessive, la douceur de son ventre pressée contre sa cuisse droite. C'était sa position préférée. L'oreille contre son cœur, elle en entendait les battements, pulsation rythmée de la vie et de l'amour.

Le téléphone continuait à vibrer comme une mouche en folie.

Sunny leva la tête et le regarda. Il avait les yeux fermés et sa barbe naissante avait pris une couleur bleue. Un petit sourire relevait les coins de sa bouche. Elle se pencha et l'embrassa.

Elle aimait le corps de Mac, long, mince et musclé. Pourtant, le seul sport qu'elle lui connaissait était ses longues promenades sur la plage de Malibu, qu'il parcourait sur des kilomètres en réfléchissant à ses enquêtes. Cela comptait probablement pour de l'exercice.

— Tu ne crois pas que tu devrais répondre ? suggéra-t-elle.

Les yeux toujours fermés, ses doigts plongés dans ses cheveux, il l'attira contre lui.

— Pourquoi ?
— Mac. Tu dois répondre.
— Non.

L'esprit embrumé par la douceur de leur étreinte, il déposa un baiser sur son épaule.

— De la soie ! fit-il dans un soupir.

Le téléphone cessa de vibrer. Sunny le regarda d'un air méfiant. Ce téléphone dirigeait la vie de Mac, et par conséquent la sienne. Le moindre appel était synonyme d'ennuis. Elle était inquiète, maintenant. Et si quelqu'un était en danger ? avait besoin d'aide ? Une voix intérieure lui souffla qu'elle ne devait pas s'en occuper. Elle avait ce qu'elle voulait. Elle était avec Mac et il ne répondait pas au téléphone. Elle passait enfin avant tout le reste.

L'appareil se remit à vibrer. Incapable de le supporter plus longtemps, elle se précipita.

Du coin de l'œil, elle vit Mac prendre appui sur un coude et la regarder. Le numéro qui s'affichait lui était inconnu.

— Allô ? fit-elle un peu hésitante.

— Je voudrais parler à M. Reilly, demanda une voix masculine.

À son intonation, elle sentit à quel point il était surpris d'entendre une femme lui répondre.

Elle revint vers le lit et tendit le téléphone à son propriétaire.

— Pourquoi as-tu décroché ? s'enquit-il d'un air perplexe en le prenant.

Elle secoua la tête. Elle n'en avait pas la moindre idée. Elle se dirigea vers la salle de bains où elle enfila le peignoir gris tourterelle de l'hôtel, puis revint vers la fenêtre et ouvrit les rideaux. Le ciel était constellé d'étoiles, la nuit était claire. Contrairement à Paris où il devait faire un froid glacial et probablement encore neiger.

— Bonjour, inspecteur, disait Mac.

Faisant son possible pour ne pas écouter la conversation, elle se pencha pour ramasser leurs vêtements éparpillés. Une enveloppe en papier kraft tomba de la poche de Mac et elle la ramassa aussi. Des photos en glissèrent qu'elle fixa malgré elle : une tête éclatée, une vision de cauchemar qui avait été un visage de femme. Elle sut tout de suite qui était la victime.

— Seigneur ! s'exclama-t-elle en se couvrant les yeux. Mac, non ! S'il te plaît.

Elle entendit Mac dire posément à l'inspecteur qu'il allait le rappeler. Il vint s'agenouiller à côté d'elle, retira ses mains de ses yeux et l'étreignit.

— Tu n'étais pas censée les voir. Je suis désolé. Je donnerais tout pour que ce ne soit pas arrivé.

Des larmes roulaient sur ses joues. Il les essuya avec la ceinture du peignoir.

— Qui est-ce ? demanda Sunny.

— Ne me demande pas. Oublie ces photos. Répète-toi que cela ne nous concerne en rien car nous ne sommes pas impliqués.

— Vraiment ?

— Absolument pas.

— Alors pourquoi le policier français t'appelle-t-il ?

— Il m'a demandé mon aide. J'ai refusé. Je ne peux rien faire de toute façon. Cela relève de la brigade criminelle, de la police française. Pas d'un étranger comme moi.

— Si ce n'est que l'étranger est un détective très célèbre, fit-elle valoir.

Il fronça les sourcils.

— Cela ne me regarde en rien, insista-t-il.

— C'est ce que tu viens de dire à l'inspecteur ?

— Oui.

— Comment s'appelait-elle ?

— Yvonne.

— Ça me revient maintenant. J'ai vu sa photo dans le journal. Une jolie femme avec un mari et un petit garçon.

Mac garda le silence.

— Elle travaillait pour le bijoutier et les cambrioleurs l'ont tuée, reprit Sunny. Ils ont tiré en plein visage.

— L'un d'entre eux l'a visée, en effet.

— Et tu vas rester là sans rien faire ?

— Je suis venu pour être avec toi, répliqua-t-il.

Sunny surprit la lueur de compassion dans le regard de son amant. Elle savait que, suivant son habitude, Mac devait aller où sa conscience l'appelait. Il était comme ça, un point c'est tout.

— C'est ton métier et je suis sûre que tu pourras les aider, affirma-t-elle.

Mac comprenait ce qu'elle essayait de lui dire. Leur complicité était totale. Il la prit dans ses bras, la serra fort, essuya ses larmes et dit :

— Et comment puis-je travailler sans mon assistante détective privée ?

Elle esquissa un sourire un peu triste.

— Tu veux dire que tu m'as renvoyée ?

— Enfile tes vêtements, dit-il, nous allons à la préfecture de police.

Dix minutes plus tard, Mac avait changé d'avis. Sunny avait vu les photos mais il ne voulait pas qu'elle entende les détails de la façon dont Yvonne était morte. Elle était déjà bien assez bouleversée comme ça. D'ailleurs, elle eut l'air soulagée quand il lui annonça que, finalement, elle ne l'accompagnerait pas.

Une fois dans l'ascenseur, ils échangèrent un long baiser. Elle y mit un terme et demanda, une lueur malicieuse dans les prunelles :

— Sais-tu à quel point les gens sont friands des ascenseurs pour s'adonner à leurs ébats sexuels ? Je vais aller annoncer notre bonne nouvelle à Allie et à Pru, enchaîna-t-elle. Après tout, elles sont venues ici exprès pour m'aider.

Ils sortirent dans le hall de l'hôtel. Après un dernier baiser sur la joue de sa compagne, le détective s'éloigna.

— Bonne chance ! lui lança-t-elle.

46

Quand Ronald Perrin atterrit à Nice, il fut contrarié de voir que Mac n'était pas venu l'attendre. Il l'appela immédiatement.

— Je suis devant l'aéroport de Nice. Qu'est-ce que tu fous ?

— Je suis peut-être détective, mais si tu ne me donnes pas une heure d'arrivée, je ne peux pas deviner quand t'attendre.

— Très juste ! Je n'y avais pas pensé. Je saute dans une limousine et dans une demi-heure je suis là.

— Je ne suis pas à l'hôtel, précisa alors Mac. Je suis à la préfecture de police, avec l'inspecteur. J'ai refusé que Sunny m'y accompagne.

— Sunny ? répéta Ronald, perplexe. Et moi qui croyais venir sauver votre couple !

En entendant la réponse de son ami, il n'eut aucun mal à imaginer son sourire réjoui.

— Il est sauvé. Mais merci quand même. Viens directement me rejoindre.

Il lui donna l'adresse.

— Ce ne serait pas plus simple de m'envoyer un panier à salade ? plaisanta Ronald.

Se retrouver dans un fourgon de police, même si, cette fois, il n'était pas menotté, était bien la dernière chose qu'il souhaitait.

Un quart d'heure plus tard, buvant un café bien meilleur que dans un poste de police américain, il écoutait un policier qui ressemblait à un limier dans un film de Sherlock Holmes lui raconter les faits : le braquage, le meurtre, le montant exact du butin, la destruction du diamant Babe Bailey, les éclats qui étaient allés se ficher dans le visage de la morte.

Ronald avait déjà reçu une balle, même si son agresseur avait raté sa cible, son cœur en l'occurrence, ce qui était une bonne chose puisque désormais son cœur appartenait à Allie pour toujours. En fait, il n'avait appartenu qu'à elle, même si les circonstances, comme aimait à le dire Ronald quand on lui rappelait cette sale époque, avaient pu les en faire douter. Mais comme Mac avait sauvé la vie d'Allie, Ronald était prêt à n'importe quoi pour l'aider : envoyer Allie pour soutenir Sunny ou affronter les cumulus dans un Cessna pour gagner Nice par temps agité, par exemple.

— Alors, qu'allons-nous faire ? demanda-t-il, les jambes croisées, son gobelet en polystyrène toujours à la main.

— Tu veux dire, que vais-je faire ? demanda Mac.

— En fait, c'est moi qui suis responsable de cette affaire, intervint l'inspecteur, l'air de plus en plus renfrogné. Les employés des bijouteries de Paris et d'ici ont été interrogés, à l'exception de la femme blessée à Paris. Elle n'est sortie de l'hôpital qu'aujourd'hui ; elle affirme avoir tout oublié. J'espère, Mac, que tu pourras la faire parler, déclencher **ses** souvenirs.

— Mac ne parle pas français, précisa Ronald. Aucune importance, je lui servirai d'interprète.

Mac lui jeta un coup d'œil sceptique.

— Et depuis quand parles-tu si bien français, toi ?

— Tu te souviens ? Le viticulteur français ? Je suis bien obligé de vivre en bonne entente avec mes voisins, non ?

L'inspecteur reprit, imperturbable :

— C'est la même histoire que chez les autres bijoutiers. Les trois femmes aux masques de Marilyn Monroe, deux grandes, une plus petite, toutes avec de longs cheveux blonds et de très beaux manteaux de fourrure dont il est impossible de deviner la marque, même pour un œil exercé comme celui du gérant du magasin, qui pourtant s'y connaît.

Des manteaux longs jusqu'à la cheville, noirs. Elles portaient des gants de chirurgien. Une seule mèche de cheveux blonds a été trouvée sur l'un des comptoirs en verre. Des cheveux humains mais qui venaient sans doute d'une perruque.

— Elles n'ont jamais retiré leurs masques, même dans la rue, une fois sorties ?

— Les employés n'ont rien vu.

— Et ont-ils pu voir la voiture dans laquelle les malfrats ont pris la fuite ?

— Personne ne l'a bien vue, mais le gérant pense qu'il s'agissait d'une sorte de camionnette, le modèle à portes coulissantes. Vous devez comprendre que tous les employés étaient sous le choc. Leur amie était allongée par terre, le visage en bouillie. Il y avait du sang partout, même sur leurs vêtements. Ils n'étaient pas vraiment d'humeur à remarquer des détails, ils craignaient pour leur vie.

— Je veux bien le croire ! Quelqu'un a-t-il pu décrire l'arme ?

— Brillante. Très petite. Ils ont parlé d'un pistolet.

— Un pistolet avec une portée puissante, dit Mac en se rappelant les résultats de la balle.

— La balistique y travaille. Mais de l'avis général, il s'agirait d'un neuf millimètres.

Ronald était de nouveau sur son iPhone.

— Qu'est-ce que tu fais ? s'enquit Mac.

— Je demande de remplir les réservoirs du Cessna. Je suppose que nous allons à Paris.

Mac pensa à Sunny, à leur réconciliation. Pouvait-il vraiment partir maintenant ? Il savait que, bien sûr, elle comprendrait. Elle lui avait souhaité bonne chance. Et il en aurait besoin.

47

Eddie était rentré tôt de Hambourg. Il prit une douche, passa un pantalon décontracté et un pull en V en cachemire. Sans se regarder dans la glace, il coiffa en arrière ses cheveux encore humides, assez longs pour retomber sur sa nuque. Eddie était bel homme, c'était indiscutable. Ce qui ne le préoccupait pas outre mesure. Depuis l'échec de son mariage et sa séparation d'avec Jutta, il avait connu quelques diversions plaisantes mais jamais une femme ne l'avait troublé comme Sunny.

Elle ne l'avait pas rappelé. Il devinait que cela voulait dire que leur histoire qui n'avait jamais commencé était finie. Cela ne l'empêchait pas d'espérer la voir au bar et lui parler. Mais il le trouva déjà presque vide, à l'exception de quelques couples et hommes d'affaires. Il était encore tôt. La rousse dont il avait oublié le prénom était assise au bar. Elle lui adressa un petit salut de la main et se tourna vers le barman pour commander quelque chose. Puis elle le salua de nouveau, la tête penchée de côté, de manière enjôleuse.

Désireux de l'éviter, Eddie hésita. Ce qui laissa le temps à Kitty de glisser un cachet dans la vodka *on the rocks* qu'elle avait déjà commandée pour lui. Les fameux cachets connus sous le nom de drogue du viol. Le comprimé dans le verre marchait à tous les coups, il se dissolvait pendant un quart de seconde puis disparaissait, ni vu ni connu. Il suffisait de quelques minutes pour abrutir la victime qui, soudain, se trouvait dans un état second. Elle savait qu'elle pourrait alors faire ce qu'elle voudrait d'Eddie. Il se sentirait faible, comme s'il était ivre. Il peinerait à avoir des pensées cohérentes, à marcher, à bouger, même. Bien sûr, la drogue n'était pas sans danger, la baisse de tension pouvait causer la mort soudaine. Kitty chassa cette pensée de son esprit. De toute façon, elle devait y avoir recours pour mener son plan à bien.

Lorsqu'elle vit Eddie arriver, elle avait presque perdu espoir. Elle se félicita. Elle avait tendu son piège, il y fonçait tête baissée. Ce soir, elle était prête à passer à l'action. Kitty était une professionnelle, elle savait exactement quoi faire.

Elle se leva de sa chaise et se dirigea vers Eddie. Sa robe soyeuse qui épousait la forme de ses hanches larges s'évasait sur ses genoux. Elle posa une main sur son bras.

— Vous avez l'air d'un homme qui a besoin d'une femme comme moi, murmura-t-elle. Allez, Eddie ! venez vous asseoir avec moi, nous pourrons parler.

Fatigué, triste, las du monde, Eddie n'opposa aucune résistance. Sa vulnérabilité passagère en faisait la proie rêvée.

— Vous étiez en voyage d'affaires ? demanda-t-elle avant de commander une troisième bière et un troisième Red Bull.

Elle savait qu'elle buvait beaucoup mais jurait que cela n'avait jamais d'effet sur elle, hormis de lui délier la langue, ce qui rendait Jimmy fou. Selon lui, elle ne contrôlait plus ses paroles et cela pouvait être dangereux. Mais, ce soir, cela n'avait pas d'importance. Elle savait parfaitement ce qu'elle faisait et la caféine des Red Bull qu'elle avalait à la chaîne lui donnait le coup de fouet de l'adrénaline. Cela, ajouté aux bières qu'elle buvait au goulot, la mettait dans un état d'euphorie grisant. En regardant Eddie boire sa vodka droguée, elle sourit.

— J'étais à Hambourg, expliqua-t-il.

Il examina sa main sur son bras d'un air désapprobateur puis haussa les épaules. Cette femme était gentille, voilà tout. Elle croisa ses yeux avant de détourner le regard avec modestie.

— Hambourg, répéta-t-elle, si doucement qu'il dut se pencher pour l'entendre. C'est une ville très sexe. Je connais bien. Il y a là des clubs échangistes qui peuvent combler tous vos fantasmes.

Elle leva les yeux et recroisa les siens.

— Tous vos désirs, ajouta-t-elle, toujours aussi bas.

Soudain, Eddie ne voyait plus que son visage. Il était comme hypnotisé. Après un long moment, il détourna les yeux. Il avait l'impression d'avoir bu sa vodka très vite et vit que Kitty avait avalé sa bière comme un Coca-Cola.

— Je ne fréquente pas les clubs échangistes, rétorqua-t-il.

— Eh bien, Eddie, vous ne savez pas ce que vous manquez. J'adore aller dans ces clubs. J'adore quand des hommes que je ne connais pas, de parfaits inconnus, me font des avances, qu'ils me procurent des caresses intimes. Parce que, bien sûr, je ne porte jamais de culotte. Je suis si sexy, Eddie. Ça ne t'excite pas quand je te parle comme ça ? Tu ne veux pas que je te raconte ? Je sais que dans le fond, tu es un voyeur, un homme qui aimerait me regarder faire.

Eddie n'en croyait pas ses oreilles. Comment diable en était-il arrivé à avoir cette conversation, que faisait-il là ? Il savait qu'il devait partir, pourtant il n'avait plus aucune volonté. Il la laissa commander un autre verre.

— C'est vraiment drôle, reprit Kitty en faisant bouffer ses cheveux flamboyants avant de boire une nouvelle gorgée au goulot. Mais pourquoi parlons-nous de sexe, Eddie, quand je parie que tu as surtout besoin d'un bon repas ?

Elle le regarda prendre son verre et avaler la deuxième vodka. Sa main tremblait.

— Voilà ce que nous allons faire, chuchota-t-elle de son ton pressant, en plaquant son bras près de ses seins. Filons chez moi, et je vais te préparer un vrai dîner maison. Je parie que tu n'aurais pas cru que j'étais bonne cuisinière. Eh bien, je fais des boulettes de viande délicieuses. Je suis sûre que, même en Suède, tu n'en as pas mangé d'aussi bonnes. Nous mettrons de la musique, j'ouvrirai une bonne bouteille de vin, et je te garantis que tu te sentiras de nouveau mieux.

Pour le moment, Eddie se sentait épuisé, voilà tout. Il voulut se lever et quitter le bar, mais ses jambes étaient comme paralysées.

Kitty jeta des euros sur le comptoir. Elle devait agir vite si elle voulait l'entraîner dans sa voiture. Passant un bras autour de sa taille, elle l'entraîna et tous deux sortirent dans le hall du *Grand Hôtel*.

Perplexe, le barman les suivit des yeux, s'étonnant devant ce couple improbable. Que pouvait-il bien se passer ? Il étouffa un soupir résigné. Après tout, ce n'était pas très difficile à deviner.

48

Après avoir installé Eddie sur le siège du passager, Kitty se mit au volant et roula vers son appartement. Une fois arrivée à destination, elle alluma toutes les lampes. Les rideaux étaient ouverts sur le jardin, éclairé lui aussi.

Eddie cligna des paupières. La lumière crue des néons, au plafond, lui faisait mal aux yeux.

— J'ai l'impression d'être sur un plateau de cinéma, dans un décor de film, protesta-t-il.

Pour toute réponse, Kitty partit d'un petit rire et pressa ses lèvres sur les siennes. Cette fois, elle ne se contenta pas de les frôler de sa langue, mais l'embrassa de toute sa fougue, tout en plaquant son corps contre le sien. Il sentit son souffle chaud dans ses oreilles.

— Tu es tellement merveilleux, lui chuchota-t-elle. Tu me rends folle. Regarde comme j'ai envie de toi, ajouta-t-elle en prenant sa main et en la glissant sous sa jupe.

Abasourdi, il fixa le bleu de ses yeux de serpent.

— Tu aimes ça, non ? reprit Kitty. Je sais que tu aimes ça. Dans le fond, tu es comme moi, un voyeur. Je veux que tu me regardes faire, Eddie. Ensuite, je t'apprendrai.

Quand il se dégagea de son emprise, elle lui lança un coup d'œil inquiet. Il semblait avoir retrouvé des forces. Elle devait augmenter la dose de cachets. Elle allait les écraser et les mettre dans les boulettes de viande. Et puis, elle avait vraiment envie de coucher avec lui, rien que pour l'expérience.

Feignant le détachement, elle partit d'un petit rire.

— Et alors, on fait son timide ? Ou peut-être as-tu faim, voilà tout.

Deux canapés blancs entouraient une table basse. Elle l'entraîna vers celui de gauche où Eddie s'affala. Elle s'empressa de l'aider à se relever.

— Non, pas sur celui-ci ! fit-elle d'un ton ferme. Je veux que tu te mettes là.

Elle l'aida à s'installer sur l'autre canapé, prenant bien soin de le placer dans le champ de la caméra vidéo.

— Là ! et maintenant, je vais te mettre un peu de musique, te servir un verre et mes boulettes de viande suédoises faites maison. Tu es suédois et c'est ma spécialité : drôle de coïncidence, non ? ajouta-t-elle en se penchant pour caresser le visage d'Eddie qui exprimait la confusion la plus totale.

Le regard dans le vide, il se surprit à la remercier. Le laissant, elle alla mettre un CD avant de disparaître dans la cuisine. Quand il entendit la musique s'élever dans la pièce, un grognement lui échappa. Elle n'avait quand même pas mis Engelbert[1] ? Il détestait ce chanteur ! Il devait changer de CD. Hélas, impossible de bouger. Que faisait-il ici, de toute façon ? Il n'avait pas la moindre envie de coucher avec cette femme !

Elle ressortit de la cuisine avec dans une main un verre de vin rouge, et dans l'autre une grande assiette blanche sur laquelle elle avait posé une boulette de viande. Il ne pouvait évidemment pas savoir qu'elle y avait mélangé du Rohypnol.

Se penchant vers lui avec son plus beau sourire découvrant ses dents en avant, elle lui tendit l'assiette.

— Goûte ça, lui dit-elle. Si tu aimes, tu en auras d'autre.

Sans se douter du danger, il la mangea sans montrer aucune résistance. Elle l'observa, satisfaite. Grâce au comprimé qu'elle avait glissé dans sa vodka, il n'avait plus aucune volonté. Une fois la croquette avalée, il serait à sa

---

1. Engelbert Humperdinck : crooner britannique, Eurovision 1983.

merci. Elle ferait de lui ce qu'elle voudrait. À son insu, elle lui ferait prendre des positions compromettantes. Et quand, demain matin, il se réveillerait, ignorant tout de la nuit qui venait de s'écouler, il lui suffirait de lui dire qu'il avait trop bu et qu'il s'était endormi. Elle était prête à passer à l'action : la caméra était allumée, la pièce bien éclairée. Eddie avait pris les cachets. Le reste ne dépendait que d'elle.

Elle allongea les jambes de sa proie sur le canapé et lui mit le verre de vin dans la main.

— Mets-toi à l'aise.

Puis elle quitta la pièce.

Eddie se sentait bizarre. Avait-il trop bu ? Il devait lui demander de l'eau, cela lui ferait sans doute du bien. L'esprit embrumé, il avait l'impression de vivre un rêve. Il aurait voulu se lever, mais ses jambes, inertes, ne lui obéissaient plus. Il détestait être comme ça.

La voix de Kitty appela son nom. Il leva la tête et resta bouche bée. Debout dans l'embrasure de la porte, elle avait sorti sa tenue de combat : le slip léopard, le déshabillé en satin bleu transparent, le soutien-gorge qui faisait pigeonner ses petits seins. Ses escarpins Louboutin détonnaient avec sa tenue déshabillée. Elle avait à la main un petit sac de voyage.

Elle prit sa pose la plus sexy, puis, faisant volte-face, lui montra son dos. La lumière crue accentuait la cellulite qui plissait ses cuisses.

— Je me suis faite belle rien que pour toi, *Eddie baby*, chuchota-t-elle d'une voix rauque. Tu n'imagines pas à quel point tu me plais. Je suis en train de tomber amoureuse de toi. Tu es magnifique. Je brûle de désir pour toi. J'ai besoin de toi.

Elle s'avança vers le canapé, s'agenouilla devant lui, lui retira le verre de vin des mains, se pencha et, langoureuse, l'embrassa. Eddie ne lui rendit pas son baiser. Fasciné, il la regarda retirer sa culotte et prendre une nouvelle pose aguichante.

— Tu n'es pas excité ? demanda-t-elle, sourire aux lèvres, s'exhibant.

Ahuri, Eddie fixait son pubis épilé, ses cuisses dodues, ses chevilles maigres. L'image d'une poule plumée lui passa devant les yeux et il partit d'un éclat de rire.

Kitty se sentit bouillonner de rage. Elle n'avait pas prévu ce scénario. Furieuse, elle le regardait se tordre de rire. D'un geste rageur, elle le repoussa dans le canapé. Ses petits yeux bleus le fixaient méchamment, comme deux têtes d'épingle venimeuses.

Elle ouvrit alors le sac de voyage qui renfermait un arsenal de jouets sexuels. Eddie la voyait un peu floue. Kitty Ratte n'était pas plus érotique que le rat qui avait inspiré son nom et pourtant, inexplicablement, il était incapable de réagir. Sans défense, il ne pouvait lui échapper. Soudain, sans crier gare, il tomba en arrière et perdit connaissance.

Elle prit son pouls. Il était un peu lent mais rien d'inquiétant. Et puis, Eddie était un homme vigoureux, il était beaucoup plus costaud que la plupart de ses autres victimes. Elle ignorait combien de temps il resterait inconscient. Elle allait devoir agir vite.

À grand-peine, elle le déshabilla. Elle n'aurait pas imaginé qu'il puisse être si lourd. Une fois nu, elle le plaça dans le champ de la caméra et s'installa à côté de lui.

Au bout d'un quart d'heure au cours duquel elle lui fit prendre diverses positions des plus compromettantes, elle finit par s'arrêter, épuisée. Elle regrettait que Jimmy ne soit pas là. Pourquoi était-ce à elle de faire tout le travail ? Elle aurait dû lui demander de se cacher dans la chambre, il aurait pu venir l'aider. Il n'aurait pas été difficile de le couper au montage du film qu'ils allaient utiliser pour faire chanter Eddie.

En revanche, elle devait s'assurer d'avoir été filmée avec lui ; personne ne devait douter qu'ils s'adonnaient ensemble à des jeux sadomaso. À commencer par Mme Jutta Johanssen, la mère des deux enfants pour qui Eddie Johanssen aurait donné sa vie. Sans aller jusque-là, elle était sûre qu'il serait prêt à payer une énorme somme pour leur épargner la honte et l'humiliation de voir leur père traîné dans la boue par les médias. Les journalistes étaient friands de scandales sexuels impliquant un homme riche et puissant. Pour Kitty, Eddie était le jackpot.

Elle le regarda avec une pointe de regret. Dommage qu'il se soit endormi si vite. Elle aurait aimé qu'il participe, même à contrecœur. Savoir qu'il ne l'avait pas désirée l'humiliait. Elle aurait aimé le berner, lui faire croire qu'il était un dieu du sexe, le seul homme à lui avoir inspiré un désir aussi foudroyant. Elle devenait trop vieille pour la grivoiserie. Elle perdait son temps en disant aux hommes qu'elle ramassait au club que son « compagnon », Jimmy, la trouvait belle et qu'il aimait son corps ; que le sexe entre eux était merveilleux. En fait, Jimmy ne voulait qu'une chose, visionner les vidéos d'elle couchant avec d'autres hommes dans les clubs. Il aimait aussi la prendre en photo durant ses ébats et les regarder ensuite. Jimmy et elle se ressemblaient trop.

Ces photos d'Eddie représentaient un petit capital. Jimmy et elle pourraient retourner en Espagne, à Marbella, et ouvrir ce bar dont ils avaient souvent parlé. Elle en serait l'hôtesse, un moyen pour elle de rencontrer beaucoup d'hommes. Elle pourrait même démarrer son propre club échangiste. Une activité idéale pour elle. À cette pensée, elle éclata de rire.

Quand Eddie revint à lui, elle riait encore. Un verre de vin rouge à la main, elle s'affala à côté de lui sur le canapé, à moitié nue, hormis le soutien-gorge et le déshabillé, parce qu'elle avait honte de son corps vieillissant et de ses maigres seins qui tombaient.

Quand il la vit, Eddie remercia le ciel qu'elle ne soit pas totalement nue. Mais pourquoi l'était-elle à moitié ? s'interrogea-t-il alors que, peu à peu, il reprenait conscience. Il secoua la tête. Même si elle se jetait à ses pieds, jamais il ne voudrait toucher cette femme. Hélas ! l'abominable réalité le frappa de plein fouet. N'était-ce pas ce qu'il venait de faire ?

— Reste ici, Eddie, chuchota-t-elle avec une haleine qui sentait le vieux vin rouge, tu as trop bu, *chéri*. Rendors-toi.

Kitty va s'occuper de toi. Tout à l'heure, je t'aiderai à te rappeler quel amant exceptionnel tu es et à quel point je suis expérimentée.

Eddie la repoussa et elle éclata de rire. Sans savoir comment, il parvint à s'extirper du canapé. Elle le regarda enfiler ses vêtements.

Titubant, Eddie sortit dans la rue, le rire de Kitty Ratte résonnant dans ses oreilles. Il ne savait pas où il était, ne savait même pas qui il était. Une heure passa, deux peut-être. Il était encore tôt mais quelle heure ? Ses idées finirent par s'éclaircir. Il héla un taxi et donna au chauffeur le nom de son hôtel. Il voulait effacer cette nuit de sa mémoire.

Il ignorait encore que, demain matin, quand il se réveillerait dans son lit, il ne se souviendrait d'aucun des événements de la nuit. Il n'aurait qu'un grand trou noir.

Car, comme le savait Kitty, c'était ce qui arrivait aux victimes de la drogue du viol.

Laissant Allie endormie, Pru était sortie de la chambre en catimini pour prendre la direction de l'ascenseur. Elle avait un petit creux et avait décidé d'opter pour le plus simple, qui était souvent le meilleur, un sandwich au fromage, et elle savait que le bar de la piscine serait ouvert. Pru ne mangeait plus par frustration mais pour flatter ses papilles, et n'éprouvait aucune culpabilité à l'idée de cet en-cas. Elle pensa à son jean tout neuf et l'eau lui vint à la bouche, comme avant, à la perspective d'un bon hot-dog. Mais elle n'avait pas le droit de se rappeler les hot-dogs. Pas plus que l'homme qui avait été son mari. Des souvenirs du passé, enfouis dans un repli de sa mémoire.

Vu l'heure tardive, elle était en peignoir. Qui aurait-elle croisé ? Tout l'hôtel dormait. Aussi, quand l'ascenseur s'arrêta au rez-de-chaussée, et que les portes coulissèrent sur un homme qui, titubant, y monta, elle sursauta. Elle venait de reconnaître Eddie Johanssen.

Échevelé, il avait mis son pull à l'envers. Pru le retint d'une main. Pour un peu, il se serait affalé sur elle. Malgré elle, elle remarqua que sa braguette était ouverte.

Inquiète, elle demanda :

— Vous avez besoin d'aide ?

— Neuvième étage, répondit-il en un chuchotement rauque.

Elle pressa le bouton et l'ascenseur remonta.

— Vraiment, je ne peux pas vous aider ? Vous avez besoin de quelque chose, vous voulez de l'eau ?

Elle s'aperçut alors qu'il la fixait sans la voir.

— Non merci, répondit-il.

L'ascenseur s'arrêta et il en descendit. Elle l'imita. Elle le regarda s'avancer en chancelant le long du couloir désert. Il devait être ivre. Pourtant ? Un homme comme lui ? Aussi parfait ? Jamais il ne se serait laissé aller à trop boire.

Aucun doute, il y avait là quelque chose de louche.

49

Il était très tard. Sunny avait rejoint Allie et Pru dans leur suite. La sonnerie de son téléphone interrompit leur conciliabule.

— Je devine que c'est lui, fit Allie devant l'air radieux de son amie.

Pour toute réponse, Sunny esquissa son petit sourire énigmatique. Elle n'avait pas encore trouvé une minute pour lui annoncer que Mac et elle étaient de nouveau ensemble, qu'ils venaient de consacrer ces dernières heures à faire divinement l'amour et que, pour eux, tout allait bien.

— Salut ! chuchota-t-elle dans le téléphone.

— Bonsoir, chérie, répondit Mac.

Sa voix rauque au timbre enjoué si sexy était un des éléments qui l'avaient séduite d'emblée. Un frisson la traversa.

— Je t'aime, chuchota-t-elle.

Allie et Pru ne se fatiguèrent même pas à feindre de ne pas écouter. Les yeux agrandis, Pru posa une main sur son cœur et se laissa tomber sur le lit. Après avoir rencontré Eddie dans l'ascenseur, elle avait décidé de renoncer à son en-cas.

— Moi aussi, était en train de dire Mac.

Sans se départir de son sourire mystérieux, Sunny enroulait une mèche de ses longs cheveux bruns autour de son index. Pru regarda Allie qui leva les yeux au ciel.

— J'ai besoin de toi, Mac, chuchota Sunny. Je te veux. Je veux être au creux de tes bras. Si je m'éloigne de toi ne serait-ce que cinq minutes, je deviens folle.

Elle entendit son soupir langoureux.

— Tu sais bien que c'est pareil pour moi, répondit-il.

Soudain méfiante, Sunny ferma les yeux. Allie et Pru se lancèrent un coup d'œil plein d'appréhension.

— Il y a un « mais » quelque part, déclara-t-elle. Que vas-tu me dire ?

— Je suis à la préfecture de police avec l'inspecteur et Ron.

— Ron ? s'étonna Allie qui écoutait toujours.

Que diable son mari venait-il faire dans cette histoire ?

— Ron avait l'intention de nous réconcilier. Il est venu de Dordogne dans son Cessna, expliqua Mac comme s'il avait entendu sa question.

Sunny prit un air satisfait. Elle reconnaissait bien là Ronald Perrin.

— Tu peux lui dire qu'il a un métro de retard. Mais je suis sûre qu'Allie sera heureuse de le savoir ici.

Perplexe, l'actrice se leva et croisa les bras.

— Dis à Allie que Ron l'embrasse et qu'il la verra à son retour de Paris, reprit alors Mac.

— Paris ? répéta-t-elle, incrédule.

Elle sentit son cœur se serrer.

— Sunny, mon ange, commença Mac.

Elle savait qu'il avait encore une bonne excuse et elle ne voulait pas l'entendre.

— Écoute-moi, chérie, continuait-il, imperturbable. Il s'agit d'Yvonne Elman. Lors du braquage de la bijouterie de la place Vendôme, l'une des vendeuses a été frappée au visage avec un revolver et presque défigurée. Elle vient de sortir de l'hôpital et ne veut parler à personne. Elle affirme ne se souvenir de rien. Je pense qu'en fait elle souffre d'une amnésie passagère et refoule la scène qui l'a traumatisée.

— Alors tu as dit à l'inspecteur que tu irais la voir pour essayer d'en savoir plus ?

— Que pouvais-je faire d'autre, mon cœur ?

Sunny prit une profonde inspiration. Ne venait-elle pas tout juste d'admettre qu'elle comprenait son métier ?

— Bien sûr, tu dois y aller. J'espère seulement que tu pourras faire quelque chose pour aider la police à trouver l'assassin.

— Tu dois me croire, Sunny, ce n'est pas pour ça que je suis venu ici. Je suis venu parce que je voulais te trouver, je voulais être avec toi.

— Mac, chuchota-t-elle, si bas qu'Allie et Pru qui tendaient l'oreille n'entendirent pas, il n'y a jamais eu que toi. Je t'aime.

— Je t'appelle de Paris, répondit-il.

Un soulagement immense l'avait submergé.

— Entendu.

— Si tu as besoin de moi, n'hésite pas à m'appeler, d'accord ?

— Ça marche !

— Et je t'aime, souviens-t'en.

— Compte sur moi, dit-elle avant de fermer son téléphone.

— Bon ! déclara Allie l'air déterminé, les bras toujours croisés, j'ai deux questions. Tu es de nouveau avec Mac ? Et que fait Ron ici ?

— Oui, je suis avec Mac. Je m'apprêtais à te le dire quand il a téléphoné. Et Ron est venu à Monte-Carlo pour aider Mac à se réconcilier avec moi. Maintenant, ils partent tous les deux à Paris pour enquêter sur les hold-up des bijouteries.

— Et dire que je l'avais laissé à la maison pour s'occuper du chien, dit Allie avec un soupir résigné. J'aurais dû me douter qu'il irait se fourrer dans le pétrin.

Pru se redressa pour s'asseoir sur le bord du lit.

— Ne t'emballe pas comme ça, mon cœur ! s'écria-t-elle en posant une main sur sa poitrine. Je suis en train de vivre dans un roman d'amour.

Elles se mirent à rire. Puis Allie félicita Sunny : elle était si heureuse pour Mac et elle. Quelle idée avaient-ils eue de se séparer ? Elle la serra contre son cœur et Pru l'imita. Voyant qu'elles avaient toutes les trois les larmes aux yeux, Allie suggéra d'ouvrir une bouteille de champagne. C'est alors qu'à la surprise générale Pru s'exclama :

— Sortons fêter ça !

Son idée fit l'unanimité. Restait à décider si elles devaient se changer. Elles jetèrent un coup d'œil rapide à leurs tenues respectives.

Allie portait un Levi's roulé sur des boots à talons aiguilles, un T-shirt blanc et une veste en faux agneau de Mongolie qui rappelait l'époque hippy : Allie qui aimait les tenues vintage avait une prédilection pour les années rock. Les poils se mélangeaient à ses longs cheveux blonds qu'elle attacha négligemment en arrière sans se soucier le moins du monde de l'apparence de sa coiffure.

Sunny était toute en noir : leggings, longue robe pull au col en V, et les fameuses bottes noires qui devaient être son cadeau de Noël. Son maquillage avait coulé et, avec ses cheveux un peu ébouriffés dans lesquels elle passa une main distraite, elle était toujours aussi sexy. Ce soir, elle était sur un petit nuage.

Pru portait un pull déniché par Allie, bleu jacinthe, de taille impériale. Resserré sous la poitrine, il masquait les parties de son corps que Pru qualifiait de « problème ». Un problème dont elle était plus que jamais déterminée à se débarrasser. N'était-elle pas tombée amoureuse d'Eddie Johanssen sans le connaître ? Rien de tel qu'un homme pour vous donner envie d'être belle, même si elle savait qu'elle était loin d'être au bout de ses peines. Néanmoins, ses chaussures Chanel rouges et son pantalon noir, neuf, qui l'amincissait, étaient du plus bel effet. Quand Allie lui avait donné l'un de ses rouges à lèvres, le Nude Blush de Saint Laurent, elle avait plaisanté en disant que sa bouche était sans doute la seule partie de son corps qu'on verrait nue avant un bon moment. Mais maintenant qu'elle avait croisé Eddie dans cet état étrange, elle espérait bien se tromper.

Après s'être mises d'accord sur le fait qu'aucune d'elles n'avait besoin de se changer, elles sortirent appeler l'ascenseur. Pru tenait Tesoro en laisse. Soudain, alors qu'elles attendaient, elle déclara à brûle-pourpoint :

— Il m'est arrivé quelque chose de très bizarre ce soir.

— À toi ? s'étonna Allie.

— Non, pas vraiment à moi, mais à ce sublime Suédois. Eduardo Johanssen.

Sunny lui jeta un coup d'œil coupable.

— Je l'avais déjà aperçu qui sortait ou montait dans l'ascenseur. Je l'avais croisé dans le hall, enchaîna-t-elle, et je peux vous garantir que cet homme est une splendeur. Vous croyez que l'on peut être amoureuse d'un homme que l'on n'a jamais rencontré ? ou, du moins, à qui l'on n'a jamais parlé ?

L'ascenseur arrivait. Elles y montèrent.

— Pru, je t'en prie, va au fait, la pressa Allie. Que veux-tu dire par « amoureuse » ? Et qu'est-il arrivé de bizarre ?

— Je vous le dirai plus tard, murmura Pru, consciente de la présence d'autres clients dans la cabine.

Arrivées au rez-de-chaussée, elles traversèrent le hall.

— Je suis bien contente que nous sortions de l'hôtel ! s'exclama Allie.

Pourtant, Pru jeta un regard plein d'espoir vers l'entrée du bar. Eddie y était peut-être. Puis, après avoir confié Tesoro au portier, les trois amies gagnèrent le casino.

Il était impossible pour Allie Ray de passer inaperçue. Il leur suffit de s'avancer sous le célèbre dôme Art nouveau pour que, comme par magie, les portes s'ouvrent devant elles. Le maître d'hôtel s'empressa de les conduire à une table et de leur faire apporter du champagne. Elles s'installèrent toutes les trois sur une banquette. Allie, souriante, remercia le personnel de son accueil. Être une célébrité présentait quand même quelques avantages, plaisanta-t-elle.

Pru observait Allie. Elle était la dernière personne au monde à se comporter en star : elle était simple, directe, modeste et tenait à protéger son anonymat. Voilà pourquoi le fait de surprendre cette garce de Kitty Ratte photographiant son amie avec son téléphone portable l'avait mise hors d'elle.

Le regard de Pru se posa ensuite sur Sunny.

— Tu es ravissante, ce soir, la complimenta-t-elle avec la plus grande sincérité.

— Tu as cet « éclat », renchérit Allie avec un sourire entendu.

— Quel éclat ? Que veux-tu dire ? demanda Pru.

Sous le regard de ses deux compagnes, ses joues s'empourprèrent.

— Oh pardon ! s'exclama-t-elle. Je ne m'étais pas rendu compte. Oh, mon Dieu, Sunny ! tu as de la chance.

— Ton tour viendra, la rassura cette dernière en serrant sa main dans la sienne. Tu as déjà changé.

— Et demain, tu seras blonde, ajouta Allie d'un ton encourageant.

Sunny avait raison, Pru avait changé. Son visage avait perdu sa rondeur, sa poitrine était moulée dans un pull qui la mettait beaucoup plus en valeur que ses abominables caftans trop amples.

Allie lui avait trouvé une nouvelle devise : quand on a des seins, il faut les montrer. Même si elle ne suivait pas vraiment son conseil, elle acceptait désormais leur existence.

— Le champagne est-il la seule boisson à Monte-Carlo ? s'enquit alors Pru.

Dans son ancienne vie, le champagne n'avait jamais tenu beaucoup de place. Elle en prenait une coupe de temps à autre à un mariage, par exemple, mais jamais pour le simple plaisir de boire le divin breuvage pétillant. Désormais, elle était une nouvelle femme. Même sa couleur de cheveux allait changer. Comment allait-elle se sentir demain, en blonde, se demanda-t-elle en passant une main dans ses cheveux raplapla ?

— À Saint-Tropez, l'été, on boit des cosmopolitans, était en train de dire Sunny. En tout cas, j'en buvais. Et maintenant, raconte, qu'est-il arrivé ce soir, avec le bel inconnu ?

— J'étais seule dans l'ascenseur quand il s'est arrêté dans le hall.

D'une main levée, Allie l'interrompit :

— Excuse-moi, mais que faisais-tu exactement dans l'ascenseur ?

— Je mourais de faim, répondit Pru sur la défensive.

Avec un gémissement, Allie se prit la tête entre les mains.

— Je voulais juste voir si je pouvais trouver un petit morceau de fromage et de baguette. J'avais besoin du goût dans ma bouche... Il faut me croire, Allie ! J'étais vraiment affamée. Merde !

Allie la fixa avec intensité avant de déclarer :

— Toi qui ne jures jamais, il fallait que tu en aies envie.

— Certes !

— Je suis passée par là, avoua Sunny d'un ton compatissant. Fais-moi confiance, j'en ai mangé des paquets de M&M's quand je n'avais envie de rien d'autre. Ils craquaient sous la dent et je me retrouvais avec l'impression de ne rien avoir avalé. Le fromage est tellement plus sain. Tu vois, tu as tout compris, Pru.

— Alors, et Eddie Johanssen ? Raconte, demanda Allie en lui prenant la main d'un geste encourageant.

— Eh bien, il s'est passé quelque chose de vraiment étrange. Cet homme magnifique, tu sais à quoi il ressemble, si beau, si homme du monde, d'apparence si stable, je peux t'assurer que ce soir il ne l'était plus du tout. Il est entré dans l'ascenseur en titubant. J'ai dû le repousser pour l'empêcher de s'affaler sur moi.

Elle marqua une pause. Allie et Sunny, suspendues à ses lèvres, brûlaient de connaître la suite de son histoire.

— Sa braguette était ouverte, ajouta alors Pru.

Allie prit un air réprobateur.

— Et en quel honneur ton regard traînait-il par là ?

— C'était juste un coup d'œil en passant. N'oublie pas qu'il est presque tombé sur moi. Son pull était à l'envers. Il n'arrivait plus à parler, il bredouillait. Il avait même du mal à se tenir droit. Et quand je lui ai demandé s'il avait besoin d'aide, il n'a pu me répondre que « merci ». Il n'avait plus les yeux en face des trous. À mon avis, il n'a même pas vu mon visage, il ne savait pas qui j'étais. J'ai appuyé sur le bouton du neuvième pour lui. Arrivé à son étage, il est descendu de l'ascenseur d'un pas mal assuré et s'est avancé en vacillant jusqu'à sa chambre.

— Et après, qu'est-ce que tu as fait ?

— Je suis redescendue au niveau de la piscine et j'ai acheté du fromage et des crackers à la machine.

— Les deux ! fulmina Allie.

Sunny se fichait bien du fromage et des crackers. Elle pensait à Eddie. Son très cher Eddie. Son sauveur, son mentor, un homme dont elle était presque amoureuse et qui, elle le croyait, était aussi tombé amoureux d'elle. L'une de ces histoires restées en suspens. Dire qu'elle ne l'avait pas encore appelé, ne lui avait même pas laissé un message, pour s'excuser, pour le remercier, pour lui dire : « Au revoir, jamais je ne t'oublierai. » Elle était partie, tout simplement. Quelle garce elle faisait, quelle égoïste ! Comment avait-elle pu se montrer aussi cruelle ? Et voilà qu'à cause d'elle Eddie était allé noyer son chagrin dans l'alcool.

— Nous nous connaissons bien, Eddie et moi, avoua-t-elle d'une petite voix penaude.

Allie et Pru la regardèrent avec surprise.

— Que veux-tu dire par « bien » ? s'enquit Allie.

— J'ai été un peu amoureuse de lui, quelques jours seulement...

— Sunny, es-tu en train de nous dire que l'autre homme, c'était lui ? grommela Allie.

Sunny leur narra de nouveau les faits :

— Je l'ai rencontré sur le vol qui m'emmenait à Paris, il m'a laissée pleurer sur son épaule, il m'a empêchée de rester à Paris à cause de la neige. C'était Noël, j'étais toute seule, lui aussi. Il m'a réservé cet hôtel à Monte-Carlo, puis...

— Puis qu'est-il arrivé ?

Se ravisant, elle avança la main, la paume ouverte. Elle ne voulait pas entendre la réponse de Sunny.

— Non, il vaut mieux que je ne sache pas, comme ça je n'aurai pas à mentir à Mac.

— Mais tu n'as pas à mentir. Rien n'est arrivé. En tout cas, rien de plus qu'un baiser. Entre amis, bien sûr.

— Bien sûr ! renchérit Allie en lui lançant un regard assassin. Merde, Sunny ! Pourquoi ne m'en as-tu pas parlé avant ? Dire que je croyais que tu te mourais d'amour pour Mac.

— C'était vrai. Ça l'est toujours. Il ne s'est rien passé avec Eddie Johanssen.

Pru poussa un soupir rêveur.

— Tu as embrassé Eddie Johanssen ? Mon Dieu ! tu l'as embrassé...

— Juste en copain, répéta Sunny d'un ton ferme, avant de préciser, avec plus d'honnêteté : Cela aurait pu déboucher sur autre chose, mais Mac est arrivé.

— Mac est venu te retrouver, lui rappela Allie.

L'air extasié, Pru intervint :

— Seigneur ! Je revois la scène du bar de l'hôtel. Mac est arrivé et tu es ressortie avec lui sans te retourner. C'était comme si vous aviez eu une pancarte au-dessus de vos têtes indiquant « nous nous aimons ». Tu as planté Eddie là sans un regard en arrière. C'est alors que j'ai vu Kitty Ratte s'avancer vers lui.

— Pauvre garçon, murmura Allie.

Elle venait de comprendre à quel point Sunny s'était mal comportée.

— Je suis navrée, s'excusa Sunny. Je n'ai pas pu m'en empêcher. Eddie est si gentil, il a tellement bon cœur. Je me sentais seule, paumée.

— Et il est terriblement sexy, renchérit Pru.

Devant le regard perplexe de ses amies, elle s'empressa de préciser :

— C'est, du moins, l'impression qu'il donne.

— Toi aussi, tu es amoureuse d'Eddie ? demanda Allie en levant les deux mains en l'air en un geste découragé.

— Je peux te garantir que je ne suis pas amoureuse de lui, intervint Sunny. J'aurais pu l'être. Mais ce n'est pas le cas.

— Quant à moi, je ne le connais même pas, ajouta Pru d'un ton vertueux en tirant sur son pull bleu jacinthe. On ne peut pas être amoureuse d'un homme à qui l'on n'a jamais parlé, n'est-ce pas ?

— Sauf si l'on est fan d'un acteur de cinéma, répondit Allie.

Elle savait que, chez certains, aduler une star pouvait frôler la folie.

Pru s'empressa de changer de sujet.

— En attendant, Sunny, tu ne nous as pas dit ce qui s'était passé avec Mac.

Un sourire flottant sur ses lèvres, Sunny répondit avec un haussement d'épaules faussement désinvolte :

— Nous sommes retombés dans les bras l'un de l'autre, voilà tout. Comme nous le faisons toujours, ajouta-t-elle d'un ton rêveur. Faire l'amour avec un homme que l'on aime est différent, Pru. Ce n'est pas juste le plaisir des sens qu'apporte le sexe, mais l'extase de l'union des corps et des âmes. Cette alchimie si particulière, le lien qui nous unit, les mots que l'on n'a pas besoin de dire, le simple fait d'être lovés dans les bras l'un de l'autre, ma jambe abandonnée sur la sienne, son bras m'enlaçant, et ensuite...

— Ensuite..., chuchota Pru.

Jamais, durant les courtes années de son mariage, elle n'avait connu ce que Sunny venait de décrire, n'avait ressenti le bonheur incomparable de faire l'amour avec l'être aimé, de se lover au creux de ses bras... après l'amour.

— C'est merveilleux, fit-elle avec mélancolie.

Comme elle en rêvait de cet après !

— Et maintenant, que comptes-tu faire au sujet d'Eddie ? demandait Allie.

— Je vais lui téléphoner tout de suite, répondit Sunny en sortant son BlackBerry. Pour voir s'il va bien. Puis je vais lui donner rendez-vous, lui expliquer. Et le remercier d'être l'homme qu'il est. Un homme fort, un bon ami sur qui l'on peut compter.

— Tu as de la chance, soupira Pru.

Le téléphone d'Eddie sonnait dans le vide. Sunny raccrocha. Elle avait oublié qu'il était si tard. Tant pis, elle réessaierait demain.

50

Paris

Danielle Soris, la femme blessée dans le braquage de la bijouterie de la place Vendôme, avait refusé de venir à la préfecture de police. Elle avait dit tout ce qu'elle savait aux policiers, et maintenant elle voulait oublier. Mais Mac l'appela en personne et lui demanda si elle voudrait bien lui parler. Elle connaissait son émission télévisée et accepta de le retrouver aux *Deux Magots*.

Seul à une table de la terrasse couverte, Mac attendait. Il faisait très froid mais le soleil brillait dans le ciel azur, illuminant Paris et sa beauté, intemporelle malgré la circulation incessante. Danielle Soris ayant expressément demandé à voir Mac seul, Ron parcourait le *Herald Tribune* du jour à deux tables de distance.

Désormais familier des coutumes françaises, il commanda un chocolat chaud pour se réchauffer, ce que jamais Allie ne lui aurait permis de faire. S'il regrettait l'absence de sa femme, il était content de pouvoir profiter un peu de sa liberté. Elle surveillait sa santé, disant que maintenant qu'ils avaient réglé leur différend, elle voulait le garder de nombreuses années encore, et qu'il devait la laisser prendre soin de son cholestérol. Or, il adorait le chocolat chaud. Le plaisir l'emportait sur la culpabilité.

Il leva les yeux de son journal et, croisant ceux de Mac, lui fit un clin d'œil. Soulevant sa tasse, il expliqua à son ami ce qu'était un chocolat chaud en France.

— Du vrai chocolat fondu, de la vraie crème, le paradis !

Mac commanda un double express. Il n'avait pas dormi. Il s'inquiétait pour Sunny. Il avala son café d'une traite et en commanda un deuxième. Mme Soris était en retard. Elle était censée arriver à quinze heures et il était presque quinze heures vingt. Était-elle coincée dans les embouteillages ou avait-elle changé d'avis ? Pourvu que son retard soit dû à la circulation. Mme Soris était leur unique vrai témoin, et encore ! Hormis le visage masqué du braqueur lui ayant porté un coup qui aurait pu être fatal, il avait besoin de savoir si elle avait remarqué quoi que ce soit. Une voix féminine vint interrompre le fil de ses pensées.

— Monsieur Reilly ?

Danielle Soris portait un manteau en laine noir et des bottes en daim plates de la même couleur. Une toque en fourrure de style russe et des lunettes de soleil cachaient son visage sillonné de cicatrices d'un rose sombre.

Le café des *Deux Magots* était situé à l'angle du boulevard Saint-Germain et de la rue Bonaparte. Elle était arrivée par la terrasse de la rue Bonaparte, face à l'église Saint-Germain-des-Prés, l'une des plus anciennes de la capitale. Mac lui jeta un coup d'œil intrigué. Il aurait été curieux de savoir si elle y était entrée pour dire une prière.

— Je vous ai reconnu, bien sûr, dit-elle en anglais. Je regarde votre émission. Je vous admire beaucoup, monsieur Reilly.

Il se leva pour lui serrer la main en lui disant qu'il était content de la voir. Puis il lui offrit de s'asseoir sur une chaise en rotin devant la table de bistro. Après un coup d'œil furtif à son visage, il s'empressa de détourner les yeux et fut surpris de l'entendre rire.

— Ne vous inquiétez pas, tout le monde a la même réaction. Je commence à avoir l'habitude, les gens n'osent plus me regarder.

— Vous me permettez alors de vous parler de chirurgie ? Que s'est-il passé exactement ?

— Eh bien, monsieur Reilly, j'ai eu la pommette gauche brisée. Des fragments d'os ont pénétré dans mon orbite. La douleur a été si intolérable que j'ai fait le choix délibéré d'oublier, sinon je ne suis pas sûre que j'aurais pu continuer à vivre.

Elle porta une main à son œil.

— On m'a greffé des os sous la joue, reprit-elle. Les médecins me disent qu'un jour tout redeviendra lisse et que la partie droite de mon visage sera de nouveau comme la gauche. Jusque-là, voilà à quoi je ressemble.

Elle retira ses lunettes noires et fixa Mac. Il regarda celle qui, c'était évident, avait été un jour une très jolie femme. Malgré les greffes, la partie droite de son visage avait un aspect affaissé.

Danielle Soris recouvrit ses joues de ses longs cheveux châtains, remit ses lunettes de soleil et enfonça sa toque de fourrure sur son front.

— Comme ça, je peux presque faire comme si de rien n'était, dit-elle avec un sourire.

— Vous êtes toujours une très belle femme, madame Soris.

Elle haussa les épaules d'un air résigné.

— C'est ce que me disent mes amis. Je me permets de croire que c'est peut-être vrai, parce que, voyez-vous, monsieur, ou permettez-moi de vous appeler Mac, s'il vous plaît et, je vous en prie, appelez-moi Danielle, voyez-vous, Mac, c'est la seule manière pour moi de survivre à cet « événement », comme je l'appelle désormais. Je dois le chasser de mon esprit, ne pas réveiller les mauvais souvenirs, les cauchemars, la peur. Je ne peux pas me permettre d'avoir peur.

— Je comprends.

Un serveur vint prendre sa commande. Elle demanda une coupe de champagne. Lorsqu'elle fut servie, elle la leva en un petit salut.

— Vous permettez, n'est-ce pas ? J'ai besoin de la gaieté des bulles. Après tout, dans quelques jours, nous fêtons le Nouvel An.

— Dans ce cas, je serai le premier à vous souhaiter une bonne année, répondit Mac en imitant son geste avec sa tasse de café. Vous êtes une femme remarquable.

Elle se mit à rire.

— Non. Je suis juste une femme qui essaye de ne pas sombrer dans la démence. Parfois, j'y arrive. Mais vous voyez, maintenant, Mac, que je ne peux pas raconter ce qui s'est passé. Je ne peux pas revivre cet événement. Je ne veux jamais plus en entendre parler, y penser, me le remettre en esprit. J'en suis incapable.

— Je comprends, répéta Mac. Mais il y a une chose que je dois vous dire, Danielle. Il s'agit d'une jeune femme, comme vous, qui n'a pas eu votre chance quand les braqueurs sont entrés avec leurs masques de Marilyn Monroe. L'un d'entre eux lui a tiré une balle dans le visage, la défigurant. Il lui a pris sa vie, comme ils ont failli prendre la vôtre. Yvonne laisse un petit garçon de deux ans et un mari en deuil. J'ai promis de faire tout ce qui était en mon pouvoir pour trouver son assassin et, jusqu'ici, tout ce que j'ai pour m'aider, c'est ce que vous pouvez ou ne pouvez pas me dire.

Danielle posa son champagne sur la table. Pour se protéger du froid mordant, elle avait gardé ses gants rouge vif. Elle les retira, les plaça à côté de sa coupe et lissa la douceur du daim. Mac remarqua que ses doigts tremblaient légèrement et qu'elle ne portait pas de bague.

— Croyez-moi, je comprends, murmura-t-il en posant une main rassurante sur la sienne pour calmer ses tremblements.

Elle était glacée.

— Vous êtes si gentil, de me réchauffer, dit-elle sans sourire.

— C'est la moindre des choses.

— Le contact humain est très nécessaire, très... apaisant, reprit-elle avec un soupir. Et je me sens très égoïste alors que j'ai l'impression que je devrais être reconnaissante.

— Ce qui vous est arrivé est terrible, vous n'aurez jamais à être reconnaissante.

— Dans ce cas, je suis perplexe. Que devrais-je ressentir, Mac ? De la culpabilité pour la pauvre Yvonne qui est morte ? Vous savez que c'est le cas. Simplement, je ne sais pas comment la gérer.

Il accentua sa pression sur sa main.

— Vous n'avez aucune obligation. Je comprendrai.

Elle acquiesça d'un signe de tête et repoussa ses cheveux en arrière.

— Je peux vous dire seulement une chose. Un souvenir qui remonte malgré moi ; quand je suis dans ma cuisine, par exemple, en train de me faire un café ou un sandwich, quand je ferme les paupières pour m'endormir. Je ne sais même pas si ce n'est pas mon imagination qui me joue des tours. Voilà pourquoi je n'en ai jamais parlé à la police. C'est flou, comme du brouillard. Mais quand la Marilyn Monroe pointait le revolver vers moi, il était très petit, très brillant. En acier, peut-être en chrome. Je me rappelle avoir eu cette pensée stupide, typique de l'instant où vous êtes confronté à une situation catastrophique, que cette femme était très jolie.

Elle esquissa un sourire triste.

— Rappelez-vous que je vends des bijoux. C'est le genre de chose que je remarque.

— Merci de me l'avoir dit. La famille d'Yvonne appréciera votre aide.

— Une autre chose, dit Danielle en retirant sa main.

Elle s'interrompit pour remettre ses gants et boire une gorgée de champagne.

— Je me rappelle maintenant, je le vois clairement devant mes yeux. Des deux côtés de la crosse d'acier brillant était gravée une rose à longue tige. Elle se remarquait, c'est pourquoi cela me revient. Une rose noire sertie d'or. Du beau travail. C'était vraiment joli.

Sans quitter Mac des yeux, elle se leva pour prendre congé. L'imitant, il prit ses mains entre les siennes.

— Oui, maintenant je suis sûre que c'est ce que j'ai vu, que je n'ai pas rêvé. J'imagine que ça doit être une pièce de connaisseur, ajouta-t-elle d'un ton placide. Voilà ! c'est tout ce que je peux vous dire.

Mac fixa le visage de Mme Soris. Dire que désormais cette femme qui avait été si jolie aurait peur toute sa vie.

— Vous êtes très courageuse, Danielle, et je vous remercie.

Elle hocha la tête et esquissa un sourire d'adieu, le côté droit de son visage restant parfaitement figé.

— Bonne chance, Mac Reilly, le salua-t-elle.

Sur ces mots, elle fit volte-face et se faufila à travers la multitude de petites tables pour gagner le boulevard Saint-Germain. Mac la suivit des yeux jusqu'à ce qu'elle ait disparu.

— Tu as du nouveau ? demanda Ron qui l'avait rejoint.

— Un peu, grâce à la pauvre Mme Soris, répondit le détective en se rasseyant.

Il commanda un autre express. Il se sentait très tendu : toutes ces questions restées sans réponses, ces problèmes non résolus, la vie gâchée de cette femme lui mettaient les nerfs à vif.

— L'arme du crime était un Kahr Black Rose, annonça-t-il alors. Le PM9, je parie. C'est exactement le genre de revolver qui plaît à une femme, petit, facile à manier, puissant comme tout, avec un court recul. La rose noire ressort sur l'acier qui brille comme un miroir, si brillant que, si elle l'embrasse, sa propriétaire peut laisser des traces de rouge à lèvres. La rose est sertie d'or vingt-quatre carats. L'arme idéale pour une femme élégante.

— Un revolver qui ressemble à un bijou ? demanda Ron.

— Exactement, répondit Mac.

51

Paris

Le soir venu, Ron et Mac décidèrent d'aller dîner à *La Coupole*.

À la salle à manger et à ses tables couvertes de nappes blanches, ils préférèrent le bar. Ils commandèrent des huîtres, des belons, les préférées de Ron, et optèrent pour des bières plutôt que du champagne.

— Je les préfère mille fois avec de la bière, expliqua Ron en penchant la tête en arrière et en faisant glisser le mollusque argenté de sa coquille nacrée dans sa gorge. L'eau salée te donne l'impression d'avaler la mer. C'est divin.

— Au moins, ce sont des protéines, renchérit Mac. Et tu n'as pas à te soucier du sel, c'est du sel naturel.

— J'en reprends une douzaine, dit Ron en faisant signe au serveur. Ces créatures se multiplient plus que les lapins.

— Je ne savais pas que les mollusques avaient une vie sexuelle, railla Mac avec un sourire malicieux.

— Tu pourrais t'estimer heureux d'être un mollusque, répondit Ron sur le même ton taquin. Mais je vois que tu as réglé ton problème de ce côté-là. Tu as retrouvé ta forme avec Sunny.

— Mon vieux Ron, si tu n'étais pas un tel ami, je serais tenté de t'étouffer avec ton huître.

Ron haussa les épaules, puis, l'air réjoui, but une gorgée de bière.

— Mon Dieu ! que c'est bon ! Maintenant, j'ai juste besoin d'un bon fromage, de bon pain et d'un verre d'un vin rouge qui ait meilleur goût que celui que je produis à l'heure actuelle, pour être un homme comblé. Et puis, inutile de te mettre en colère, Mac. Sunny est ta femme, il n'y a rien à ajouter. Elle est la seule raison pour laquelle je suis ici avec toi et ma femme à Monaco avec elle. Alors maintenant que nous avons accompli notre mission, je rentre chez moi.

— Chez toi ? Pourquoi ? Nous avons un crime à élucider.

— C'est ton travail, pas le mien. Cela ne l'a jamais été. Je ne suis plus un magnat des affaires, je suis viticulteur. Je ne suis pas détective.

Mac le foudroya du regard.

— Je croyais que tu m'aiderais jusqu'au bout.

— J'ai une femme que je dois aller retrouver, mon vieux ! Et tu as une femme que, si mes souvenirs sont bons, tu devais toujours faire passer avant tout. Tu as oublié, peut-être ?

— Sunny passe avant tout. Mais elle comprend tout cela : ce meurtre inutile, ce petit garçon de deux ans qui n'a plus sa mère.

— Mets-toi bien ça dans la tête, vieux : tous les meurtres sont inutiles.

Mac finit sa bière. Puis, hochant la tête, il répondit :

— Je le sais. Et Sunny aussi le sait. Nous avons un accord. Je la place en tête de mes priorités, à égalité avec mon travail.

— En tête de tes priorités ? répéta Ron en acquiesçant à son tour.

Il comprenait ce qu'il voulait dire.

— Le Black Rose est un revolver américain, reprit Mac. Fabriqué à Worcester, Massachusetts. Il a dû être importé.

— Légalement ou pas ?

— C'est ma question. Mais je parie qu'il a été importé illégalement.

— Moi aussi, je parie. Alors comment découvrirons-nous qui l'a acheté ?

— En posant des questions illégales, plaisanta Mac avec un sourire.

Sentant vibrer son téléphone portable, il le sortit de sa poche pour vérifier qui l'appelait. Le numéro de l'inspecteur s'afficha.

— Ça va, mon vieux ? demanda-t-il en français, espérant entendre de bonnes nouvelles.

— Mac, j'ai une information à te communiquer. Comme tu le sais déjà, il y a des rumeurs, plus que des rumeurs, je dirais même des indications, selon lesquelles le centre du trafic de diamants volés n'est plus Amsterdam ni Istanbul, mais les pays des Balkans, et tout particulièrement la Hongrie, la Pologne et la République tchèque.

— Je l'ai entendu dire, répondit Mac en regardant Ron qui lui lançait un coup d'œil intrigué.

— Ce n'est pas encore prouvé mais il y a de fortes chances pour que Prague soit devenue la capitale du vol de diamants. Tous les vols seraient organisés depuis la capitale tchèque. Mon informateur appartient à la communauté gitane. Si l'on découvre qu'il a parlé, il sera tué, sans aucun doute.

— Est-il directement impliqué ?

— Il dit ne pas l'être.

— Et tu le crois ?

— Non. Mais tu comprends bien que je ne peux rien faire. Je veux l'information, il veut la liberté. Il a été arrêté alors qu'il dînait dans un très grand restaurant, très bien habillé, étalant son argent, donnant de gros pourboires, le champagne coulant à flots.

— Un flambeur, railla Mac. Il était seul ?

— Non, il n'était pas seul. À propos, notre gitan est une femme. Elle avait un invité, un type qu'elle avait ramassé au bar, un gigolo, prêt à tout pour de l'argent.

— Quel charmant couple ! dit Mac.

— Elle s'était mise sur son trente et un.

— Et tu l'as libérée ?

— J'ai le regret de dire que oui.

— Tu sais où elle est allée ?
— Notre gitane a pris le premier vol pour Prague. En fait, ce genre de gitane ne vit plus dans une caravane. Notre gitane vit dans un appartement de la Ville Nouvelle, la partie moderne de Prague.

L'inspecteur donna l'adresse à Mac qui la nota.

— J'y serai demain, dit-il.

Puis il lui fit le compte-rendu de sa rencontre avec Danielle Soris et de ce qu'il avait découvert concernant le revolver Kahr Black Rose. L'inspecteur lui promit de lancer immédiatement des recherches.

Mac ferma son téléphone et regarda Ron qui le dévisageait, brûlant de curiosité.

— Alors ?

— Nous avons une piste. Une gitane qui vit à Prague et qui dit que les braquages sont organisés de là-bas.

— Organisés, répéta Ron, pensif. Un grand mot pour une bande de tueurs.

— J'y pars demain, annonça Mac.

— Eh bien moi, je rentre chez moi. Désolé, mon vieux, ajouta-t-il en français avant d'enchaîner en riant : Tu vois, je parle français que toi.

— *Comme* toi, le corrigea Mac en buvant une gorgée de bière.

Agacé, Ron lui donna une bourrade. Il faillit s'étrangler avec sa bière.

— Prends une huître et fiche-moi la paix ! bougonna-t-il. Je dois rentrer. Mon chien a besoin de moi. Mon cheval a besoin de moi. Ma femme, si elle décide de quitter un jour l'amour de ta vie, a, je l'espère, encore besoin de moi.

— Allie aura toujours besoin de toi, le rassura son ami d'un ton convaincu.

Mac n'en doutait pas une seconde.

— J'ai beaucoup de chance, fit remarquer Ron, soudain grave. Grâce à toi, Mac Reilly. Alors voilà, demain je rentre à la maison en avion, je m'assure que tout va bien pour mes animaux, mes vignes, que la maison n'a pas brûlé, je parle à ma femme. Puis je te retrouve à Prague après-demain. Qu'en dis-tu ?

— Que tu es un véritable ami ! s'exclama Mac, en faisant claquer sa paume sur la sienne.

Ron commanda alors un plateau de fromages et un vin rouge qui avait du corps. Le nectar velouté sur le fromage était un délice pour les papilles. Ils étaient au paradis. Sans oublier que leur enquête avançait. Ils avaient un indice. Une destination. La vie leur souriait.

À un détail près : Mac allait être obligé d'annoncer à Sunny qu'il ne pourrait pas être à Monaco le lendemain.

52

Dans la suite Louis XIV, assises sur le bord du grand lit de l'ex-star, leurs pieds nus sur le sol, Allie et Pru fixaient Sunny avec curiosité.

La belle Californienne venait d'essayer de joindre Eddie Johanssen, sans succès. Elle écoutait maintenant son message. C'était la première fois qu'elle se rendait compte qu'Eddie avait un tel accent. Il avait une voix au timbre charmant : une voix douce, limpide, posée. Comme l'homme lui-même.

D'un geste nerveux, elle jouait avec le bout de l'épaisse embrasse qui retenait les rideaux en soyeux taffetas doré. Quel message laisser ? Il lui était difficile de lui dire qu'elle voulait le voir, même si, pour être honnête, elle lui devait cette politesse. Mais c'était mieux pour tout le monde, pour elle, pour Mac et même pour Eddie de lui faire ses adieux au téléphone.

— Eddie, c'est Sunny, se présenta-t-elle après le bip. J'ai voulu te téléphoner avant, plus tôt, je veux dire, mais je me suis laissé prendre par les choses et...

Elle poussa un profond soupir.

— Eddie, je veux juste te remercier de m'avoir aidée quand j'avais tant besoin d'aide. Et te remercier pour ta gentillesse et ton tact, et... pour tout ce que tu es. Je ne l'oublierai jamais, Eddie, sincèrement. Mais, tu vois, maintenant, ma vie est redevenue normale. Je suppose que l'on pourrait dire que je suis de nouveau sur mes rails. En tout cas, je suis de nouveau avec Mac. Et tu sais qu'il est l'amour de ma vie. Il fallait que je te le dise, Eddie. Mais je veux te remercier d'avoir été là, d'avoir été toi.

Le message s'interrompit et Sunny remercia le ciel. Elle aurait pu trop parler de toute façon, en dire trop. Elle poussa un soupir de soulagement. Maintenant, il n'y avait plus de secret.

— Ça allait ? demanda-t-elle aux deux femmes qui étaient assises et la fixaient, bouche bée.

— Si ça allait ? finit par dire Allie. On aurait dit une femme amoureuse.

— Ce n'est pas vrai !

— Si, renchérit Pru en passant une main distraite dans ses cheveux courts couleur miel.

— Fais tomber ta frange sur tes yeux, Pru, lui conseilla Allie en lissant le carré tout récent de son amie. C'est vraiment superbe.

— Vraiment, c'est bien ? demanda-t-elle en se regardant dans le miroir d'en face.

— Ça suffit ! cria Sunny. Nous parlons d'Eddie Johanssen.

— Tu parlais de lui, précisa Allie. Et je suis contente que tu lui aies laissé un message sans aller le voir parce que je sais que tu l'aurais embrassé.

Sunny les rejoignit sur le lit. Assises en rang d'oignons, elles fixèrent l'horizon bleu sombre qui était celui de la Méditerranée.

— Et je ne l'aime pas, bien sûr, reprit-elle après un long silence. J'aime Mac. Je ne peux pas vivre sans lui. Je ne suis pas complète sans lui. Avec Eddie, j'aurais dû être une autre Sunny, une femme différente.

Elle tourna ses yeux de velours vers elles. Son regard était empreint de tristesse.

— Je ne pouvais pas être seule. Et être sans Mac c'était être seule. Avant de le connaître, j'ignorais tout de la signification de ce mot. Je ne connaissais pas ce vide que laisse l'absence de celui qu'on aime. Depuis que nous nous sommes rencontrés, nous avons toujours été tous les deux, ensemble.

— Et maintenant, vous le serez toujours. Quand rentre-t-il de Paris ? demanda Pru.

Elle espérait tellement connaître un jour un amour aussi absolu !

— Demain matin. Avec Ron, sans doute, ajouta Sunny avec un sourire à l'intention d'Allie.

— Sans doute, acquiesça celle-ci en lui rendant son sourire.

Se sentant un peu exclue, Pru les regarda avec envie. Elle voulait comprendre ces sentiments, savoir pourquoi une femme se sentait si seule quand l'homme de sa vie n'était pas avec elle ; comprendre cette foi en l'être aimé qui unissait ses deux amies. Comment, se demanda-t-elle, arrivait-on à être aimée, à aimer ainsi ?

Ses pensées furent interrompues par la sonnerie du téléphone de Sunny. Radieuse, elle s'empressa de répondre. Bien sûr, c'était Mac.

— Salut, dit-elle, toujours souriante.

Ses deux amies l'écoutèrent sans complexes.

— Prague ? l'entendirent-elles dire, une ride se creusant sur son front. Une journée ? Deux, peut-être ? Tu ne sais pas ? Tu es sûr que c'est important ?

Elle renvoya ses longs cheveux bruns en arrière, sourcils froncés, fixa le tapis à ses pieds.

— Je sais, je sais, je suis d'accord et je comprends. Et bien sûr, Mac chéri, c'est exactement ce que tu dois faire. Tu peux me croire, je suis sincère.

Allie et Pru échangèrent un regard entendu.

— Ron rentre en Dordogne ? Bien sûr, je vais dire à Allie qu'il l'appellera plus tard. D'accord, Mac, bien sûr, je t'aime.

Un sourire aux lèvres, elle ajouta à voix basse :

— Je t'aimerai toujours, tu es mon amour, qui d'autre pourrait me faire l'amour comme ça ?

Pru haussa des sourcils intrigués.

— Comme quoi ? chuchota-t-elle en regardant Allie.

Pour toute réponse, Allie esquissa un sourire. Après avoir fermé son téléphone d'un coup sec, Sunny annonça :

— Bien, Mac ne revient pas demain. Il doit faire un saut à Prague.

— Prague ? répéta Allie.

— Il est sur une piste, quelque chose dont l'inspecteur lui a parlé. Il n'est pas entré dans les détails.

Avec un soupir accablé, Pru demanda :

— Alors, que vas-tu faire maintenant ? Rester assise là à l'attendre ?

Elle n'avait qu'une crainte, voir Sunny changer d'avis, s'exclamer « Que Mac aille au diable ! » et aller retrouver Eddie. Mais Sunny, le visage impassible, ne laissait rien paraître des pensées qui l'habitaient. En silence, ses deux amies attendirent sa réaction.

Or, la personne qui occupait les pensées de Sunny était Maha. Tout ce que l'Indienne lui avait dit lui revint en mémoire, depuis leur première rencontre, le soir du 25 décembre, dans le bar où elle l'avait mise en garde contre Kitty Ratte, jusqu'à ses conseils indirects sur les hommes. Maha la connaissait. Elle comprenait qu'à ce moment précis de sa vie elle avait besoin de vivre de nouvelles émotions, que cela allait bien au-delà d'un simple désir de revendiquer son autonomie. Une autonomie que jamais son amour pour Mac n'avait mise en péril. Mais elle sentait que saisir la chance que lui offrait Maha allait, en quelque sorte, la faire grandir. Elle voulait se prouver de quoi elle était capable, cela n'avait rien à voir avec Mac.

— C'est décidé ! annonça-t-elle en se levant d'un bond.

Elle se mit à arpenter la pièce.

— Tu me donnes le tournis, se plaignit Pru.

— Je te connais, Sunny, déclara Allie. Que se passe-t-il ? Qu'est-ce que tu mijotes ?

Sunny était debout devant la rangée de portes-fenêtres donnant sur la terrasse, sa silhouette se découpant à contre-jour.

— Je vais vous dire ce que je mijote, mes chéries. Moi, Sunny Alvarez, j'ai enfin décidé de suivre le conseil d'une autre femme. Vous savez ce que cette femme m'a dit ? Qu'il fallait saisir toutes les chances que la vie nous offrait. Et c'est exactement ce que je vais faire. Je n'attendrai plus Mac. Je vais révéler la femme qui est en moi.

— Et comment vas-tu t'y prendre ? s'enquit Allie, toujours pragmatique.

— Ma belle, adorable déesse du cinéma, je pars pour Bombay.

— En Inde ? s'exclama Pru.

Allie se leva et l'empoigna par les épaules.

— Pas question ! Tu ne peux pas faire ce que cette femme t'a demandé.

— Quoi ? gémit Pru qui n'y comprenait rien.

— Elle va servir de coursier à Maha Mondragon et faire entrer illégalement des bijoux en Inde, expliqua la star.

— Ce n'est pas de la contrebande, c'est parfaitement légal, protesta Sunny. Chaque bijou a son certificat. Tu sais que jamais je ne mettrais en péril la carrière de Maha en agissant de façon illégale. Tu peux imaginer les dégâts pour sa réputation.

Allie la secoua avec douceur. Elle devait lui faire entendre raison.

— Je ne fais pas confiance à Maha, insista-t-elle. Quelque chose me paraît louche dans cette affaire. Peux-tu m'expliquer pourquoi elle n'emporte pas ses bijoux en Inde elle-même ?

— Elle est trop occupée. Elle doit aller à New York, à Hong-Kong.

— Et ces satellites qui gravitent autour d'elle ? intervint Pru. Vous savez, les deux types qui ressemblent à des figurants de films italiens et la grande femme arrogante qui se comporte comme si elle était seule au monde ? Pourquoi ne les envoie-t-elle pas à Bombay ?

D'un air patient, Sunny répondit :

— Ils doivent être occupés ailleurs. De toute façon, tout est légal, je vous le dis et vous le répète, chaque bijou a un certificat. Il n'y a rien de louche dans cette affaire.

Mais ses amies avaient semé le doute dans son esprit. Réflexion faite, elle ferait peut-être mieux de vérifier avec Maha, lui soufflait une petite voix insidieuse.

— Puisque tu le dis, concéda Allie d'un air sombre.

— Vous devez comprendre que, juste une fois dans ma vie, je dois me prouver de quoi je suis capable.

Allie lui jeta un regard sceptique. Son amie n'avait-elle pas déjà eu maintes occasions de se le prouver à elle-même dans le passé ? Avait-elle oublié, par exemple, la fois où elle avait découvert un cadavre de femme dans le réfrigérateur d'une villa toscane ? La star était inquiète. Sunny semblait attirer les ennuis. Mais il était trop tard. Impuissante, elle regarda son amie composer le numéro de l'Indienne et l'entendit déclarer :

— Maha, j'accepte votre proposition.

— Merveilleux ! s'exclama l'Indienne à l'autre bout du fil.

Elle la pria de la rejoindre dans sa suite sans plus attendre. Elles allaient tout organiser. Et demain matin, à la première heure, Sunny s'envolerait pour Bombay.

53

— Jamais vous ne le regretterez, déclara Maha en prenant la main de Sunny. C'est une excellente décision. Il n'y aura pas de problème, je vous le promets.

— Mac a changé de programme. Il ne revient pas demain. C'est ce qui m'a poussée à accepter votre proposition.

L'Indienne la fixa de son regard perçant.

— C'est très courageux de vous lancer seule dans cette mission. Vous serez fière de vous, d'avoir su vous montrer si audacieuse. Ce sera une belle aventure.

— Pour une fois, Mac ne sera pas le seul à vivre une aventure.

— Où est-il, à propos ?

Elle venait de sortir de son placard le sac de voyage avec le compartiment zippé où étaient cachés les bijoux.

— À Prague. Il va y passer quelques jours.

Se raidissant imperceptiblement, Maha répondit :

— Ah bon ? Dans ce cas, cela vous laisse juste le temps de mener votre mission à bien. Demain matin, vous prendrez un avion privé pour Bruxelles. De là, vous prendrez un vol Air India pour Bombay en classe affaires.

Sunny acquiesça d'un signe de tête. L'Inde lui semblait soudain bien loin et Bombay très exotique. Un flot d'images de la métropole grouillant de millions d'habitants assaillit son esprit : la chaleur, l'odeur de la transpiration ; les vaches sacrées qu'il était interdit de toucher ; les parfums mêlés des épices, du mimosa, de la mer ; les palais de marbre blanc...

— C'est un long voyage, était en train de dire Maha. Mais en classe affaires, vous serez à l'aise. Mon assistant vous attendra à l'aéroport. Il s'appelle Rahm Singh. Il portera le traditionnel caftan indien et un turban rouge et jaune. Il brandira une pancarte avec votre nom, vous ne pourrez pas le rater. Il vous conduira chez moi en voiture, vous ne risquez pas de vous perdre.

— Et les bijoux ? Comment est-ce que je passe la douane ? demanda Sunny qui commençait à s'inquiéter.

Maha les avait à peine évoqués.

— Avant toute chose, et c'est le plus important, le coffre à bijoux ne doit pas vous quitter. Dans l'avion, vous devez le mettre sous votre fauteuil, pas dans le compartiment à bagages. Si vous allez aux toilettes, vous l'emportez. Sous aucun prétexte vous ne devez le confier à un steward ou autre. Quant à la sécurité, vous serez accueillie et accompagnée pour la passer.

Elle lui tendit alors un dossier bleu nuit à fermeture Éclair.

— Voilà tous les papiers nécessaires pour la douane, à Bruxelles, puis à Bombay. Vous serez attendue. Tout est arrangé. Votre formulaire d'importation sera tamponné. De toute façon, le fait est que vous n'importez rien. Vous rapportez en Inde des bijoux qui en viennent. Je ne vois donc pas pourquoi nous aurions un problème, qu'en pensez-vous ?

Elle sourit de son beau sourire. Avec ses lèvres pulpeuses maquillées d'un rouge à lèvres fuchsia, ses dents si blanches et régulières, elle avait une si jolie bouche que Sunny se demanda pourquoi elle ne renonçait pas à son commerce de bijoux, qui semblait lui demander tant de travail, pour embrasser une carrière de star à Bollywood.

— Vous devez aller chercher votre passeport, reprit Maha, et le faire tamponner.

— Tamponner ?

— C'est un visa, expliqua-t-elle. Vous avez besoin d'un visa pour l'Inde. Je vais faire venir quelqu'un du consulat pour s'en occuper.

Prenant de nouveau Sunny par les épaules, elle la regarda droit dans les yeux.

— Vous avez fait le bon choix, reprit-elle avec douceur. Ce voyage en solo ne peut être que bénéfique à votre relation avec Mac. Vous allez pouvoir lui prouver qui vous êtes. Une nouvelle femme, autonome, qui n'a pas besoin du soutien d'un homme.

— Une femme comme vous, renchérit Sunny.

Maha partit d'un éclat de rire.

— Il me semble que vous avez oublié une chose, Sunny, reprit-elle. Une chose importante. Combien vais-je vous rémunérer pour ce travail ?

Sunny n'avait même pas réfléchi à l'argent. Aïe !

— Vous ne serez jamais une femme d'affaires si vous ne commencez pas par négocier votre salaire, plaisanta Maha.

— Heureusement que je suis diplômée de l'université de Wharton, répondit Sunny, mortifiée. Mais je suis si excitée, si anxieuse.

— Aucune inquiétude à avoir. Je vais vous payer dix mille dollars pour vos trois jours de travail. C'est correct, non ?

— Correct ? répéta Sunny, abasourdie.

— Très bien, maintenant que ce point est réglé, allez me chercher votre passeport. L'argent et les bijoux seront prêts demain. Vous partirez à cinq heures du matin. Le temps est plaisant à Bombay, chaud, mais ce n'est pas encore la mousson. Prenez un châle pour le soir.

Maha avait retrouvé son ton de femme d'affaires.

— J'appellerai Bombay pour m'assurer que vous êtes bien arrivée, dit-elle. Et je vous donnerai la suite des instructions. Je vous indiquerai où livrer les bijoux et à qui les remettre. Rahm Singh me tiendra informée. Et, bien sûr, l'Inde est un endroit où même les plus petits villages sont joignables par téléphone portable. Dans ce domaine, c'est l'un des pays les plus développés du monde.

— Vous voulez dire que je peux appeler Mac ?

Après une hésitation, Maha répondit :

— Je préférerais que vous vous en absteniez. Pas seulement pour moi et pour la confidentialité de mes affaires. Mais aussi parce que, temporairement, vous êtes mon employée. Vous devez donc respecter mes consignes et ne pas parler de l'endroit où vous êtes ni de ce que vous faites pour moi.

— Bien sûr, lui promit Sunny avant de se diriger vers la porte.

Elle ne remarqua pas le sourire énigmatique de l'Indienne qui ajouta :

— De plus, ce sera amusant de mettre un peu l'esprit de déduction du détective à l'épreuve.

Elle partit d'un éclat de rire auquel Sunny, avant de sortir, fit écho.

Une fois son passeport remis à Maha, Sunny regagna la suite où l'attendaient ses amies.

— Eh bien ? demanda la star.

— Je vais vous confier Tesoro, annonça Sunny. Je vais être partie trois jours. Elle me paye dix mille dollars et, si vous êtes toutes les deux très gentilles, si vous arrêtez de faire les mauvaises langues et si vous promettez de ne dire à personne, pas même à Mac ou Ron, où je suis et ce que je fais, je vous rapporterai un souvenir de Bombay.

Allie lui lança son regard glacial connu de millions de cinéphiles.

— Tout ce que je peux dire, c'est que ça a intérêt à valoir le coup. Un rubis pour mon silence.

— Bonne idée. Un rubis ! renchérit Pru avec un sourire réjoui.

Puis, emboîtant le pas à Sunny, les deux amies la suivirent dans sa chambre pour l'aider à faire ses bagages.

54

Bombay

Jamais elle n'aurait pensé qu'aller à Bombay puisse être aussi simple. Comment une mission si facile aurait-elle pu être illégale ? Le petit avion privé la transporta de Nice à Bruxelles, d'où elle s'envola pour Bombay sur un appareil Air India. Quand elle fut confortablement installée en classe affaires, des femmes en saris, leur soyeux cheveux bruns noués en chignons, lui tendirent des serviettes chaudes parfumées au jasmin et lui servirent des amandes saupoudrées d'épices avec du champagne français dans des coupes en cristal. Son casque sur les oreilles, elle se laissait porter par la mélopée apaisante du sitar. Elle commanda un *thali* végétarien qui lui fut servi sur un plat d'argent dont chaque compartiment offrait un légume au curry différent, y compris la lentille *dal* jaune, sa préférée, du chou-fleur cuisiné avec des épices piquantes et les divines pommes de terre au curry de Bombay accompagnées de *raïta*, la sauce indienne au yaourt et au concombre, dont la délicieuse fraîcheur était bienvenue après le plat subtilement épicé. Comme dessert, elle dégusta le merveilleux gâteau de riz indien. Crémeux, avec une pointe citronnée de cardamome, il était bien différent de ceux qu'elle avait mangés enfant.

Rassasiée, elle se blottit sous sa couverture, dans un parfum de jasmin, promesse exotique de l'Inde au terme du voyage. Elle brûlait d'impatience d'arriver.

Quand elle se réveilla, à l'aube, l'avion survolait les lumières scintillantes de la civilisation moderne : les kilomètres accablants de bidonvilles sordides au pied de tours d'acier modernes et de bâtiments victoriens aux façades décrépies, vestiges de l'Empire britannique laissés à l'abandon.

Bombay, officiellement Mumbai depuis 1996, le célèbre port de la mer d'Oman, construit sur des marécages assainis, une ville de contrastes comptant dix-huit millions d'habitants, où la plus grande richesse côtoie la misère la plus noire. La ville de Bollywood et du high-tech. Des fouilleurs de poubelles et des mendiants, des boutiques de luxe et de la grande cuisine.

Sunny descendit de l'avion. Fatiguée, pleine d'appréhension, elle serrait le sac de bijoux de Maha. Elle se joignit à la queue pour les formalités d'immigration. Une fois son passeport inspecté, on lui fit signe de passer.

Arrivée à la douane, elle fut priée d'entrer dans un petit bureau où un homme en costume de lin blanc, froissé, l'invita à s'asseoir sur une chaise branlante en plastique. Puis, d'un air désinvolte, il inspecta ses papiers. Au-dessus de leurs têtes, un ventilateur tournait lentement au plafond, faisant voleter la poussière.

Après un moment, il leva la tête et la regarda attentivement. En proie à un sentiment de culpabilité aussi soudain qu'inexplicable, son cœur fit un bond dans sa poitrine. Pourvu qu'elle ne soit pas en train de faire de la contrebande à son insu. Sans rien dire, l'homme avança une fine main bronzée et pressa un numéro sur son téléphone.

Un frisson d'horreur la traversa. Elle n'aurait jamais dû accepter la proposition de Maha. Mac allait la rabrouer, lui dire à quel point elle avait été bête de faire confiance à une inconnue... et tout ça pour se prouver de quoi elle était capable. Comment avait-elle pu être aussi stupide ?

L'homme en costume de lin blanc parlait au téléphone dans un dialecte indien. Il reposa le combiné et, toujours assis derrière son bureau miteux, se replongea dans son mutisme. Sunny avait les paumes moites. Elle allait le regarder droit dans les yeux et prendre son air le plus innocent. La colère s'empara soudain d'elle. Après tout, elle n'avait rien à se reprocher ! De quoi pouvait-on l'accuser ? Elle ne faisait que rapporter les bijoux de Maha en Inde, leur pays d'origine.

La porte s'ouvrit, laissant passer un filet d'air dans la pièce confinée. Un homme entra et vint se placer derrière le fonctionnaire en blanc. Fixant Sunny d'un regard glacial, il demanda en anglais :

— Votre passeport, s'il vous plaît.

— Mais je suis déjà passée à l'immigration, protesta Sunny.

— Je veux quand même voir votre passeport, insista-t-il en tendant la main.

Elle sortit le passeport de sa poche et le lui tendit. Elle détestait s'en séparer. Elle ne le reverrait peut-être jamais... et resterait bloquée en Inde pour toujours...

L'homme l'examina, leva les yeux et croisa son regard. Leur couleur marron intense ressortait sur le blanc de la cornée, la couleur de sa peau rappelait le miel sombre, sa chevelure abondante était d'un noir de jais.

— Merci, madame Alvarez, déclara-t-il en le lui rendant.

Sans bouger, elle le serra contre sa poitrine. Qu'allait-il se passer maintenant ? Pouvait-elle se lever et partir ?

Après avoir adressé un signe de tête à son collègue, il quitta la pièce, provoquant un nouveau courant d'air. L'homme en costume blanc regarda Sunny puis les deux sacs sur le sol, à côté d'elle. Son petit sac de voyage avec quelques vêtements empaquetés à la hâte et le lourd sac à fermeture Éclair qui contenait les bijoux de Maha.

— Merci, madame Alvarez. Bon séjour à Mumbai ! dit-il dans un anglais soudain parfait.

Il se leva, ramassa le sac de Maha et le lui tendit. Puis, sans un sourire, il lui ouvrit la porte. Après l'avoir remercié, Sunny sortit, certaine que sa peur était flagrante.

Les jambes tremblantes, elle marcha aussi vite que possible, quitta le secteur de la douane pour se retrouver dans le terminal des arrivées. Seigneur ! Plus jamais elle ne recommencerait. Jamais ! Pas même si Maha lui promettait les plus beaux joyaux de la couronne d'une rani du Bombay décadent ; pas même si elle lui proposait de lui faire sculpter une réplique du Taj Mahal dans le marbre pour commémorer sa visite. Pas même pour prouver à Mac ou à qui que ce soit de quoi elle était capable. Ni pour se prouver qu'elle était prête à saisir toutes les chances que la vie lui offrait. Cette escapade en Inde était-elle vraiment une chance, après tout ? Elle n'en était plus si sûre.

Tant pis ! Sa paume toujours moite agrippée à son sac, des gouttes de transpiration lui coulant dans le dos, elle se retrouva au milieu d'une cohue d'une densité indescriptible, dans un vacarme assourdissant. Une myriade d'odeurs la saisit à la gorge. Tout le monde se poussait, se bousculait, hurlait. Certains proposaient des rickshaws, d'autres des taxis, des hôtels, des excursions, des voyages, d'autres encore vendaient des snacks épicés et des friandises.

Elle s'arrêta et promena un regard hésitant sur la foule bigarrée. Personne ne brandissait de pancarte à son nom. Elle sortit du terminal et se retrouva à l'air libre.

La nuit tropicale sembla l'envelopper dans un mélange de parfums de fleurs et d'émanations de pots d'échappement. Des palmiers s'agitaient, des tours modernes entièrement illuminées scintillaient dans le ciel bleu encre. Pourtant, inexplicablement, l'odeur prédominante était celle de la mer. Non pas fraîche et salée, comme celle du Pacifique, mais forte et capiteuse, avec un soupçon de l'odeur des marais sur lesquels la ville était née.

Devant elle, comme une marée humaine, les gens se pressaient devant les taxis et les bus alignés le long du trottoir. Tout le monde semblait vouloir sortir de l'aéroport pour gagner la ville.

Sunny vérifia la feuille qui portait les instructions tapées par Maha. Elles stipulaient bien que son assistant devait venir l'accueillir à l'aéroport.

Une vague de panique la submergea : elle était seule en Inde, avec un sac plein de bijoux. Il y avait eu un problème quelque part. Pourtant, comment était-ce possible ? Maha avait été si sûre d'elle, si attentive, elle avait étudié chaque détail. Maha était une femme perfectionniste.

— *Madama* Alvarez ?

Enfin ! Elle étouffa un soupir de soulagement. À côté d'elle se tenait un homme grand et mince, aux yeux noirs, perçants, portant un turban jaune et rouge enroulé autour de ses cheveux bruns. Il était vêtu d'un long manteau blanc à la Nehru sur un pantalon étroit en coton blanc et chaussé de sandales de cuir. Malgré son esprit embrumé, elle remarqua les ongles de ses orteils vernis. Il tenait dressée une pancarte avec son nom.

— Enfin ! fit-elle avec un sourire réjoui, l'air soulagée. Oui, je suis Sunny Alvarez.

— Je suis désolé, *madama*, de ne pas avoir été là pour vous accueillir. Mais la circulation est très mauvaise ce soir à Bombay. À Mumbai, comme on l'appelle aujourd'hui.

L'air très sérieux, il parlait d'une voix chantante.

Sunny sourit.

— Un instant, j'ai cru que je n'étais pas au bon endroit.

Impassible, il déclara, une main tendue :

— Je vais prendre vos sacs, madame Alvarez.

— Non. Je garde celui-ci, répliqua-t-elle en prenant celui qui contenait les bijoux.

Au moins, après avoir presque dormi dessus dans l'avion, elle avait encore assez d'énergie pour ne pas le laisser échapper à sa surveillance.

— Comme vous voudrez. Veuillez accepter de me suivre jusqu'à la voiture, répondit-il dans son anglais désuet.

Sunny accepta de bon cœur. Elle avait hâte d'arriver à la voiture, de s'enfoncer dans le siège et de regarder Bombay défiler derrière les vitres.

C'était une Mercedes noire 600, l'un des modèles les plus chers. L'intérieur était en cuir crème. Sur les côtés, touche un peu démodée, de petits vases en cristal avec des gardénias blancs en forme d'étoiles qui embaumaient. Elle en frissonna de plaisir. C'était une voiture pour une femme en sari de soie, une beauté indienne parfumée et couverte de bijoux. Une femme comme Maha Mondragon.

Un coffret en noyer proposait des boissons avec de jolis verres ornés d'une guirlande de feuilles argentées. Des bouteilles d'eau étaient au frais dans une petite glacière.

Sunny s'adossa à la banquette rembourrée et sourit à son sauveur.

— Je suis désolée, mais j'ai oublié votre nom.

— Rahm Singh, *madama*. Je suis l'assistant en chef de la Mondragon.

— Merci, monsieur Singh.

Ainsi, il appelait sa patronne « la Mondragon » ? C'était étrange. Mais c'était sans doute la coutume ici, en Inde.

La voiture se faufila dans la circulation de l'aéroport, puis sur une route qui paraissait interminable, à l'éclairage éblouissant, et longea des amas d'ordures qui ressemblaient à de petites montagnes parmi lesquelles des enfants à moitié nus, à la maigreur effarante, grouillaient comme des rats ; du linge multicolore séchait aux fenêtres de maisons victoriennes aux murs couleur de miel, vestiges de l'époque du Raj[1]. Puis elle passa devant des bâtiments gouvernementaux pour entrer dans la ville et prendre le Marine Drive, où des rickshaws tiraient des couples qui sortaient pour la soirée. Elle longea alors une plage sur laquelle venaient se briser des vagues où couraient d'autres enfants aux jambes fluettes et cuivrées, puis des échoppes éclairées par des lanternes, à l'ombre de palmiers, où des vendeurs proposaient des *papadums*, du pain rempli d'une viande épicée, des légumes, du jus de canne à sucre liquoreux.

---

[1]. L'Empire sous la colonisation britannique.

Sunny aperçut des mendiants dépourvus de pieds ou de mains et, mal à l'aise, frissonna. Souvent, les pauvres hères avaient été mutilés enfants, de façon à rapporter plus d'argent en misant sur la pitié des passants indifférents. Derrière sa vitre défilaient maintenant des palaces scintillant de mille feux, des résidences closes par des portails en fer forgé, habitées par les vieilles familles opulentes, des tours dont les appartements étaient habités par les jeunes nouveaux riches, des bureaux encore éclairés où l'on s'activait, même s'il était déjà tard. Captivée, Sunny regardait la ville se matérialiser sous ses yeux. Bombay, choquante, fascinante, semblait ne jamais dormir.

La grosse voiture aborda une rue en pente et ralentit. Elle approchait de hautes grilles en fer forgé à travers lesquelles Sunny aperçut une maison de gardien. Un homme en sortit. Il portait une longue chemise de coton blanc et un large pantalon resserré aux chevilles. Quand il reconnut la voiture, il ouvrit les barrières et leur fit signe de passer.

Sunny baissa sa vitre et admira le chapelet de lumières qui, scintillant sur la côte, n'était pas sans évoquer Malibu ou Santa Monica : la rivière de diamants de la reine Bombay vue du sommet de Malabar Hill. L'air étonnamment frais s'engouffra dans la voiture et les odeurs de l'Inde la submergèrent, l'enveloppèrent. L'Inde semblait s'offrir à elle. Elle eut le coup de foudre.

Cinq marches de marbre conduisaient à une maison blanche dont l'étage unique était soutenu par de nombreuses colonnes. À l'avant, un tapis de fleurs roses s'étalait sur les eaux noir cobalt d'un bassin tout en longueur, bordé de papyrus. Une immense statue de déesse dorée qui semblait garder la maison s'y reflétait.

Rahm Singh vint ouvrir la portière de la voiture et Sunny en descendit, le sac de Maha toujours à la main. Elle s'arrêta devant la statue.

— Qui est-ce ? demanda-t-elle.

— Mahalakshmi. La déesse de la richesse et de la prospérité.

Un instant, elle réfléchit à la réponse de Singh : elle comprenait maintenant à qui Maha devait son nom.

Souriante, le sac de bijoux serré contre elle, elle monta les marches du perron. Toutes ses craintes s'étaient évanouies. Elle était chez Maha, à l'abri.

55

Monte-Carlo

Quand Pru se réveilla dans la suite Louis XIV, elle sentit peser sur son ventre le kilo cinq cents de Tesoro. Elle ouvrit les yeux et fixa ceux, ronds et globuleux, du chihuahua. Comment le regard d'un petit chien pouvait-il exprimer une telle tristesse ? Cherchait-elle à attiser sa pitié pour la simple raison que sa maîtresse adorée était partie pour quelques jours ? De plus, elle était sûre que Tesoro savait qu'elle était la chienne la plus aimée au monde, exception faite, peut-être, d'après ce qu'elle avait entendu dire, du Pirate de Mac.

La truffe de Tesoro frôla sa joue chaude. Elle était aussi froide que les martinis glacés qu'elle avait bus au bar la veille. Elle souleva les trois livres de poil soyeux et la serra contre elle. Pourquoi, se demandait-elle maintenant, n'avait-elle pas eu de chien ? La compagnie d'un animal l'aurait aidée à passer le cap difficile de la séparation d'avec son abominable mari. Un chihuahua comme Tesoro, par exemple. La petite chienne n'avait jamais essayé de la mordre, ce qui prouvait bien qu'elle l'adorait. Elle se pencha vers la petite tête poilue et chuchota au creux de son oreille délicatement dressée :

— Écoute-moi, mon joli bébé tout doux, nous allons nous amuser, toutes les deux. Nous allons aller nous promener, je t'invite à déjeuner. Je sais que tu aimes le poulet en morceaux et, si tu promets de ne pas le dire à Sunny, tu pourras même avoir un peu de ma glace.

Elle marqua une pause. Réflexion faite, la glace n'était peut-être pas une très bonne idée.

— Ce n'est bon ni pour toi ni pour moi, mon cœur, reprit-elle avec un soupir.

Tesoro se blottit contre elle et renifla ses cheveux. Seigneur ! ses cheveux ! Pour un peu, elle oubliait le carré blond qui, lui avait-on assuré deux jours avant, avait fait d'elle une nouvelle femme. Ce qui, sur le coup, l'avait laissée sceptique. Elle l'était encore aujourd'hui.

Tesoro dans les bras, elle se leva et regarda le miroir doré à la feuille qui faisait face à la fenêtre. Des mèches de cheveux blonds lui barraient le front. Perplexe, elle les frôla de sa main qu'elle passa ensuite dans le carré doré qui remplaçait ses baguettes de tambour châtaines. Sa nouvelle coupe courte la perturbait. Pourtant, Allie et Sunny lui avaient assuré que c'était une vraie réussite.

— Maintenant, tout est en harmonie, avait dit Sunny. La couleur de ta peau, ton hâle, ta poudre Terracotta.

— Tu commences à avoir le look Côte d'Azur, avait renchéri Allie, visiblement satisfaite de constater l'efficacité de son plan.

Néanmoins, Pru n'arrivait pas à chasser l'impression perfide que, peut-être, sa nouvelle coiffure n'était pas aussi réussie que ses deux amies le prétendaient, et qu'elles essayaient seulement de lui remonter le moral.

Un peu nerveuse, elle posa Tesoro à terre et décida d'aller prendre sa douche. Derrière la porte vitrée qui séparait la chambre de la salle de bains, la petite chienne poussa un gémissement si pitoyable que Pru alla lui ouvrir. Au moins, Tesoro ne se sentirait pas abandonnée de tous. S'occuper d'un autre être que d'elle-même était tout nouveau pour Pru. Bizarrement, cela donnait plus d'intérêt à la vie. Elle se sentait investie d'une responsabilité : pour aider Sunny qui était partie remplir une mission importante à Bombay, elle devait emmener sa petite chienne se promener, s'assurer qu'il ne lui arrivait rien. Le voyage de Sunny était ultraconfidentiel mais Allie et elle étaient dans le secret. Tout comme, bien sûr, Maha Mondragon, qui avait tout planifié et confié son sac de fabuleux bijoux à Sunny. La belle Indienne, avec son efficacité de femme d'affaires, avait même obtenu tous les visas nécessaires en moins de deux. Lorsqu'elle s'était étonnée que Maha n'y aille pas elle-même, Sunny, tout en jetant à la hâte quelques vêtements dans un sac de voyage, avait répondu d'un ton enjoué qu'elle était trop occupée.

Le jour du départ de Sunny, Ron, qui était rentré chez lui en Dordogne, avait fait une chute de cheval. Résultat, il avait une jambe cassée. Allie avait pris le premier avion à Nice. Elle voulait s'assurer qu'il allait bien, qu'il ne souffrait pas et que le turbulent labrador ne risquait pas de le faire tomber et de lui briser l'autre jambe. Elle avait ensuite l'intention de revenir pour être de retour le même jour que Sunny. Que Mac aussi, peut-être. Un frisson de délectation traversa Pru. Sunny et Mac étaient si amoureux !

À dire vrai, Pru n'avait jamais connu cette intimité, tant affective que sexuelle, avec un homme. Bien sûr, elle avait eu quelques amourettes de lycée, mais pour elle, à l'époque, le sexe restait une notion mystérieuse qui habitait ses rêves plus que sa vie. Son mariage ne l'avait pas éclairée. Son mari avait toujours fait preuve du plus grand égoïsme, sans doute parce qu'elle ne lui avait jamais plu et qu'il se moquait bien de faire l'amour avec elle. Même dans l'ensemble qu'elle avait payé très cher pour son voyage de noces, une nuisette et un déshabillé en mousseline bleue à rubans de satin, qui, avait-elle pensé, pouvait exciter n'importe quel homme, il l'avait à peine regardée. Au fil des jours, elle avait compris qu'une guêpière rouge et noir Victoria's Secret et un Wonderbra auraient été plus efficaces. Mais quand cette évidence s'était imposée à elle, il était trop tard. De toute façon, cela lui était devenu indifférent. C'était du moins ce qu'elle se répétait, même si, dans le fond, elle savait bien que ce n'était pas vrai et que sa blessure était profonde.

Sunny, pour sa part, était rayonnante de la beauté des femmes comblées. Tout dans son attitude, dans ses gestes fluides, prouvait qu'elle était merveilleusement bien dans sa peau. Pru étouffa un soupir. Il était temps pour elle de devenir cette femme. Mais comment atteindre une telle plénitude ?

Elle se mit à rire. Voilà maintenant qu'elle se rêvait sexy. Pour commencer, elle allait enfiler le jean cigarette choisi par Allie, qui lui faisait les fesses plus minces et plus rebondies, puis le pull en cachemire chocolat qui avait coûté un prix astronomique. Un prix néanmoins justifié : doux comme la soie, il moulait ses formes les plus séduisantes exactement là où il le fallait. Pour compléter sa tenue, elle enfila ses boots plates en daim marron, à franges. Elle ne suivait son régime que depuis quelques jours seulement mais elle sentait déjà la différence : si elle n'était pas encore mince, elle en prenait le chemin.

Perchée sur la coiffeuse, la petite chienne la regarda se maquiller les cils d'une touche de mascara, appliquer un peu de blush au pinceau sur ses pommettes et le rouge à lèvres *nude*, une teinte idéale pour sa nouvelle blondeur. Sa bouche aussi avait changé depuis qu'elle avait réappris à sourire : elle avait embelli.

— Et voilà, Tesoro, je suis prête ! annonça-t-elle en attrapant le harnais rouge à brillants. La fille du Sud va aller se promener avec son exquise petite chienne globe-trotter. Et si nous poussions jusqu'à Cannes, nous balader sur la Croisette ? Peut-être pourrions-nous même repérer une ou deux stars ? Mais j'oublie que tu viens de Hollywood : tu as l'habitude de croiser des célébrités. Nous pourrons nous arrêter prendre un café à une terrasse, et même déjeuner. Cela nous changera les idées, nous empêchera de nous inquiéter pour Ron et d'essayer de comprendre ce que mijote Maha en envoyant Sunny à Bombay. Et nous aidera à oublier Eddie Johanssen, qui a dû quitter la ville après avoir écouté le message de Sunny.

Elle sortit de la suite Louis XIV et, entraînant Tesoro, descendit dans le hall de l'hôtel. Dehors la journée était radieuse, le ciel bleu marine. Étrangement, quand elle se mit au volant de la Renault décapotable à la carrosserie argentée pour prendre la route de Cannes, la seule personne pour laquelle elle n'eut pas une pensée était Kitty Ratte.

56

Pru n'avait plus l'habitude d'être seule, ce dont on pouvait s'étonner après tant d'années passées à partager la vie d'un homme courant d'air, d'un mari sournois qui « voyageait » ou, plus vraisemblablement, qui vivait une seconde vie. Pourtant, après quelques jours en compagnie d'Allie et de Sunny, elle se sentait un peu abandonnée.

Plongée dans ses pensées, elle remontait la Croisette d'un pas tranquille, Tesoro traînant derrière elle. Le soleil hivernal était si chaud qu'elle eut soudain envie d'une boisson fraîche. De champagne, pourquoi pas ? Elle s'était découvert un goût très prononcé pour le champagne. Et tant pis pour le Coca Light ! En attendant, dans la vie, rien ne valait les amies. Exception faite, peut-être, d'un amoureux. Hélas ! elle n'avait jamais eu de véritable amoureux, un amant qui ne se lasserait pas de lui faire l'amour, incapable de vivre sans elle. Tout comme elle ignorait tout de l'amitié d'un homme. Son mari n'avait jamais été son ami.

Ils s'étaient rencontrés à un mariage auquel elle s'était rendue en tant que simple invitée. La mariée et elle se connaissaient depuis l'enfance, elles avaient grandi dans la même petite ville, pourtant elle ne lui avait pas demandé d'être demoiselle d'honneur. Même si, à l'époque, elle était mince, elle n'était pas le genre de fille à qui l'on demandait d'être demoiselle d'honneur à un mariage. Elle était juste une gentille fille au physique banal, avec une peau saine, que tout le monde aimait bien et qu'aucun garçon ne draguait.

Tout le monde savait qu'elle avait hérité une coquette somme de son père, le plus gros entrepreneur de la ville, à commencer par celui qui allait devenir son mari. Il avait recherché sa compagnie, l'avait séduite et, avant même qu'elle ait eu le temps de dire ouf, elle s'était retrouvée mariée, en route pour son voyage de noces en Floride dans une énorme Cadillac Escalade flambant neuve qu'elle avait payée de sa poche. Plus tard, son mari était passé au stade supérieur : il avait acheté des voitures étrangères, avec une prédilection pour la Jaguar de course verte. Pru devinait que, si le mariage avait duré, il aurait jeté son dévolu sur une Porsche. Les hommes dans son genre voulaient toujours posséder une Porsche. De couleur rouge, avec des plaques personnalisées, cela allait de soi. Bien entendu, quand il l'avait quittée, il avait déjà claqué une bonne partie de sa fortune et elle s'était retrouvée presque sans ressources, dans un petit appartement avec vue sur un parking.

Pru ne voulait plus entendre parler de ce type d'homme. Son seul regret était de s'être jetée sur la nourriture pour se consoler de tout ce qu'il lui faisait endurer. Ce genre de salaud ne valait pas la peine qu'une femme sombre dans la déprime et que, à un âge où tout écart se payait, son corps en subisse les conséquences.

Elle sentit que l'on tirait sur sa laisse. Figée sur place, Tesoro la regardait avec des yeux pleins d'espoir.

— Qu'est-ce que tu as ? demanda Pru, un peu exaspérée.

— Elle veut que vous la portiez, répondit une voix d'homme.

Elle fit volte-face et, bouche bée, se trouva nez à nez avec Eddie Johanssen.

— Oh ! finit-elle par dire.

— Ces très petits chiens se fatiguent vite, expliqua-t-il. Vous avez vu comme leurs pattes sont courtes.

— Oui, bien sûr, dit-elle en prenant Tesoro dans ses bras et en la serrant contre sa poitrine. Merci. Pourquoi n'y ai-je pas pensé avant ?

— Manifestement, vous étiez perdue dans vos réflexions.

Immobile, sans faire un pas, il lui parlait. Toujours d'une beauté à couper le souffle, il paraissait beaucoup plus serein que la veille au soir, dans l'ascenseur.

— Je crois que je vous connais, reprit-il. Vous êtes à l'hôtel, n'est-ce pas ? Je crois me souvenir de vous avoir rencontrée dans l'ascenseur.

— Vous ne vous sentiez pas très bien, se contenta-t-elle de répondre dans l'espoir de lui rafraîchir la mémoire.

Soudain embarrassée, elle se tut. Elle n'aurait pas dû lui dire ça. Un homme n'aimait pas se voir rappeler son état d'ébriété.

— Je ne m'en souviens pas, répondit-il. Je me souviens juste de vos chaussures rouges.

— Oh..., répéta Pru d'un ton dubitatif.

Ce soir-là, elle était pieds nus et en peignoir. Manifestement, il parlait de leur première rencontre.

— C'étaient des chaussures neuves, expliqua-t-elle en reprenant ses esprits. Et elles coûtaient deux fois le prix qu'elles auraient dû coûter.

— Un bon investissement, fit Eddie, les yeux pétillants.

— Je l'espère, répondit Pru, son visage s'éclairant d'un sourire.

Un bel homme avait remarqué ses chaussures, il se rappelait qu'elles étaient rouges. Allie avait raison, elle devait avoir de jolies jambes.

Debout, face à face, ils se regardaient. Eddie la trouvait sympathique, il aimait son attitude ouverte, sans une once de provocation. Pourtant, elle le déroutait un peu. Elle était d'une telle spontanéité qu'il était intrigué : il n'arrivait pas à trouver un qualificatif pour la décrire. « Simple » lui paraissait le plus adéquat. Oui, c'était une fille toute simple.

— Je suis Eddie Johanssen, se présenta-t-il.

— Moi c'est Pru. Prudence Hilson.

— Moi aussi, je suis seul. Je peux vous offrir un café ?

Le sourire radieux qui éclaira le visage de Pru l'enchanta.

— Vous êtes le premier en France à proposer de m'offrir un café.

Il haussa un sourcil surpris et elle s'empressa d'ajouter :

— La plupart des gens veulent m'offrir une coupe de champagne. Je croyais que l'on ne buvait rien d'autre dans ce pays.

Elle se rabroua intérieurement. Pourquoi n'arrivait-elle pas à se taire ? Sa nervosité et son enthousiasme étaient ridicules, elle avait le plus grand mal à se supporter.

Prenant son bras, Eddie lui fit traverser la rue jusqu'à un café. Autour des tables disposées sur le trottoir, à l'ombre d'un auvent rouge, les conversations allaient bon train.

Le visage de Pru s'éclaira d'un grand sourire. Elle était assise en face du plus bel homme du café, un chihuahua racé sur les genoux, comme n'importe quelle Française. Avec ses boots et sa veste en daim, et sa nouvelle coiffure courte et blonde qui dansait dans la brise avec légèreté, elle se sentait si chic qu'elle éclata de rire.

— De quoi riez-vous ? s'enquit Eddie.

— De me voir ici, en France, assise à une terrasse de café.

— Où seriez-vous, sinon ?

— Dans une petite ville du Texas dont vous n'avez jamais entendu parler, sans doute en train de regarder *Entertainment Tonight* à la télévision tout en regrettant de ne pas faire partie de ce monde glamour et inaccessible.

— Et maintenant, vous en faites partie ?

Il marqua une pause et la dévisagea d'un air grave.

— Vos cheveux ont changé.

Elle les tapota d'une main, dérangeant Tesoro qui gigota.

— Oui, ils étaient longs et châtains, maintenant ils sont blonds et courts. Qu'en pensez-vous ?

Avançant une main, il frôla une mèche.

— C'est ravissant. Voyez comme ils accrochent la lumière. Ils illuminent votre visage.

— Vraiment ? demanda-t-elle, sentant ses joues s'empourprer.

— Vous avez un visage si charmant, reprit Eddie, se délectant de la voir rougir encore.

Le garçon arriva, les interrompant. Le Suédois commanda un cappuccino pour elle, un double express pour lui et une coupelle d'eau pour la chienne.

— Pourquoi la chienne de Sunny est-elle avec vous ? s'enquit-il alors.

Pru sentit son cœur se serrer. La vraie raison qui avait poussé Eddie à s'arrêter pour lui parler était-elle Sunny ?

— Elle a dû s'absenter. Elle ne pouvait pas emmener son chien.

Il n'était pas question de lui dire qu'elle était partie pour Bombay. D'abord, elle avait juré le secret, ensuite, cela ne le regardait en rien. Sunny avait fait ses adieux à Eddie, même s'il était vrai que c'était au téléphone. Elle lui avait dit qu'elle avait été contente de le connaître, l'avait remercié de l'avoir aidée et avait ajouté qu'elle le considérerait toujours comme un ami. Néanmoins, touchée par la tristesse dans le beau regard bleu du Suédois, elle décida qu'il était grand temps qu'il sache la vérité.

— Sunny et Mac se sont retrouvés, annonça-t-elle avec la plus grande délicatesse. Vous savez qu'ils s'aimeront toujours.

Eddie esquissa un sourire penaud.

— Parfois, nous aimons imaginer ce qui aurait pu être et nous refusons de voir ce qui est. Sunny est arrivée dans ma vie à un moment où elle avait besoin de moi, ou peut-être juste de quelqu'un comme moi, ajouta-t-il avec un haussement d'épaules désabusé.

Pru lui tapota la main. Elle était fine et bronzée avec de longs doigts et quelques poils dorés. Un frisson la parcourut, elle avait soudain la chair de poule. Seigneur ! qu'il était séduisant ! Jamais elle n'avait éprouvé une telle attirance pour un homme. Elle commençait à comprendre le lien qui unissait Sunny à Mac. Mais attention ! Eddie ne devait rien deviner de son trouble. Il se montrait juste amical.

— Je comprends, répondit-elle, un charmant sourire éclairant son visage.

Elle était loin de se douter que ses lèvres maquillées de cette teinte *nude* étaient une invitation au baiser. Incapable de résister à la tentation, Eddie Johanssen se pencha vers elle et l'embrassa avec douceur. Elle vacilla et faillit tomber à la renverse de surprise.

— Merci, murmura-t-il.

Puis, avec un sourire, il lui demanda si elle aimerait déjeuner avec lui. Elle accepta.

Eddie avait décidé de lui faire découvrir Mougins, un village aux rues escarpées non loin de Cannes. Au cours du déjeuner, il lui raconta l'étrange histoire de sa nuit « oubliée ». Elle lui expliqua qu'elle l'avait rencontré dans l'ascenseur et que, le croyant ivre, elle avait voulu l'aider. Pourtant, elle était restée perplexe car elle ne pensait pas qu'un homme comme lui puisse s'enivrer.

À quatorze heures passées, toujours assis dans un petit bistro de la place principale, accoudés à la table et penchés l'un vers l'autre, ils continuaient à converser calmement. Assoupie sur la chaise à côté de Pru, Tesoro, qui avait mangé pour deux chihuahuas, digérait son poulet. Eddie et Pru avaient dégusté un loup de mer grillé, un poisson d'une délicatesse surprenante, pêché du matin, accompagné d'une salade assaisonnée d'huile d'olive locale et d'un doux vinaigre balsamique. Après avoir fini leur bouteille de rosé, ils en avaient commandé une demie, à laquelle Eddie avait à peine touché car il conduisait. Elle l'avait donc finie presque seule et, toutes ses inhibitions évanouies, elle se sentait pleine d'audace. Elle lui raconta l'histoire de son mariage désastreux, de son mari infidèle, de la métamorphose qu'elle était en train de vivre. Il lui parla de Jutta, de son sordide divorce, de son amour pour ses enfants.

Au bout d'un long moment de conversation à bâtons rompus, le silence s'installa. Elle le regarda et, se penchant vers lui jusqu'à frôler son visage, demanda :

— Eddie, tu aimes vraiment mes cheveux ?

Il l'enveloppa d'un long regard. Il avait enfin trouvé le qualificatif qu'il cherchait tout à l'heure. Prudence Hilson était candide. Et cela lui plaisait.

— Je pense qu'avec tes cheveux blonds tu es une autre femme. Mais tu sais, Prudence, ce qui compte, c'est ce qu'un homme voit dans une femme au-delà de son apparence. En toi, je vois une femme pleine de bonté, généreuse, qui s'oublie pour les autres, une femme qui n'hésite pas à donner son amitié mais qui ne se laissera plus jamais leurrer par une fausse image de l'amour. Même si tu doutes de toi, je peux te dire que tu es un esprit très fin, Prudence, et je suis heureux de t'avoir rencontrée. Heureux de déjeuner avec toi dans ce charmant village de France, dans ce délicieux bistro où ils cuisinent le poisson d'une manière si sublime que si je m'écoutais, j'en reprendrais. Aujourd'hui, tu as fait de moi un homme heureux. Je tenais à ce que tu le saches.

Pru savait que sous sa poudre bronzante elle devait être écarlate. Tant pis, elle s'en fichait ! Ce bel homme venait de lui dire qu'il était heureux d'être en sa compagnie, que pouvait-elle souhaiter de plus ? Soudain, elle le revit avec Kitty Ratte. Avait-il vraiment passé cette nuit « oubliée » avec cette femme ? Qu'était-il arrivé exactement ? Maha n'avait-elle pas dit à Sunny que Kitty était corrompue, diabolique, même ? Elle le croyait sans peine. Elle aurait donné cher pour savoir ce que Kitty avait manigancé.

Pru était peut-être candide mais elle n'était pas idiote. Elle connaissait les effets de la drogue et de l'alcool et elle savait que, cette nuit-là, Eddie n'était pas dans son état normal. Cela ne lui ressemblait pas, voilà tout. Que diable lui avait fait Kitty Ratte ? Quelle drogue lui avait-elle fait avaler pour qu'il perde la mémoire ? Elle devait en avoir le cœur net.

— Tu étais avec Kitty Ratte le soir où je t'ai croisé ivre dans l'ascenseur ? demanda-t-elle.

Faisant un effort pour rassembler ses souvenirs, il fronça les sourcils.

— Il me semble me rappeler l'avoir rencontrée au bar. Ce n'était pas délibéré. Je suis tombé sur elle par hasard, voilà tout.

— J'ai l'impression qu'elle y passe le plus clair de son temps, répondit Pru. Et je suis sûre qu'elle n'est là que dans le but de nuire, activité dans laquelle elle excelle.

Eddie sourit.

— J'espère que dans mon cas elle a échoué.

L'air soudain très grave, Pru déclara :

— Je n'en mettrais pas ma main au feu. Je ne lui fais pas confiance, Allie et Sunny non plus, d'ailleurs. De toute façon, c'est de l'histoire ancienne, ajouta-t-elle avec un haussement d'épaules. Et je ne veux pas gâcher ce délicieux déjeuner à parler d'une femme qui a si peu d'intérêt.

Saisie d'une impulsion, elle lui prit la main.

— Tout va bien, maintenant ? En ce qui concerne Sunny ?

Il fit un signe d'assentiment.

— Sunny se sentait seule. J'étais l'homme du moment.

À cet instant précis, Tesoro leva la tête et poussa un gémissement.

— Oh, oh ! s'exclama Pru. Je ne suis pas spécialiste en chiens mais je pense que cela veut dire qu'elle a besoin d'aller se promener.

Ils se levèrent de table et, pendant qu'Eddie réglait l'addition, elle promena Tesoro le long de la place pavée. Puis il la ramena à Cannes où elle récupéra sa voiture de location et, se suivant l'un l'autre, ils regagnèrent Monte-Carlo.

Quand ils se retrouvèrent dans le hall de l'hôtel, il lui annonça son départ pour Londres le soir même.

— Demain, je dois être à Glasgow.

— Pour affaires ? demanda Pru, priant pour qu'il ne s'agisse pas d'une femme.

— C'est toujours pour affaires. C'est ce qui mine ma vie, ajouta-t-il, une pointe d'amertume dans la voix.

Il pensait à son divorce, à sa famille éclatée.

Ils se dirent au revoir. Il voulait sortir sur la terrasse pour téléphoner. Pru avait décidé de regagner la suite pour appeler Allie et la mettre au courant des derniers événements. Elle brûlait aussi de savoir si son amie avait eu des nouvelles de Sunny.

— Prudence, je me suis fait une nouvelle amie aujourd'hui, déclara Eddie en prenant ses deux mains dans les siennes.

Il se pencha pour les embrasser et Pru se sentit rougir de nouveau. Cet homme lui coupait le souffle.

— Merci pour tout, j'ai passé une très belle journée, dit-elle. En fait, l'une des plus belles de ma vie.

— Je t'en souhaite beaucoup d'autres, répondit-il avec un sourire éclatant.

Ses yeux bleus plongés dans ceux de Pru, leur complicité était totale. Au bout d'un moment, Pru finit par briser le silence.

— Maintenant que nous sommes amis, j'attends ton appel.

— Tu peux compter sur moi, promit-il.

Elle fit volte-face et s'éloigna.

57

Prague

Le lendemain, Mac atterrit à Prague beaucoup plus tard qu'il ne l'avait prévu. Son vol avait eu du retard. Pire, ils avaient embarqué et étaient restés à bord de l'avion immobilisé au sol tandis que, sur le tarmac, des hommes en combinaisons orange s'affairaient autour des moteurs manifestement hors service. Au bout de deux heures d'attente, tous les passagers furent débarqués. Les nerfs en pelote, impatients de trouver un autre vol pour Prague, ils durent attendre. Jamais Mac n'avait autant regretté Ron et son Cessna.

Il eut la chance de trouver une place dans un avion qui partait cinq heures plus tard. Quand il se posa enfin à Prague, l'aéroport était glacial. Remerciant le ciel de n'avoir qu'un bagage à main et, par conséquent, de ne pas devoir attendre avec les autres passagers dont les bagages, de toute façon, étaient sans doute toujours dans le premier avion, il héla un taxi et donna au chauffeur l'adresse de cet hôtel qu'il ne connaissait pas.

À l'intérieur du taxi régnait une chaleur étouffante. Les pensées de Mac allèrent à Sunny. Voyager léger présentait des avantages certains. Mais impossible de le lui faire comprendre quand elle faisait ses bagages et qu'il se trouvait confronté à son entêtement. Au souvenir de leurs dialogues avant un départ en vacances, il eut envie de rire. Elle insistait toujours pour emporter beaucoup trop de choses. D'un autre côté, elle était si jolie, quand, le soir, elle troquait tongs et short pour s'habiller, qu'il lui pardonnait.

À propos, où diable était Sunny ? Il savait qu'il aurait dû insister pour le savoir. « Je te le dirai à mon retour », s'était-elle contentée de répondre. Il devinait qu'Allie et Ron étaient dans le secret mais ni l'un ni l'autre ne vendraient la mèche.

Tout le temps que dura le trajet de l'aéroport à l'hôtel, il fut incapable de chasser son inquiétude. Arrivé à l'hôtel, il prit sa chambre qui sentait le renfermé. Le mobilier était sommaire et kitsch à souhait : des rideaux en chintz, un couvre-lit fleuri, un tapis vert foncé. Un peu comme une maison de grand-mère dans un mauvais conte de fées. Il jeta un coup d'œil dans la salle de bains. Dieu merci, la douche était moderne et puissante.

Un message de Ron l'attendait. Il n'avait pas réussi à le joindre sur son téléphone portable. « J'ai fait une chute de cheval idiote. Je me suis cassé la jambe », disait-il.

Il vérifia l'heure : vingt et une heures trente. Il était encore tôt. Après avoir retiré sa veste, il s'assit sur le bord du lit, son téléphone portable à la main, et appela son ami. Ron répondit immédiatement.

— Avec le temps que j'ai mis pour arriver à Prague, j'aurais pu aller jusqu'en Australie, fit Mac d'un ton las.

— Tu aurais eu plus de soleil en Australie, plaisanta Ron. De toute façon, je suis hors service, comme ils disent en français.

— Je suis désolé, mon vieux, fit Mac d'un ton grave. Soigne-toi. Allie va s'occuper de toi, de toute manière. En attendant, je vais essayer de trouver un sandwich, je m'aperçois que je n'ai rien mangé de la journée. Ce qui me fait penser que je boirais bien un verre. Je me demande s'il y a un bar dans cet hôtel.

Il jeta un nouveau regard à la pièce au mobilier désuet.

— Mon Dieu ! s'il y en a un, je parie qu'il est plein de femmes avec des tresses en couronne et d'hommes en culottes de cuir qui jouent de l'accordéon et qui chantent dans une langue que je ne connais pas et que, de plus, je ne veux pas connaître pour le moment.

— Les joies des voyages à l'étranger, répondit Ron, laconique. Appelle-moi demain. Je veux entendre ton compte-rendu sur la gitane.

— Promis ! répondit Mac.

Il descendit au bar. S'il ne s'était pas trompé concernant l'accordéon, il ne vit aucune culotte de cuir à l'horizon. Il ne devait pas être dans le bon pays. Mais la bière était fraîche, le sandwich à la saucisse chaud et le sourire de la serveuse amical.

Une fois son dîner avalé, il regagna sa chambre et prit une douche. Et moins d'une heure après être descendu au bar, il était profondément endormi dans un lit de grand-mère, sous un édredon rose à fleurs.

L'hiver en République tchèque ne ressemblait en rien à l'hiver en Californie, ni même à Monte-Carlo, où avec une brise légère le fond de l'air restait doux, la lumière du soleil dorait les bâtiments aux couleurs pastel, où les jolies femmes chaloupaient des hanches, se sentant séduisantes dans leurs petites jupes et leurs bottes chics. À Prague, l'atmosphère était plus austère, plus hivernale. Mac frissonna. Le froid mordant lui donnait la chair de poule. Derrière la vitre du taxi qui l'emmenait vers la Ville Nouvelle défilait la ville baroque. Il savait qu'il se trouvait dans l'une des plus belles capitales du monde, mais n'était pas d'humeur à apprécier les beautés de Prague. Avec dans sa poche l'adresse d'une gitane qui répondait au nom de Valeria Vinskaya, il était impatient d'arriver à destination. Il était prêt à parier que la femme qu'il espérait rencontrer utilisait un pseudonyme. D'un autre côté, une danseuse gitane se devait d'avoir un nom de spectacle mélodieux.

D'après l'inspecteur, elle se définissait comme une « artiste internationale ». En d'autres mots, elle voyageait au gré de ses contrats, mettant à profit toutes les occasions de commettre un délit. Jusqu'à présent, il s'était agi de larcins sans gravité, de vols à la tire, d'escroqueries mineures, comme de profiter du sommeil de ses conquêtes masculines pour leur subtiliser leur portefeuille. Il lui arrivait toutefois de tremper dans des trafics de voitures volées que ses complices cachaient dans des entrepôts pour les démonter et expédier les pièces à l'étranger.

Pourtant, ces derniers temps, Valeria semblait avoir touché le jackpot. Et, comme tous les petits voleurs, l'argent lui brûlait les mains. Elle l'avait dépensé, l'avait étalé, avait acheté des vêtements neufs, un manteau de fourrure, s'était offert les faveurs d'un gigolo. Valeria vivait dans l'instant sans penser au lendemain.

La rue de Valeria n'avait rien de remarquable : des bâtiments en béton gris, aux façades plates, percées de petites fenêtres, sans volets pour leur donner un peu de charme. Une grille en fer servait d'entrée. Il n'avait pas téléphoné pour prendre rendez-vous. D'après son expérience, l'effet de surprise était son meilleur atout. Mais lui ouvrirait-elle ? Il était prêt à parier qu'en entendant le nom de l'inspecteur elle le laisserait entrer.

Il pressa la sonnette et, emmitouflé dans son long pardessus noir, attendit. Il savait que l'appartement de Valeria se trouvait au premier étage. À sa grande surprise, elle répondit immédiatement.

Sans comprendre ce qu'elle disait en tchèque, il se présenta, lui précisa qu'il savait qu'elle parlait anglais et qu'il avait besoin de s'entretenir avec elle. La question fusa :

— Pourquoi ?

Sa voix était rauque, un peu éraillée. Mac esquissa un sourire. Les gitanes avaient exactement ce genre de voix au cinéma. Il lui précisa qu'il était un ami du policier français. Après un long silence, elle répéta :

— Pourquoi ?

— Ce serait beaucoup plus confortable de parler à l'intérieur, répondit-il. Il fait un froid de loup, ici.

Il tremblait de tous ses membres.

— Bien sûr, puisque vous êtes au pays des loups, répondit-elle en riant, avant d'enchaîner, je vous vois, vous savez, je vous regarde alors que nous parlons.

Levant les yeux, il aperçut une forme noire derrière une fenêtre, puis la grille en fer s'ouvrit.

Il entra et se trouva dans un vestibule étroit aux murs peints dans un vert classique. Un lustre scintillait dans la pénombre, aussi incongru qu'une poignée de diamants volés. Il monta jusqu'au premier palier et, entendant une porte s'ouvrir, se retourna et étouffa une exclamation de surprise. Il s'était attendu à rencontrer une Roumaine à la longue chevelure brune, avec de larges créoles en or aux oreilles et un tourbillon de jupons multicolores. Or, la femme qui lui faisait face semblait avoir une vingtaine d'années au plus. Menue, elle portait ses cheveux bruns coupés en un carré court. Une épaisse frange surmontait des yeux d'une étrange couleur grise. Elle était vêtue d'un jean et d'un gros pull gris.

— Mac Reilly, se présenta-t-il, en s'avançant vers elle, une main tendue.

L'ignorant, elle recula d'un pas pour lui permettre d'entrer.

— Je sais, se contenta-t-elle de répondre.

Il se trouvait dans une pièce multifonctionnelle, peinte en rose fuchsia. Un coin cuisine, une douche séparée par un rideau de plastique rose d'un futon noir défait, avec des draps froissés, qui faisait face à une étagère vide de livres. En revanche, elle avait une télévision. Sous l'unique fenêtre du studio se trouvait une petite table ronde couverte d'une longue nappe rose à franges, avec deux chaises. Une porte fermée dissimulait ce qu'il devina être les toilettes. Contre un mur, un portant croulait sous des chemisiers rouges et noirs, des jupons de gitane et des vêtements de tous les jours. Au bout du portant il vit un manteau de fourrure. De vison, devina-t-il. Il semblait neuf et devait avoir coûté très cher.

— Beau manteau, fit-il d'un ton appréciateur.

Elle haussa les épaules.

— Contentez-vous de me dire pourquoi vous êtes ici.

— Vous permettez que je retire mon pardessus ?

Prenant tout son temps, il continua son inspection. Pas un détail ne devait lui échapper.

— Oh ! là, là ! J'oublie mes manières. Monsieur Reilly, je vous en prie, permettez-moi de prendre votre manteau. Puis-je vous offrir quelque chose à boire ? Un verre de Slivovitz fait toujours du bien par une journée aussi froide. Ça réchauffe là où on en a besoin. C'est du moins ce que j'ai entendu dire.

Une lueur moqueuse dans ses prunelles gris pâle, elle le regarda poser son manteau sur le dossier de l'une des chaises. Un petit chat gris et noir surgit de sous la table.

— Il est beau, la complimenta Mac en faisant mine de le caresser.

Avec un sifflement furieux, le chat le griffa.

— *Elle* mord, railla Valeria avec un sourire. Comme le ferait une femme.

Mac sortit un mouchoir de sa poche et essuya le sang de la griffure. Puis il prit place dans l'un des deux fauteuils club qui entouraient une table basse en verre ovale. Leur couleur noire reposait du rose. Valeria prit deux petits verres et s'installa dans l'autre. Elle le regarda longuement, l'étudiant avec insolence de la tête aux pieds.

— Eh bien ? demanda Mac.

Un sourire éclaira son visage mince aux joues pâles, lui donnant soudain un air très jeune. Elle était vraiment très jolie. Sous son pull gris, ses clavicules saillaient légèrement.

— J'aime ce que je vois, dit-elle. Je bois à votre santé, Mac Relly.

— Reilly, la corrigea-t-il.

Elle haussa les épaules d'un air dégagé.

— Je préfère Mac, fit-elle d'un ton aguicheur.

— Valeria, vous savez que je ne suis pas de la police.

— Je sais qui vous êtes. Votre émission est diffusée dans le pays.

— Vous savez donc pourquoi je suis ici.

— Je n'avoue rien, dit-elle avec une moue boudeuse, le regard dur.

— Je ne vais pas vous demander d'aveux. Tout ce que j'attends de vous, ce sont des informations. Pas assez pour vous mettre en danger, juste assez pour m'aider à trouver un assassin qui tue sans aucun état d'âme. Quelqu'un qui tue pour le seul plaisir de tuer, ni pour de l'argent, ni par jalousie.

— Il ne s'agit donc pas d'un crime passionnel ? demanda-t-elle d'un ton pensif en repliant ses jambes sous elle et en buvant une gorgée du liquide sans couleur de son verre, de la Slivovitz sans doute.

Ses yeux gris écarquillés au-dessus de ses belles pommettes slaves, elle le regarda par-dessus le bord de son verre.

— Dommage, reprit-elle après un silence. Les crimes passionnels sont les seuls qui m'intéressent.

— Et l'amour ? Parlons-en, Valeria.

— Vous êtes amoureux, alors ? questionna-t-elle, une lueur de curiosité dans les yeux.

— C'est une question très personnelle, répondit-il.

Mac était trop intelligent pour y répondre. Tout comme il se gardait bien de toucher à la Slivovitz.

— Si je la pose, c'est aussi pour une raison très personnelle.

Sachant qu'il n'aurait pas dû le faire, il ne put s'empêcher de demander :

— Et quelle est-elle ?

— Eh bien, je vous trouve très séduisant, monsieur Relly.

— Reilly. Appelez-moi Mac.

— Comme dans « macaroni ».

— Dans mon cas, c'est Mackenzie, précisa-t-il.

— Mais je vois que vous ne buvez rien, Mackenzie. Vous croyez que j'ai mis du poison dans l'eau-de-vie ?

— Je n'en serais pas surpris, répliqua-t-il en posant le verre sur la table.

Elle hocha la tête.

— Et vous n'auriez pas tort. Mais je ne suis pas une tueuse sans états d'âme, Mackenzie. Je ne fais pas dans le crime. Je suis une simple danseuse, sans talent particulier, qui essaye de gagner de l'argent chaque fois qu'une occasion se présente. Même si je n'en ai pas l'apparence habituelle, je suis une gitane roumaine, ce qui me permet de travailler en Pologne, en Hongrie, en Allemagne. Citez-moi n'importe quel club dans n'importe quelle ville de province, j'y ai dansé.

— Donc, vous n'êtes pas une criminelle ?

Elle but une gorgée et, de nouveau, le fixa.

— À votre avis ?

Mac se mit à rire.

— Vous voulez mon avis ? Vous êtes charmante. Vous aimez flirter et vous savez exactement ce que vous faites, mademoiselle Valeria Vinskaya. Et non, je ne vous prends pas pour une tueuse. Mais avant que vous n'abusiez de la Slivovitz, permettez-moi de vous raconter une petite histoire concernant un vol de bijoux. L'histoire d'un meurtre.

Immobile, blottie dans son fauteuil comme une petite souris grise, elle l'écouta en silence lui décrire la tueuse au manteau de fourrure. Seuls ses yeux, qui regardaient dans le vide, semblaient bouger. Quand il suivit la direction de son regard, il vit qu'elle fixait le vison.

— Beau manteau, la complimenta-t-il.

— Il a été beau, acquiesça-t-elle.

Se levant, elle le décrocha du portant, l'enfila et se mit à tournoyer devant Mac. Beaucoup trop grand, il lui tombait jusqu'aux pieds.

— J'allais le faire reprendre, déclara-t-elle. Mais, ici, je n'ai personne de confiance. Il serait volé et revendu. C'est comme ça que tout le monde gagne de l'argent.

— En volant ? répéta Mac.

Elle s'affala dans le fauteuil et s'enroula dans la soyeuse fourrure. Sans faire un bruit, la chatte arriva en courant, bondit sur les genoux de sa maîtresse, se roula en boule et s'endormit. Un instant, Mac eut l'impression de se trouver face à une image de conte de fées : un elfe enchanté, un chat au poil argenté, un manteau de fourrure volé.

Avec un nouveau haussement d'épaules, elle expliqua :

— Je l'ai trouvé dans un vestiaire de restaurant. J'étais avec un ami. Pendant qu'il occupait l'employée du vestiaire, je l'ai subtilisé. Quand je suis rentrée là où j'habitais, j'ai trouvé quelque chose dans la poche.

Elle marqua une pause et le regarda. Son regard était plein de crainte, soudain.

— C'était un diamant. Un énorme diamant. Jaune mais très beau. Alors je l'ai vendu et j'ai gardé le manteau. Voilà comment ça s'est passé, Mackenzie Reilly. Je suis une mauvaise fille, ou peut-être une bonne fille devenue mauvaise, tu as le choix. Mais je ne suis pas une tueuse.

— À qui avez-vous vendu le diamant ?

Elle ne répondit pas. Un moment, ils restèrent assis dans un silence pesant que seul venait troubler le ronronnement de la chatte. Dehors, le ciel était d'un gris de plus en plus menaçant. Mac se demanda comment elle pouvait supporter de rester confinée dans cette pièce, une prison que le rose des murs ne faisait rien pour égayer. Quel serait l'avenir de cette jolie gitane ? Il aurait donné cher pour le savoir.

— Donnez-moi le nom du restaurant, dit-il.

Elle persista dans son mutisme.

— De la ville, au moins.

Toujours silencieuse, elle se contenta de le fixer.

— C'est tout ce que vous avez à me raconter ? finit-il par demander.

— Je ne vous en dirai pas plus, fit-elle d'un ton ferme.

— Donc, il y a plus ? Vous savez à qui appartenait le manteau, n'est-ce pas ? Le diamant aussi ?

Peut-être l'ignorait-elle. Mais si elle acceptait de lui donner le nom du restaurant, il pourrait vérifier l'identité de la femme qui avait déclaré un vol de manteau et, ainsi, la retrouver. Quant au diamant, il ne doutait pas un instant qu'il fasse partie du butin des braqueurs de *La Fontaine* à

Paris ou de celui du lendemain de Noël, à Monte-Carlo. Il fallait savoir à qui elle l'avait vendu.

Soudain elle se leva, se débarrassant de la fourrure. Surprise, la chatte sauta à terre.

— Prenez-le, lança-t-elle en lui remettant le manteau. Je ne veux plus rien avoir à faire avec ce manteau. Je n'en veux plus. Je ne veux pas de sang sur mes mains. Je suis une voleuse, Mackenzie, pas une tueuse.

Il prit le manteau, le plia avec soin. Il était doux comme de la soie, aussi délicat que la femme qui lui faisait face, ses yeux d'elfe gris embués de larmes.

— Au revoir, Mackenzie, dit-elle en se dirigeant vers la porte qu'elle tint ouverte. Ne me posez plus aucune question. Ne venez plus jamais me voir.

S'emparant de son pardessus, il tira une carte de visite de sa poche et la lui tendit. Quand il passa devant elle, elle se pencha vers lui et déposa un baiser furtif dans son cou.

— Vous sentez bon, dit-elle.

Sur ces mots, elle referma la porte derrière lui. Songeur, il redescendit dans le vestibule et ressortit dans la rue grise.

Il avait grand besoin de boire quelque chose.

58

Hormis pour raisons professionnelles, Mac n'était pas le genre d'homme à traîner dans les bars. Il n'y était pas dans son élément. À tous les bars du monde il préférait de loin sa terrasse surplombant le Pacifique à Malibu. Il sourit malgré lui ! Voilà qu'il citait presque Humphrey Bogart dans *Casablanca*.

Il était incapable de chasser la gitane de son esprit. Elle l'avait profondément remué : son petit visage pointu, sa vie chaotique, son magnifique chat doté du même tempérament de feu que sa maîtresse. Deux elfes à qui la vie ne faisait pas de cadeaux. Pas étonnant que, imitant sa propriétaire, l'animal siffle et crache.

Il dut marcher un long moment avant de trouver un taxi. Ils étaient rares dans le lugubre quartier de la gitane. Quand, enfin, il en arrêta un à un carrefour animé, il donna le nom de son hôtel au chauffeur. Une fois arrivé, il le pria d'attendre. Il gagna alors sa chambre, ramassa ses affaires et passa à la réception payer sa note. Puis il reprit son taxi. Il ne supportait plus cet endroit minable. Il avait la même impression d'emprisonnement que dans l'appartement rose de Valeria.

Il demanda au taxi de le déposer deux rues plus loin. Il avait besoin de marcher au grand air. La pensée de Valeria ne le quittait pas : si vibrante, si vulnérable. Un mot lui venait à l'esprit pour la décrire : « pathétique ». Son petit sac de voyage à la main, le manteau de fourrure sous le bras, il aperçut un café dont les larges fenêtres inondaient la rue pavée d'une lumière dorée. Il avait l'impression d'être dans un tableau de Van Gogh, comme si, ayant remonté le temps, il avait changé de siècle.

Il s'installa à la terrasse abritée sous une verrière, son sac sur la chaise à côté de lui. Puis il plia le vison et, avec délicatesse, le posa dessus. Un serveur s'avança vers lui. Il était jeune, propre, professionnel.

— Monsieur ?

— Un double cognac. Rémy Martin, si vous avez.

— Mais certainement, monsieur. Et pour Madame, qu'est-ce que ce sera ?

Mac le fixa d'un air ébahi.

— Madame ? répéta-t-il.

Le serveur fit un geste en direction du manteau.

— Un autre cognac, peut-être ?

Il réprima un sourire. Il avait compris.

— Non merci, répondit-il. Il n'y a pas de madame.

L'air très gêné, le jeune serveur bredouilla :

— Je suis désolé, monsieur. J'avais pensé... avec la fourrure.

— Pas de problème.

Il savait bien pourtant qu'il avait un problème, même si, pour le moment, il ignorait comment le résoudre.

L'inspecteur avait raison : si elle parlait, Valeria serait en danger. Il regrettait presque d'être allé la voir. Il espérait que ceux dont elle avait peur ne la soupçonneraient pas d'avoir trahi. Des trafiquants à qui, il en était sûr, elle avait vendu le diamant jaune, lequel, il en était tout aussi certain, venait de la collection *La Fontaine*. Il avala la moitié de son cognac d'une traite. Le breuvage lui brûla la gorge, son goût doux-amer lui procurant un frisson de satisfaction. Il était temps de téléphoner à l'inspecteur. Le Français répondit à la première sonnerie.

— Alors ? dit-il, ayant manifestement reconnu son numéro.

— Alors, j'ai rencontré la gitane.

— Et ?

— Elle n'est qu'un infime rouage dans l'engrenage, une petite voleuse de fortune qui s'est retrouvée avec un butin bien trop important pour elle. Voilà mon opinion.

— Qu'est-ce qui te fait dire ça ? s'étonna l'inspecteur.

— Le manteau de fourrure qu'elle exhibait quand tu l'as interrogée a été volé dans le vestiaire d'un restaurant.

— Quel restaurant ?

— Elle a refusé de me le dire.

À l'autre bout du fil, il entendit le soupir découragé du policier.

— Je peux néanmoins affirmer que c'était soit à Monte-Carlo soit à Paris, car elle a trouvé un diamant jaune monté en bague dans l'une des poches. Un gros diamant, m'a-t-elle dit. Je suis prêt à parier qu'il s'agit de l'un des diamants de *La Fontaine*.

— Je vais faire vérifier dans quelle ville elle a travaillé. Quoique j'aie déjà ma petite idée. Cela devait être Paris, après le cambriolage de *La Fontaine*. Il a fallu qu'elle trouve le temps de rentrer à Prague et de revendre la bague. Puis elle est venue dépenser l'argent et exhiber sa fourrure à Monte-Carlo. Une flambeuse, voilà le mot que j'utiliserais pour la décrire.

Comme c'était étrange, se dit Mac. Il l'avait trouvée si touchante. Elle n'avait pas mis longtemps à retomber de son piédestal de femme riche.

— Je parie qu'elle a tout claqué, déclara-t-il. Et je parie aussi qu'elle ne l'a pas vendu cher. Elle sera allée voir l'un des petits revendeurs au bout de la filière, qui aura tout de suite compris sa vraie valeur et l'aura roulée pour en tirer le maximum d'argent lui-même.

— Et la fourrure ?

— Je n'ai pas encore eu le temps d'enquêter sur sa propriétaire. J'ai fouillé les poches mais je n'ai rien trouvé. Et je n'ai pas vu d'étiquette. Je regarderai plus attentivement quand je serai rentré à l'hôtel.

— Dans quel hôtel es-tu descendu ?

Pris au dépourvu, Mac réfléchit un instant. Il avait oublié qu'il n'avait plus d'hôtel.

— Le *Four Seasons*, finit-il par répondre.

Il en avait plus qu'assez des hôtels minables, des appartements sordides et des quartiers moches de Prague.

Après avoir promis au policier de le rappeler une fois la fouille du manteau terminée, il appela le *Four Seasons* et réserva une chambre.

En attendant, il ferait tout aussi bien de dîner. Sans finir son cognac, il demanda le menu et commença par commander une bouteille de vin. C'était un vin local, lui annonça le serveur. Qui aurait pu se douter qu'il y avait des vignobles en République tchèque ? Il devait se souvenir d'en parler à Ron. Le vin était bon, généreux, un régal pour ses papilles de connaisseur. Se sentant déjà plus détendu, il essaya encore une fois d'appeler Sunny. La sonnerie du téléphone retentissait comme s'il appelait sur la Lune.

En proie à un mélange de frustration et d'inquiétude, il mangea son porc braisé aux légumes, un plat de paysans, consistant, idéal pour un soir d'hiver glacial à Prague. Dehors, la nuit était tombée et la rue était obscure.

Son dîner terminé, il reprit un taxi pour l'hôtel où il inspecta sa chambre. Enfin, il prit une douche, heureux de pouvoir se détendre sous l'eau chaude après cette journée qui, somme toute, avait été bien pénible. Il regrettait d'être venu à Prague. Il essaya de nouveau d'appeler Sunny. Toujours sans succès.

En entrant dans la chambre, il avait jeté le manteau de vison sur un fauteuil. Il le prit, passa ses mains sur la peau douce, souple comme une pièce de satin. C'était un manteau très cher. Qu'il ait été perdu ou volé dans un restaurant, son propriétaire aurait déclaré sa disparition à la police. Il repensa aux braqueuses, trois femmes élégantes, avec leurs cheveux blonds, leurs masques de Marilyn et leurs longs manteaux de fourrure. Il repensa au diamant trouvé dans la poche de la fourrure par Valeria. Le lien n'était pas difficile à établir.

Prenant la fourrure, il en retourna les manches, les palpa avec soin, cherchant le nom du fabricant, ses initiales. Mais il ne trouva rien, pas plus qu'il ne découvrit un nom de propriétaire brodé à l'intérieur, comme c'était le cas pour un manteau fait sur mesure. L'étalant alors sur le lit, il tâta la doublure de sa paume et découvrit une poche intérieure, fermée par un bouton bijou. Elle était vide. Il remarqua alors la discrète bordure de soie qui ouvrait sur une fente : une poche secrète, devina-t-il. Idéale pour y glisser une carte de crédit ou un billet de cent dollars pour payer un taxi en cas d'urgence. Il glissa ses doigts à l'intérieur. Elle paraissait vide. Soudain, ses doigts frôlèrent un morceau de plastique.

C'était une carte de visite d'un raffinement rare. Mince, en papier glacé blanchâtre, élégamment gravée en lettres d'un gris si pâle qu'elles étaient à peine lisibles.

Il parvint toutefois à déchiffrer l'inscription : Sharon Barnes, *The Barnes Model Agency*, sous laquelle se trouvait une adresse dans la Vieille Ville de Prague.

Il la tourna en tous sens. Il connaissait ce nom. Impossible néanmoins de se rappeler où il l'avait entendu. Mais une chose était sûre : dès demain matin, il irait trouver Sharon Barnes dans son agence de mannequins.

Il n'allait pas pour autant rappeler l'inspecteur ce soir. Il préférait de nouveau essayer de joindre Sunny. Bien entendu, elle ne décrocha pas. Incapable de faire taire son inquiétude pour elle, il finit par s'endormir.

59

Bombay

La tête penchée dans une posture pleine d'humilité, mains jointes, trois domestiques attendaient Sunny dans la fraîcheur du vaste vestibule de la maison de Maha. Pieds nus, très minces, elles portaient de soyeux hauts rouges qui descendaient au genou sur le traditionnel pantalon étroit, en coton. Leurs cheveux noirs et brillants étaient tressés en nattes épaisses dans lesquelles étaient piquées des fleurs colorées. Quand Rahm Singh la présenta, elles lui lancèrent un regard en dessous.

— Vous accompagnerez *Madama* à sa chambre, leur intima-t-il. Vous lui montrerez tout.

Elles levèrent la tête et la fixèrent de leurs yeux noirs, empreints de froideur. Devant leurs visages soudain offerts à la lumière, Sunny étouffa une exclamation de surprise : leurs joues étaient balafrées de larges cicatrices.

Voyant son expression choquée, Rahm Singh expliqua :

— Ces femmes vivaient dans le bidonville où elles étaient maltraitées. La Mondragon les en a tirées. Elle leur a donné une vie meilleure.

Puis, après lui avoir fait signe de les suivre, il se retira.

Les trois femmes la précédèrent le long d'un couloir qui menait à l'arrière de la maison. Elles traversèrent une immense pièce qui, avec ses divans et ses lampes aux abat-jour de soie, semblait être une pièce de réception. Au loin, derrière les hautes fenêtres sans rideaux, Bombay scintillait comme les diamants de *La Fontaine*. Du corridor, Sunny aperçut dans une autre pièce une table de salle à manger de vingt places au moins, entourée de chaises tendues de brocart. Elle était décorée de bouquets dans des vases en argent. La lumière tamisée des lampes mettait en valeur les tons des tapis teintés de couleurs végétales à l'ancienne. Avec leurs flamboyants motifs alambiqués ou plus modernes et moins chamarrés, ils étaient tous magnifiques. Certains racontaient même une histoire.

Elles traversèrent une petite bibliothèque aux murs tapissés d'étagères chargées de livres du sol au plafond. Autour de tables basses sur lesquelles s'étalaient des magazines étaient disposés des fauteuils au design contemporain. Des bonbonnières en argent et cristal remplies de friandises et d'arachides attendaient les visiteurs. La pièce ouvrait sur une véranda au joli salon d'été en rotin et chintz fleuri, avec dans le prolongement une terrasse dallée, délimitée par des murets qu'escaladaient de flamboyantes bougainvillées, pleine de pots d'hibiscus, de jacarandas, de mimosas géants.

La bibliothèque franchie, elles se trouvèrent dans l'aile des invités. Les domestiques s'arrêtèrent devant une porte à deux battants qui s'ouvrit sur la chambre qui lui était destinée. En y entrant, Sunny eut l'impression de pénétrer dans un autre monde, un luxueux paradis multicolore où tout n'était que soie et brocart. Un tapis moelleux réchauffait le sol en marbre. De hautes portes-fenêtres ouvraient sur un jardin à la végétation exubérante. Après ce long vol, rien ne pouvait être plus accueillant que la fraîcheur et la sérénité de l'endroit.

Cinq petites marches menaient au lit à baldaquin, grand et confortable, drapé de mousseline blanche. Un canapé blanc et des fauteuils entouraient un guéridon sur lequel se trouvait un vase en grès ancien rempli de gardénias. Sur une table, entre deux portes-fenêtres, un service à thé en argent et d'exquises tasses qui avaient sans doute appartenu à une femme de gouverneur évoquaient l'époque de l'Empire britannique. Les rideaux fuchsia et les tapis turquoise étaient en soie. Les murs étaient décorés de tableaux d'art contemporain indien aux couleurs audacieuses. Elle passa alors dans la salle de bains. En onyx vert, de la couleur d'une queue de sirène, elle était si grande que Sunny eut l'impression de pouvoir s'y perdre.

Elle n'en eut pas le temps. L'une des trois femmes s'affairait déjà à lui faire couler un bain dans la baignoire circulaire où elle jeta des poignées de sel et versa de l'huile parfumée. Une autre pliait les serviettes et les disposait sur le bord garni de savons au géranium, de gels de bain et de lotions, et éparpillait des pétales de rose sur l'eau verte. La troisième défit le petit sac de voyage de Sunny, prit les vêtements froissés pour les repasser, déplia le T-shirt dans lequel la jeune femme dormait pour le disposer sur le lit, avant de rembourrer les oreillers. Le tout dans un silence intense sans que jamais un sourire vienne dérider leurs visages.

Quelqu'un frappa à la porte. Debout au milieu de toute cette splendeur, elle cria « Entrez ! ». Rahm Singh apparut, s'inclina. Il voulait s'assurer que tout allait bien et que *Madama* – comme il l'appelait – avait tout ce dont elle avait besoin.

Il avait l'air si grave que Sunny ne put s'empêcher de sourire.

— Que puis-je vouloir de plus ? Je ne suis jamais descendue dans meilleur hôtel.

— La Mondragon désire que tout soit parfait, répondit-il avec raideur. Après que *Madama* aura pris son bain et se sera mise à l'aise, il est proposé de lui servir à dîner.

Elle se demanda qui lui faisait cette proposition. Maha, sans doute. Elle s'aperçut qu'elle avait très faim, tout à coup.

— Merci, Rahm Singh, répondit-elle.

— Si c'est acceptable pour *Madama*, le cuisinier suggère quelque chose de léger. Une soupe de tomates, pour laquelle nous sommes célèbres. Un plat de chou-fleur préparé au four avec du tamarin et du cumin, et du *paneer*, notre fromage indien. Un peu de poulet coupé, légèrement assaisonné au curry et, bien sûr, du riz basmati, délicatement parfumé au jasmin. Et peut-être, pour plus tard, notre célèbre gâteau de riz, doux et crémeux, avec la pointe citronnée de la cardamome.

Sunny se sentait soudain très faible. La fatigue du voyage, à laquelle venait s'ajouter la tension d'avoir transporté les bijoux, commençait à la rattraper. À l'idée d'un tel festin, elle avait le vertige. Elle s'enfonça dans les coussins rembourrés du canapé capitonné de soie blanche et, après avoir remercié Rahm Singh, lui expliqua que si c'était possible, elle préférerait un petit sandwich. « Un bacon-laitue-tomate, ou un sandwich au thon », précisa-t-elle. Elle se sentait ridicule et incurablement américaine, mais après un si long vol, elle devait faire attention à ce qu'elle mangeait.

— Et un verre de vin blanc, s'il vous plaît, Rahm Singh, ajouta-t-elle alors.

Quelques minutes plus tard, immergée dans l'immense baignoire vert bouteille, au milieu des pétales de fleurs, les huiles parfumées faisant merveille pour ses courbatures, elle s'interrogea. Pourquoi Maha voyageait-elle autant ? N'avait-elle pas tout ce qu'elle pouvait souhaiter chez elle, dans cette maison splendide, avec ses domestiques aux petits soins ?

Une demi-heure plus tard, enroulée dans un peignoir en coton blanc d'un moelleux incomparable, elle attendait que Rahm Singh revienne avec son sandwich. Elle se sentait propre et parfumée, détendue. Les yeux toujours rivés au sol, les trois servantes indiennes étaient alignées devant la porte. Elles attendaient sans doute ses ordres. Pourtant, elle n'en avait pas à donner. De plus, elle ne parlait pas leur langue. Elles étaient étranges. Si silencieuses, si humbles avec leurs têtes baissées. Et jamais un sourire.

Rahm Singh réapparut, une bouteille de vin dans un seau à rafraîchir en cristal entre les mains. Il était suivi par un nouveau domestique, un homme, cette fois, pieds nus lui aussi, vêtu du même style de vêtements en coton que les trois femmes. Il portait un grand plateau d'argent sur lequel reposait un plat recouvert d'un couvercle en argent, deux verres en cristal et une bouteille d'Évian. Après lui avoir adressé un bonsoir respectueux, il disposa un couvert avec soin. Puis, avec adresse, Rahm Singh déboucha le vin.

Tirant alors la chaise, il fit signe à Sunny de s'asseoir. Elle obéit avec l'impression d'être la reine d'Angleterre pour qui ce genre de cérémonial était sans doute le quotidien. Il lui montra la bouteille en quête de son approbation. C'était un blanc de la vallée de la Loire. Se rappelant que Maha buvait du champagne tous les soirs, elle sourit. Décidément, cette femme savait vivre.

Elle but une gorgée de vin. Frais, léger, il s'accordait parfaitement à son état un peu fragile. Puis, soulevant le couvercle d'argent, elle examina le sandwich : un pain rond, comme gonflé d'air, qui s'affaissa quand, avec délicatesse, elle le prit entre ses doigts, dégageant une subtile odeur d'épices : il contenait du poulet coupé en tranches fines, des tomates, des lamelles de bacon et des lambeaux de laitue, le tout recouvert d'une sauce qu'elle goûta en y plongeant un doigt. C'était, en fait, une *raïta* de yaourt et concombres. Si c'était la conception indienne d'un sandwich, elle était au paradis.

Avant de prendre congé, Rahm Singh avait renvoyé les trois domestiques muettes. Enfin seule, Sunny dégusta son sandwich et son vin. Puis, submergée de fatigue, elle sortit sur la terrasse éclairée. Tout en respirant l'air parfumé de la nuit, elle admira le parc dans lequel sinuait un ruisseau. Le sac de bijoux était bien en sécurité, par terre, à côté du lit. Ses pensées revinrent à Maha. Quand appellerait-elle pour lui donner les instructions de la seconde manche du jeu ? À qui devait-elle remettre les bijoux et où ?

Elle imagina alors Mac, seul à Prague, tout comme elle en Inde. Quels idiots ils étaient ! Elle regagna la chambre et essaya d'appeler son numéro de portable. Pour toute réponse, elle n'obtint qu'un bip. Seigneur ! combien il lui manquait. Elle brûlait d'impatience de lui raconter la luxueuse maison de Maha, les domestiques muettes, le sandwich dans le pain indien, et le vin de Loire blanc qu'elle aurait adoré partager avec lui. Pourvu qu'il ne lui arrive rien, à Prague.

Quittant sa robe de chambre, elle escalada les marches en bois et s'allongea dans l'énorme lit moelleux. Elle ferma les yeux et en quelques minutes s'endormit.

Bien entendu, elle avait laissé une lumière allumée.

60

Cannes

Kitty Ratte était en proie à une telle panique qu'elle en avait des sueurs froides. Jimmy étant rentré en Angleterre, elle était seule chez elle. Il avait très mal choisi son moment ! Il voulait essayer de soutirer de l'argent à sa femme – même si leur affaire de voitures d'occasion ne se portait pas très bien – et il l'avait laissée se débrouiller avec le plan qu'ensemble ils avaient conçu. À savoir, la lettre de chantage. Avant de prendre la route, hier matin, il lui avait demandé de lui téléphoner quand l'affaire serait réglée.

Or, contrairement à ce qu'elle avait pensé, « régler l'affaire » se révélait beaucoup plus compliqué que prévu. Comment aurait-elle pu prévoir qu'Eddie Johanssen aurait quitté son hôtel et Monte-Carlo la veille au soir ? Pour tout arranger, elle n'avait pas son numéro de téléphone portable. Furieuse, elle était assise sur le canapé crème où elle avait « séduit » Eddie. Le verbe « séduire » étant celui qu'elle préférait. Quand on regardait les photos prises par le Caméscope caché, il était manifeste qu'Eddie s'était montré plus que coopératif pendant cette nuit de débauche sexuelle.

Avec un froncement de sourcils, elle les fit claquer contre sa paume. Puis, portant une main à son front, elle laissa échapper un grognement. Elle sentait ses rides, elle avait besoin d'une piqûre de Botox et d'un lifting. Son fichu menton ne faisait plus qu'un avec son cou désormais aussi large que son visage, et quand elle souriait il triplait. Elle devait se souvenir d'éviter de sourire. De plus, les deux placages sur ses dents de devant étaient de mauvaise qualité. Trop blancs, trop brillants, trop épais, ils ne faisaient pas naturels. Elle avait besoin de ce foutu argent. Elle vieillissait trop pour continuer à jouer à ces jeux dangereux. Elle voulait ce bar à Marbella, son propre bar ; elle voulait pouvoir aguicher et soudoyer ses propres clients. Elle avait besoin de nouveaux clubs échangistes, de nouveaux horizons pour ses opérations de chantage. Elle ne changerait pas, elle resterait une prédatrice, mais une prédatrice qui avait du pouvoir sur ses victimes. Elle obtenait toujours ce qu'elle voulait. Or, pour le moment, Eddie était sa proie, elle voulait le coincer.

Elle vérifia l'heure à sa montre en plaqué or : dix-sept heures trente. Elle ne voyait plus qu'une solution : partir à la pêche aux informations au bar de l'hôtel. Elle y trouverait peut-être Sunny qui, elle en était sûre, avait le numéro d'Eddie. S'il le fallait elle l'implorerait, prétendrait que c'était important, qu'elle devait lui communiquer des informations secrètes sur sa femme, Jutta. Sunny la considérait comme une amie. Elle le lui donnerait.

Jutta et leurs deux enfants étaient la réponse aux prières de Kitty. Son plan était parfaitement rodé, Eddie n'avait plus qu'à tomber dans son piège. Elle allait feindre d'être la victime d'un maître chanteur qui la harcelait simplement parce qu'elle avait passé une nuit passionnée avec un homme qui comptait beaucoup pour elle. Elle avait pris soin de positionner le Suédois face au Caméscope pour mettre son beau visage bien en évidence au cours de leurs ébats. Eddie serait forcé de céder à son chantage s'il voulait sauver sa réputation. Il ne pourrait pas lui échapper.

Une demi-heure plus tard, douchée, vêtue d'une robe en soie à fleurs et de ses escarpins Louboutin, les yeux fardés d'une ombre à paupières bleue, les lèvres maquillées d'un gloss corail, elle gagna sa voiture et prit la direction de l'hôtel. Les photos accusatrices étaient dans une enveloppe en papier kraft, dans son sac Prada.

Elle se gara non loin du palace. Elle était tellement fauchée qu'elle ne pouvait même pas se permettre de confier sa vieille Fiat au voiturier. Puis, juchée sur ses talons aiguilles qui la tuaient, elle trébucha sur les pavés tout en jurant sous cape. Elle transpirait toujours. Comment pouvait-il faire aussi chaud en cette fin du mois de décembre ? Elle monta le perron de l'hôtel, la soie de sa robe plaquée contre son soutien-gorge rembourré. Le bruit de moteur d'un taxi qui arrivait lui fit tourner la tête et jeter un coup d'œil par-dessus son épaule. Soudain rassérénée, un sourire de soulagement éclaira son visage. L'homme qui venait de descendre du taxi n'était autre qu'Eddie Johanssen. La chance semblait avoir tourné. Oubliant son triple menton, elle l'appela par son nom.

— Heureux hasard ! s'écria-t-elle. Eddie, oh Eddie. J'ai essayé de te joindre mais je ne savais pas où. Et c'est si important.

Sans un sourire, le visage fermé, Eddie grimpa les marches à son tour. Sans faire aucun effort de galanterie, il passa devant elle dans la porte à tambour et lança, glacial :

— Je ne vois pas ce qui peut être important entre nous.

— Oh Eddie, Eddie, je t'en prie ! répéta-t-elle en se hâtant à sa suite. C'est si important que tu vas être obligé d'écouter.

Mais il l'ignora. Elle le suivit en trottinant.

— Tu vas être obligé de me parler. Tu dois le faire, pour tes enfants.

Il pila net, se figea, puis, après une fraction de seconde, il se retourna et la regarda.

— Peux-tu m'expliquer le rapport qui existe entre mes enfants et toi ? murmura-t-il si bas que personne ne pouvait l'entendre.

L'air menaçant, il avait fait un pas vers elle.

— Ils n'appartiennent pas au même monde que toi, reprit-il, d'une voix toujours étouffée. Je te défends même de prononcer leur nom. Ou...

— Ou..., répéta-t-elle.

Elle poussa un soupir à fendre l'âme. Ses petits yeux bleus s'embuèrent de larmes qui se mirent à rouler sur ses joues, laissant des traces de mascara. Elle fouilla son sac pour y trouver un Kleenex, en vain, jusqu'à ce qu'Eddie, toujours gentleman envers et contre tout, se sente obligé de lui en tendre un.

— Merci, merci beaucoup, fit-elle d'une voix étranglée.

Refoulant ses pleurs, elle reprit :

— Il se passe quelque chose de tellement horrible, Eddie. Je ne trouve même pas mes mots. Tout ce que je peux dire c'est que je t'aime, tu n'imagines pas combien je t'aime depuis notre précieuse nuit ensemble. Et je te veux tant. J'ai besoin de toi, Eddie chéri...

— Qu'est-ce que c'est que ce délire ? fulmina-t-il.

Elle jeta un coup d'œil par-dessus son épaule, simulant son regard le plus apeuré.

— Personne ne doit entendre ce que je vais dire, chuchota-t-elle en tamponnant ses yeux. Nous devons parler, Eddie. J'ai en ma possession quelque chose que tu dois voir, que tu dois lire... qui parle de nous.

Eddie l'observa avec attention. Quelque chose ne tournait pas rond. Il devait en avoir le cœur net avant que cette folle ne commette un acte insensé. Le fait qu'une femme de son acabit ait pu faire allusion à ses enfants le mettait très mal à l'aise.

Esquissant un sourire un peu tremblant, elle suggéra alors :

— Nous pourrions aller dans ta chambre. Pour être seuls.

— Nous pouvons être seuls dans le bar, répliqua-t-il, cinglant, en la précédant sans la prendre par le bras comme il l'aurait fait avec une amie.

Il était dix-huit heures trente. Le bar commençait à se remplir. Kitty s'avança vers une table un peu à l'écart. Une petite lampe à l'abat-jour ambré diffusait une lumière rose, de la couleur d'un coucher de soleil du Midi. Dans les haut-parleurs, la chanteuse du groupe américain Pink Martini chantait en français. Un serveur s'avança pour prendre leur commande. C'était le plus jeune, le frimeur. Il fixait le visage de Kitty avec insolence. En temps normal, elle l'aurait regardé avec le même culot, mais elle décida de garder les yeux baissés pour commander une bière.

— Une Heineken, se contenta-t-elle de dire.

Le barman savait exactement qui elle était et quelles étaient ses activités. Il ne voulait pas se montrer trop familier devant Eddie.

Quand la bière arriva, elle la but presque d'une traite, directement à la bouteille, en faisant des gargouillis dignes d'une putain à la fête de la Bière. Elle rappela le serveur et en commanda une autre.

Eddie but une gorgée de sa vodka et la regarda essuyer la mousse de ses lèvres d'un revers de la main. Il n'y avait pas un soupçon de grâce dans cette femme. Sa vulgarité était repoussante et son allure aguicheuse si flagrante qu'il avait honte d'être assis avec elle. Autant en finir. Plus vite il serait débarrassé d'elle, mieux ce serait.

— Dites-moi ce qui se passe, lui intima-t-il.

Prenant une profonde inspiration, elle sortit l'enveloppe en papier kraft de son sac. Les yeux fixés sur Eddie, elle en tira un papier et le lui tendit.

— Regarde ça, lui dit-elle, peut-être qu'ensuite, toi aussi, tu auras besoin d'un autre verre.

Elle le vit lisser le papier sous la lampe et lire le texte qu'elle connaissait par cœur. Brûlant d'impatience, elle guettait sa réaction. Elle en fut pour ses frais. Impassible, il se contenta de lui tendre la feuille sans un mot.

— Eddie, oh Eddie ! Qu'en penses-tu ? Que dois-je faire ? C'est une lettre de chantage.

Il but une nouvelle gorgée de vodka et répondit :

— Je ne vois pas en quoi cela me concerne.

— Alors écoute bien ce que dit cette lettre :

Elle commença à lire le message tapé informatiquement à mi-voix :

Vous avez été observés, commença-t-elle à lire. Vous êtes coupables. Nous le prouverons dans tous les tabloïds du monde et vous serez ruinés. Vous perdrez tout. Ne préférez-vous pas payer deux millions d'euros cash à l'heure et à l'endroit qui vous seront indiqués ? Faites-nous confiance, nous savons comment vous trouver, nous avons des moyens que jamais vous ne soupçonneriez. Vous ne comprendrez pas ce qui vous arrive. Vous serez détruits. Vous perdrez tout ce que vous avez bâti. Y compris votre vie. Qu'est-ce que deux millions d'euros comparés à une vie ? Posez-vous la question et revenez-nous avec une réponse pour passer à la suite. Nous nous mettrons en contact avec Kitty Ratte au plus tard ce soir. Et oui, vous avez raison d'avoir peur, Kitty. Et votre homme aussi.

— Mon homme, sanglota Kitty, s'étranglant sur les mots. Tu ne vois pas qu'ils parlent de toi, Eddie ? Oh mon Dieu, nous avons peut-être été surpris par quelqu'un qui nous veut du mal, qui nous a espionnés la nuit où nous étions ensemble. Cette merveilleuse, merveilleuse nuit, Eddie. Je ne peux pas l'oublier, je ne peux pas t'oublier. Je n'arrive pas à te sortir de mon esprit. Je suis si amoureuse de toi, Eddie, je te veux tant. J'ai besoin de toi.

— Qu'est-ce que vous racontez ? siffla-t-il entre ses dents d'un ton furieux.

Elle se pencha encore. Le masque glacial d'Eddie était en train de craquer. Il commençait à perdre son sang-froid. Pour un peu, elle aurait souri de plaisir. Elle s'en empêcha. Ce n'était pas le moment. Elle sentait néanmoins qu'elle le tenait. Tout dans son attitude le trahissait, ses épaules raidies, sa mâchoire crispée.

Le moment était venu de jouer sa carte maîtresse. Elle sortit les photos de l'enveloppe et les lui tendit.

— Regarde ça, Eddie, murmura-t-elle. Toi et moi. Regarde dans quelle situation tu m'as mise, Eddie. Et dire que j'ai fait tout ça par amour pour toi.

Une à une, Eddie examina les photos en noir et blanc. L'horreur de la réalité le frappa de plein fouet. L'homme nu, menotté, un collier de cuir clouté autour du cou, c'était lui. Et sur lui, la femme à moitié nue, vulgaire, était Kitty Ratte. Des photos sans aucune équivoque sur lesquelles Kitty l'enfourchait, lui prodiguait d'audacieuses caresses. Sur une autre, la tête renversée, un sourire triomphant aux lèvres, elle poussait d'une main sa tête entre ses cuisses ouvertes. Il remarqua le vibromasseur dans son autre main, sans doute pour lui donner le plaisir qu'il ne lui avait pas procuré.

Quand il lui rendit ses photos, il fixa ses petits yeux de prédatrice avec une telle intensité qu'il la sentit fléchir.

— Sale pute ! lâcha-t-il.

Elle tiqua. Il avait parlé d'un ton menaçant, la voix pleine de haine.

— Mais tu ne comprends donc pas ? s'exclama-t-elle. C'est moi que l'on fait chanter. C'est moi sur ces photos. Mon visage est partout. Tu as fichu ma vie en l'air, Eddie Johanssen. Je serai dans tous les journaux et plus personne ne voudra me connaître, je ne pourrai aller nulle part. Tu as détruit ma vie, Eddie.

L'air implorant, elle fit mine de lui prendre la main mais, d'un geste vif, il se dégagea.

— Eddie, plaida-t-elle alors, j'étais juste en train de te faire l'amour, d'obéir à tes désirs. Tu voulais le collier de cuir, tu voulais que je te fouette, tu voulais les menottes. Je n'ai fait que répondre à tes souhaits, avec docilité parce que j'étais folle amoureuse. Tu ne comprends pas, Eddie, ils me demandent deux millions d'euros et je ne les ai pas. Si je ne paye pas, je suis ruinée. Et peut-être pire...

Elle laissa la menace planer et le regarda. Comment allait-il réagir à son subterfuge ? Elle était curieuse de le savoir. L'idée de la faire passer pour la victime venait de Jimmy. Ainsi, personne ne la soupçonnerait d'être le maître chanteur.

— Quelqu'un voulait ma peau, chuchota-t-elle. Et maintenant, c'est fait. Tout ça parce que j'étais amoureuse de toi, que j'avais envie de toi. Tu sais à quel point tu es sexy, Eddie ? Tu es un amant exceptionnel. Idéal. Ne vois-tu pas combien je t'aime ? À quel point je te désire ? Combien j'ai besoin de toi ? Eddie, oh Eddie, tu ne peux pas me trahir. Si tu ne m'aides pas, je suis une femme perdue.

— Et si je vous aide ? demanda Eddie.

Elle lui jeta un coup d'œil furtif. Pourquoi avait-il repris sa voix glaciale ? Elle était un peu inquiète.

— Alors ils me donneront les vidéos, s'en iront et nous laisseront tranquilles.

— Et sinon ?

S'adossant à son fauteuil, elle l'enveloppa d'un regard empreint de tristesse.

— Alors je crains que nos vies ne soient fichues, Eddie. La tienne comme la mienne. Je sais que tu as un divorce en cours et que tu te bats pour la garde de tes enfants. Et c'est une chose difficile. Mais tu dois assumer tes actes, tu as été filmé en train de me faire l'amour. Désormais, tout le monde pourra nous voir.

Sur ces mots, elle remit les photos et la lettre dans l'enveloppe qu'elle cacheta. Puis elle la poussa vers lui à travers la petite table.

— J'ai atteint la limite de ce que je pouvais supporter pour le moment, murmura-t-elle d'une voix étranglée, comme si elle était au bord des larmes. En tant que femme, je me retrouve dans une position extrêmement compromettante. À cause de toi, Eddie. Tu es donc le seul à pouvoir m'en sortir. Je t'en prie, ne me laisse pas tomber. Ne me trahis jamais, Eddie. Jamais.

Elle prit son sac et, vacillant un peu, se leva. Eddie ne fit pas mine de bouger.

— Et si je te trahis et que je ne paye pas, Kitty ? Que va-t-il se passer ?

— Ils nous tueront tous les deux, lâcha-t-elle, laconique.

Sans rien ajouter, elle fit volte-face et s'éloigna.

61

De retour dans sa chambre, Eddie étala les photos qui l'accusaient sur le bureau. Le doute n'était pas permis, c'était lui, son visage offert à la lumière comme s'il avait été en train de tourner un film, ce que, à son insu, il avait fait. Kitty aussi était parfaitement reconnaissable : ses pitoyables dents proéminentes, son cou aussi large que son visage, ses petits yeux plissés par une grimace d'extase feinte.

Feinte ? Comment pouvait-il en être sûr ? Peut-être avait-il effectivement été assez ivre pour coucher avec elle sans en garder aucun souvenir. Seigneur ! il n'avait jamais été ce genre d'homme. Il aimait les femmes, il aimait faire l'amour, mais pas ça... pas cette histoire obscène de collier sadomaso et de vibromasseur. Jamais il n'était tombé aussi bas. Kitty Ratte était une folle, une malade, elle le dégoûtait, elle était une insulte à ce qu'il connaissait et chérissait des femmes, leurs corps, le don merveilleux qu'était l'acte d'amour. Une chose était sûre, jamais il ne se serait laissé entraîner sciemment dans cette mascarade. Il en avait été l'acteur involontaire. C'était un coup monté, il avait été dupé, manipulé par des maîtres chanteurs.

La sonnerie du téléphone interrompit le fil de ses sombres pensées. D'un geste machinal, il décrocha.

— Je voulais juste que tu te rappelles cette nuit, fit la voix de Kitty. Je veux que tu saches, Eddie chéri, qu'il y avait longtemps qu'un homme ne m'avait pas fait jouir comme ça. Tu es le premier depuis très longtemps. Les photos parlent d'elles-mêmes. Tu as été merveilleux, je ne peux pas vivre sans toi... tu dois m'aider, Eddie, tu ne peux pas me laisser tomber...

Il raccrocha et, d'un geste hargneux, lança le téléphone à travers la pièce. La fureur le fit chanceler, un voile noir s'abattit devant ses yeux... Le futur lui semblait soudain sans espoir. Cette garce sordide le tenait. Au sens propre du terme. Pour la première fois de sa vie, il était dans une telle rage qu'il avait des pensées meurtrières. Il aurait été prêt à tuer pour protéger ses enfants, sa femme, ses amis, son style de vie...

Il sortit sur sa terrasse, dans l'obscurité, en proie à un immense sentiment d'abandon. Jamais il ne s'était senti aussi seul de sa vie. Peu à peu, il sentit sa rage s'apaiser, ses mains cessèrent de trembler. Il devait garder la tête froide. Se contrôler. Ne pas se laisser aveugler par la rage. Cette horrible femme n'en valait pas la peine. Il allait commencer par essayer de comprendre ce qui s'était vraiment passé, puis réfléchir à un plan d'action. Un instant, il pensa appeler son avocat. Mais que pouvait-il lui raconter ? Comment lui expliquer qu'il se trouvait en possession de photos qui ne lui évoquaient aucun souvenir ?

De retour dans la chambre, il se servit une vodka qu'il but d'un trait. Puis, assis sur le canapé, les yeux fermés, il essaya de se remémorer la fameuse nuit.

Quand il était entré dans le bar, Kitty Ratte, la flamboyante rousse, lui souriait, ses petits yeux plissés en deux fentes. Elle lui avait fait signe de la rejoindre pour prendre un verre avec elle. Elle prétendait avoir des tas de choses à lui raconter sur Sunny. Il comprenait maintenant que Sunny avait été son appât. Kitty n'était pas aussi bête qu'il l'avait cru. Ses souvenirs se faisaient de plus en plus précis. Sans même lui laisser le temps de finir son verre, elle lui en avait commandé un deuxième et le lui avait tendu en affirmant que cela lui ferait du bien... Au bout de quelques instants, il avait commencé à se sentir bizarre, comme en proie à un mélange d'excitation et de faiblesse. Un état qu'il avait mis sur le compte d'un excès d'alcool.

Tout lui revenait en bloc : elle lui avait dit qu'il devait avoir faim, qu'elle faisait les meilleures boulettes de viande suédoises de Monte-Carlo, et que cela tombait bien puisqu'il était suédois. Elle allait lui préparer les meilleures boulettes de sa vie.

Il se revit sortant du bar avec elle. Il avait son bras autour de sa taille. Mon Dieu, ils devaient ressembler à deux amants en route pour un rendez-vous. Il se demanda qui les avait vus, qui les avait remarqués. Il se rappelait maintenant : le barman aux cheveux argentés. Eddie avait surpris son coup d'œil sceptique. Le barman savait que quelque chose n'allait pas. Et Eddie était prêt à parier qu'il savait tout sur Kitty, qui elle était, ce qu'elle faisait. Elle devait être connue dans les bars des hôtels des environs.

Kitty l'avait conduit chez elle, l'avait fait allonger sur le canapé, ses pieds sur un accoudoir, un coussin derrière sa tête, puis elle avait allumé toutes les lumières, jusqu'à ce qu'il proteste que c'était comme un décor de film... Bien sûr, c'était exactement cela. Il revoyait tout maintenant, les lumières de l'appartement allumées, le plafonnier l'éblouissant, l'horrible musique de l'Eurovision, la façon très précise dont elle l'avait positionné sur le canapé, bien en face du Caméscope. Elle lui avait apporté un autre verre, pour qu'il se sente mieux, puis elle avait pris une position sexy. Un peu plus tard, exhibant ses cuisses couvertes de cellulite tremblotante, elle s'était avancée vers lui, lui présentant une boulette de viande sur une énorme assiette. Il devinait aisément qu'elle y avait mélangé ce qui allait lui donner le coup de grâce, la drogue du viol. Voilà qui expliquait comment il avait perdu le contact avec la réalité et le fait qu'il n'avait aucun souvenir de ce qui lui était arrivé.

Il n'avait qu'à regarder les photos pour le savoir. Et devant ce qu'il voyait, il remerciait le ciel que sa mémoire ait tout effacé.

Il se leva, ressortit sur la terrasse qu'il arpenta de long en large. Il avait envie d'appeler son avocat, sa femme, de leur expliquer. D'appeler Kitty pour lui dire qu'elle était la pire des salopes et des garces. Mais plus que tout, à cet instant précis, il avait besoin de parler à un ami. S'il en avait beaucoup, et dans le monde entier, à qui pouvait-il se confier à Monte-Carlo ? Qui pourrait comprendre ce qui lui arrivait ? Hormis, peut-être, celle pour qui il avait hâté son retour. Non pas Sunny Alvarez, elle n'était pas pour lui. Mais la femme avec qui il avait passé une journée si sereine, si rafraîchissante, et qui l'avait appelé son ami.

Il jeta un coup d'œil à sa montre : le cadran indiquait vingt-deux heures trente. Était-il trop tard pour téléphoner à Pru dans sa chambre ? Songeur, il continua à marcher de long en large. Qu'allait-il bien pouvoir lui dire ? Il n'était certainement pas trop tard pour appeler une amie auprès de qui s'épancher, une femme dont le bon sens l'aiderait à prendre du recul vis-à-vis de cette effroyable situation et dont la fraîcheur d'âme lui permettrait peut-être de comprendre l'inexplicable.

62

Pru observait la pomme qu'elle s'apprêtait à croquer : rouge d'un côté, verte de l'autre, presque trop jolie pour être mangée, elle lui rappelait celle de Blanche-Neige. La pomme d'Ève avait-elle été aussi tentante ?

Depuis les délicieux fettucine au homard, elle avait fait très attention à ce qu'elle mangeait. Tout comme elle tentait de contrôler le cours de ses pensées car force lui était d'admettre qu'elles revenaient souvent à Eddie. Un peu trop souvent, décida-t-elle.

Elle mordit dans sa pomme et s'adossa à ses oreillers. À côté d'elle, Tesoro s'étira de tout son long et frôla son bras de ses pattes antérieures. La petite chienne lui rappelait les sacs à pyjama zippés de son enfance. Elle esquissa un sourire. Offrait-on encore ce genre de cadeau aux enfants d'aujourd'hui ? À l'époque des jeux électroniques, des textos, de Twitter, de tout ce qui détournait l'esprit des jolies choses du quotidien : une belle pomme, un adorable petit chien comme la Tesoro de Sunny.

Mais ses préoccupations ne tardèrent pas à chasser ses souvenirs d'enfance. Un autre problème occupait son esprit. En effet, elle avait parlé à Allie la veille et cette dernière était toujours sans nouvelles de Sunny. Voyant qu'elle ne pouvait la joindre sur son portable, elle avait essayé de lui envoyer des textos, des e-mails. En vain. Allie commençait à s'inquiéter. Quand elle avait essayé de joindre Maha à l'hôtel, l'un des réceptionnistes lui avait répondu que

Mme Mondragon était partie sans laisser d'adresse. Cependant, il avait accepté de lui communiquer son numéro de portable. Elle avait essayé de téléphoner mais le numéro était déconnecté.

En essayant de trouver l'adresse de sa propriétaire, Allie avait découvert qu'il s'agissait d'un de ces téléphones jetables que les gens qui voulaient disparaître sans laisser de traces, les maris volages, les prostituées, se procuraient pour vingt-neuf dollars.

— Je suis sûre que Maha n'est pas une prostituée, avait répondu Pru, étonnée.

— Bien sûr que non, avait renchéri Allie. Maha est une grande dame. Jamais elle ne s'abaisserait à un comportement à la Kitty Ratte.

— Kitty Ratte ? avait répété Pru.

Dans toute sa candeur, elle n'avait toujours pas compris la véritable activité de Kitty Ratte.

— Que crois-tu que cette femme soit d'autre ?

Allie avait marqué une pause, puis ajouté après une seconde de réflexion :

— Un autre mot pour la décrire me brûle les lèvres mais je suis trop polie pour le dire. Sauf, bien sûr, si l'on me provoque.

Sachant à quel mot Allie faisait référence, Pru avait éclaté de rire. Elle ne l'avait sans doute jamais prononcé elle-même.

— Je vais voir si je peux découvrir où est allée Maha, avait-elle promis.

Bien sûr, la réception de l'hôtel n'avait pu lui fournir aucune nouvelle information. Maintenant, Sunny avait disparu et Allie appréhendait d'appeler Mac. Sunny ne lui avait-elle pas fait jurer le secret ? Elle voulait surprendre son fiancé, lui montrer de quoi elle était capable. Ni Allie ni Pru ne souhaitant ruiner son plan, elles avaient décidé de lui accorder une journée de plus. Mais si demain Sunny n'avait toujours pas donné signe de vie, elles seraient forcées de mettre Mac dans la confidence.

— Il est toujours à Prague, avait repris Allie. J'ai son numéro à l'hôtel. Bien sûr, Ron serait avec lui s'il n'avait pas fait cette fichue chute de cheval.

Elle lui avait alors donné des nouvelles de son mari, qui malgré sa jambe cassée allait bien. Elle rentrait à Monte-Carlo en avion demain et lui avait promis qu'ensemble elles trouveraient des solutions.

Puis, quelques heures plus tard, Ron avait téléphoné à son tour. D'une voix à la fois incrédule et amusée, il avait déclaré :

— Écoute ça, Pru, tu ne vas pas le croire. Allie s'est cassé la jambe en tombant de cheval.

— La même que toi ? avait demandé Pru, ébahie.

— Non. Moi, c'est la gauche, elle, c'est la droite. Et maintenant, nous sommes tous les deux dans le plâtre et marchons avec des béquilles. Du moins, ce sera le cas quand elle sortira de l'hôpital. Imagine ! Nous allons avoir l'air malins à boitiller en chœur en nous tenant par la main.

En dépit de sa compassion pour Allie, Pru n'avait pu s'empêcher d'esquisser un sourire.

— Je vous vois d'ici.

Et voilà comment elle se retrouvait seule dans une suite d'hôtel à Monte-Carlo, avec pour unique compagnie le chihuahua de Sunny – elle commençait d'ailleurs à beaucoup trop s'attacher à la petite chienne pour avoir envie de la rendre à sa maîtresse – et la tête pleine de rêves. Des rêves occupés par un très bel homme avec qui elle avait partagé un délicieux déjeuner sur une place inondée de soleil provençal, un très bel homme qui l'avait embrassée et appelée son amie. Elle était peut-être une femme inquiète mais une femme qui avait de la chance.

La télévision était allumée mais le son coupé. Enfonçant sa tête blonde dans ses oreillers, elle essaya de se concentrer sur un film français dans lequel Allie avait un petit rôle, *Les Étrangers sur la plage.*

Elle s'était habituée si vite à sa toute nouvelle blondeur qu'elle l'avait presque oubliée. Tout comme elle s'était habituée à ne plus avoir de double menton et à la fluidité de ses vêtements sur son corps. Elle n'était pas encore mince mais, au moins, elle avait perdu cette horrible masse de graisse dont son ex-mari était entièrement responsable. La vie qui ne faisait pas toujours de cadeaux pouvait vous laisser bien désemparée face à la douleur ou à l'échec. La trahison d'un être aimé opérait des ravages.

Était-elle guérie de son chagrin ? Elle l'espérait de tout son cœur. Non, elle en était sûre. Son ex-mari ne méritait pas une pensée de sa nouvelle tête blonde. Quant à celle pour qui il l'avait quittée, elle pouvait le garder ! Elle pourrait payer pour la Jaguar neuve, ou même la Porsche rouge aux plaques personnalisées, les mocassins Gucci, le Viagra, la carte American Express avec laquelle il avait coutume de l'inviter à dîner aux frais de Pru, bien sûr. Mais c'était bien fini !

Elle monta le son de la télévision. Entendre Allie parler la langue mélodieuse qu'était le français était délicieux. Les Français devaient être fous de sa pointe d'accent américain.

La sonnerie du téléphone la fit sursauter.

63

— Prudence, c'est Eddie Johanssen.

Pru réprima un soupir de surprise. En décrochant, elle s'était attendue à entendre enfin la voix de Sunny à l'autre bout du fil.

— Mon ami Eddie ! s'exclama-t-elle avec chaleur, devinant qu'au timbre de sa voix il saurait qu'elle était contente de l'entendre.

Tant pis ! Elle était ravie. Même s'il était vingt-deux heures quarante.

— D'où appelles-tu ? demanda-t-elle, s'attendant à ce qu'il réponde Glasgow ou Berlin.

— Chambre 193.

— Tu veux dire d'ici ? Du *Grand Hôtel* ?

— Absolument.

— Oh...

— Prudence.

Depuis la mort de son père, quand elle avait six ans, personne ne l'avait plus appelée Prudence.

— Oui ?

— Je me demandais... En fait, je voudrais savoir si tu accepterais de venir marcher un peu avec moi.

— Demain ? bien sûr.

Elle s'en réjouissait d'avance. Ils iraient peut-être déjeuner dans un autre restaurant mais, cette fois, elle l'inviterait et mettrait de nouveau son jean.

— Non, pas demain, tout de suite, répondit-il.

— Oh !

Prise au dépourvu, elle jeta un coup d'œil dans la glace qui reflétait son visage sans maquillage, couvert de crème de nuit. Elle ne pouvait pas sortir comme cela. Elle devait au moins se maquiller un peu les yeux, et la bouche de ce rouge à lèvres *nude* qui, elle en était convaincue, avait poussé Eddie à l'embrasser.

— Pourquoi ?

La question avait fusé. Dans le fond, elle n'avait toujours aucune confiance en elle.

— Parce que j'ai besoin de parler à mon amie. C'est important. C'est grave. J'ai besoin de toi.

La simplicité de son aveu lui fit l'effet d'un coup de baguette magique. Elle sauta de son lit et, tout en enlevant son pyjama de coton, courut vers la penderie.

— Je te retrouve en bas dans cinq minutes, fit-elle, un peu essoufflée.

Elle n'avait pas le temps de réfléchir à une jolie tenue. Elle passa le slip et le soutien-gorge qu'elle avait portés dans la journée, un pull et un jean. Même pressée, elle le fermait plus rapidement. Elle n'avait pas encore perdu tout le poids qu'elle comptait perdre mais cela ne saurait tarder. Se précipitant dans la salle de bains, elle retira sa crème de nuit à l'aide d'un mouchoir en papier, se maquilla à la hâte sans oublier son *nude* de Saint Laurent, essaya de discipliner ses cheveux blonds un peu ébouriffés. De retour dans la chambre, elle enfila des ballerines. Tesoro dormait profondément sur le lit. Devait-elle l'emmener ? Elle commença à se diriger vers le lit mais, se ravisant, elle attrapa sa clé et se précipita vers la porte.

Nerveuse, elle attendit en faisant les cent pas devant l'ascenseur qui n'en finissait pas d'arriver. Il s'arrêtait à chaque étage. Quand enfin il s'ouvrit sur son palier, elle s'y engouffra et, un instant plus tard, elle était au rez-de-chaussée. Eddie l'attendait déjà.

Son beau visage crispé, il s'avança vers elle, l'enlaça et la serra contre lui.

— Prudence ! Dieu merci, murmura-t-il au creux de son oreille.

Elle sourit. Elle aussi remerciait le ciel. Elle se rappela les terribles mises en garde qu'elle avait entendues : « Quand c'est trop beau pour être vrai, méfiance. » Ce n'était jamais trop beau, et c'était vrai ! Mais quand Eddie la repoussa pour la fixer, elle sentit ses beaux espoirs l'abandonner. Son regard semblait exprimer le plus grand découragement. Soudain alarmée, elle se laissa docilement prendre par la main et entraîner dehors.

Le silence était dense. Ce soir, pas de sirènes de police et de pompiers, comme la nuit du cambriolage. Main dans la main, ils avancèrent en silence, longèrent les yachts, certains éclairés et en pleine fête, d'autre sombres et déserts. Ils longèrent les cafés toujours ouverts, où des clients souriants étaient attablés devant des verres. Puis l'élégant boulevard de la bijouterie *La Fontaine* où une femme avait perdu la vie.

Incapable de supporter le mutisme du beau Suédois plus longtemps, Pru s'arrêta et, sa main toujours dans la sienne, demanda :

— Qu'y a-t-il, Eddie ? Il se passe quelque chose de grave. Je le sens. Je suis ton amie, tu peux me parler.

Eddie secoua la tête. Il regrettait maintenant de lui avoir téléphoné. Comment pouvait-il raconter une histoire aussi sordide à une femme comme elle ? Il allait être obligé de lui montrer les photos, de voir son visage choqué. Elle perdrait toute son estime pour lui. Il étouffa un soupir accablé. D'un autre côté, avait-il vraiment le choix ? S'il ne se confiait pas à Pru, ses enfants et sa famille seraient déshonorés.

Rassemblant tout son courage, il se jeta à l'eau.

— C'est au sujet de Kitty Ratte.

Le cœur soudain serré, Pru hocha la tête. Elle pressentait ce qui allait suivre : il allait lui dire qu'il avait choisi Kitty.

— Kitty n'est pas une femme recommandable, reprit-il, hésitant.

Il ne savait pas comment se dépêtrer de cette situation.

— Elle est le mal incarné, le corrigea Pru. Je ne fais que répéter les mots de Maha.

À la faveur de l'éclairage d'un réverbère, elle surprit son regard étonné. L'air était doux, une brise légère faisait danser son carré blond autour de son visage. D'un geste spontané, elle repoussa une mèche de cheveux qui tombait sur le front d'Eddie. À sa grande surprise, il agrippa sa main et la porta à sa joue. L'air accablé, il secoua la tête, les yeux plissés sur un regard empreint d'une peine qui la laissa abasourdie.

— Mais qu'y a-t-il, Eddie ? demanda-t-elle, maintenant anxieuse. Que se passe-t-il avec Kitty Ratte ?

— Elle essaye de me faire chanter, répondit-il d'une voix brisée. Elle a beau se prétendre la victime d'un chantage, je ne vois pas qui irait se fatiguer à faire chanter une femme comme elle. Une femme qui fréquente les clubs échangistes, une escort-girl minable.

— Une putain, renchérit Pru.

— Une putain, acquiesça-t-il d'un hochement de tête.

Passant sa main sous son bras, il l'entraîna le long du boulevard. Les lumières d'une terrasse de café surplombant l'eau allumaient des reflets dans la mer sombre. Une lune décroissante luisait au-dessus d'eux.

— Allons boire un café, suggéra Pru en le guidant vers une table, sous l'auvent.

Après avoir commandé deux cafés, elle attendit qu'Eddie parle. Quand le café arriva, noir, brûlant, parfumé, elle versa du lait chaud dans sa tasse. Eddie but le sien d'une traite, sans lait ni sucre. Elle fit signe au garçon de lui en apporter un autre. Puis le Suédois commença à lui narrer les faits.

Il n'omit rien : ses souvenirs précis, ce qu'il pensait se rappeler, ce qu'il croyait lui être arrivé. Puis, tirant l'enveloppe en papier kraft de sa poche, il la posa sur la table entre eux.

La brise nocturne transportait des bribes de musique, les rires des autres clients, les claquements des drisses sur les yachts amarrés, et la lune était aussi brillante que la nuit du meurtre. Eddie ouvrit l'enveloppe, en sortit la lettre de chantage et la tendit à Pru. Puis il étala les photos devant elle.

— Je suis obligé de te les montrer. C'est le seul moyen pour que tu voies à quel point je suis dans le pétrin. Si tu choisis de ne pas les regarder, je comprendrai. Mais tu es mon amie. Alors je te demande de m'aider à décider ce que je dois faire.

Pru fixa la photo sur le haut de la petite pile. Kitty Ratte, à moitié nue, un vibromasseur contre son pubis rasé, était à califourchon sur Eddie, complètement nu, les yeux fermés. Elle remarqua que son sexe était en érection. L'expression de Kitty ressemblait plus à du triomphe qu'à de l'extase.

Un long moment, elle la contempla. Puis, dédaignant les autres, elle les rendit à Eddie et le regarda droit dans les yeux.

— Salope ! lâcha-t-elle.

Le mot était sorti malgré elle. Mais elle ne pouvait en trouver de plus approprié.

À sa grande surprise, Eddie éclata de rire.

— Au moins, maintenant, tu peux en rire, reprit-elle en souriant de sa propre audace.

— Je dois dire que je ne m'attendais pas à entendre ce mot dans ta bouche.

Elle haussa un sourcil circonspect.

— Je me trompe ?

Il rit de nouveau.

— Non, tu tapes en plein dans le mille. Mais comment vais-je pouvoir me dépêtrer de cette scabreuse histoire ? Regarde les photos, j'ai l'air monstrueusement coupable. Tu crois que les tabloïds seront prêts à accepter que j'aie été drogué ? Que je suis innocent ? Cela ne leur fera ni chaud ni froid. Ils vont me traiter d'imbécile, de pervers. Je serai coupable. Mes enfants seront marqués à jamais. Ma femme, une femme bien, même si nous sommes en train de divorcer, sera déshonorée. Quant à moi, je peux te garantir que cela signera mon arrêt de mort. J'ai vécu toute ma vie pour mon affaire. Elle va faire faillite.

Par-dessus la table en faux marbre, ils échangèrent un long regard. Dans un craquement de chaise en rotin, il se pencha vers elle et plongea ses yeux dans les siens.

— Je n'ai pas le choix, fit-il d'un ton résigné. Je dois la payer.

Pru ne disait rien. Elle savait que si l'on cédait une fois au chantage, les maîtres chanteurs ne renonçaient jamais, qu'ils en voulaient toujours plus...

Elle pensa à son amie Allie, à son mari, Ron, qui n'était pas étranger à ce type d'affaires, au monde fangeux de la corruption. Elle pensa à Sunny, perdue quelque part à Bombay et, soudain pétrifiée par la panique, elle sentit une boule de bile remonter dans sa gorge. Elle pensa à Mac, l'homme pour qui les Kitty Ratte et tous ceux de sa race, nés sous le signe de la corruption et du cynisme, n'avaient plus de secret. Et à Maha qui, depuis le début, avait tout compris.

Prenant alors la main d'Eddie dans la sienne, elle déclara d'un ton ferme :

— Il n'y a qu'une chose à faire. Nous devons appeler Mac Reilly. Il est le seul à pouvoir t'aider.

64

Prague

Les flocons de neige tourbillonnaient au-dessus des eaux gris acier de la Vltava. Peu à peu, les flocons microscopiques se transformaient en étoiles de cristal qui n'avaient rien à envier aux décorations de Noël argentées et aux guirlandes électriques qui illuminaient le pont Charles de leurs lumières blanches.

Subjugué par la beauté des lieux, Mac s'arrêta pour admirer la vue. Il ne voyait pas souvent la neige, en Californie, sauf quand il allait passer quelques jours à la montagne : le lac Big Bear ou le lac Tahoe, en Californie, la Sun Valley dans l'Idaho. Malgré la beauté du Colorado, Aspen, en revanche, n'avait jamais été l'un de ses endroits préférés. Dans la célèbre station, trop snob à son goût, la nature avait été reléguée au second plan.

À Prague aussi, il se sentait loin de la nature. Mais la ville aux cent clochers, sublime rencontre entre le passé et le présent, le fascinait. Ses toits de tuiles rouges, ses théâtres croulant sous les ors du rococo, ses maisons aux façades pastel, ses ruelles pavées et escarpées, ses cafés ouverts protégés du froid par de lourdes tentures de plastique et éclairés de chauffages brûlants, ses restaurants grandioses et surannés aux serveurs en queues-de-pie, ses bistros douillets qui sentaient bon la cuisine familiale, leurs murs tendus de velours rouge se refermant sur les clients qui dînaient à la lumière tamisée de lampes en forme de chérubins. Une capitale à la gastronomie sans chichis mais délicieuse, aux habitants beaux et sympathiques : des femmes élégantes, en manteaux de fourrure et bottes cavalières, des hommes au nez busqué en lourds lodens à petits cols, fendus d'un pli dans le dos. Tel Dracula, tête baissée, ils se hâtaient d'un pas décidé le long des boulevards vers quelque mission secrète.

Il poussa un soupir résigné. Pourquoi voyait-il des missions secrètes partout ? Déformation professionnelle, sans aucun doute.

Ses pensées allèrent à Sunny. Elle lui manquait tellement que, ce matin, il avait failli sauter dans un avion pour la France et tout envoyer balader : le cambriolage de *La Fontaine*, son enquête. Seul le souvenir du visage fracassé d'Yvonne Elman l'avait retenu à Prague. Il ne pouvait pas abandonner. Il allait trouver l'assassin, il le devait : pour la victime, pour son mari, pour son fils de deux ans. Cet enfant saurait pourquoi sa mère avait été assassinée aussi brutalement. Même si aucune raison ne justifiait un tel acte, le fils d'Yvonne Elman méritait de connaître la vérité.

Il passa sous l'arche de la tour du pont Charles, qu'il traversa entre la haie de célèbres statues alignées sur les balustrades, traversa la rue animée et tourna dans l'une des charmantes rues pavées de la Vieille Ville. Derrière l'épaisse porte de bois d'une église, quelqu'un jouait de l'orgue. La façade était incrustée de visages d'anges taillés à même la pierre, et surmontée de gargouilles grimaçantes. Les marches raides du perron étaient recouvertes d'un tapis d'une blancheur immaculée.

Intrigué, Mac les grimpa, imprimant ses traces de pas dans la neige vierge. Il poussa la lourde porte et mille sensations l'assaillirent : le mélange d'odeurs de l'encens, du musc, des coussins usés, des habits sacerdotaux, des cierges ; la pure beauté de la *Passion* de Bach qui s'élevait des immenses tuyaux de l'orgue, avec en arrière-plan les vitraux embrasés par la lumière du crépuscule.

Grisé par la perfection de l'instant, il eut l'impression d'être aspiré par le souffle de la musique sacrée, par l'interprétation magistrale de l'organiste. Sur la gauche de l'autel, il vit alors une rangée de jeunes choristes en aubes blanches sur leurs pulls de tous les jours, leurs cols à volants fermés par des nœuds de velours noir, les cheveux brillants. Les mains agrippées à la partition ouverte, ils attendaient de chanter.

Leurs voix d'anges s'élevèrent soudain, pures et cristallines, dominant l'orgue. S'enivrant du mélange de douceur et de passion de la musique sacrée, Mac oublia un moment la laideur de la mission qui l'avait amené dans cette ville inconnue.

Puis, sans un bruit, il sortit de l'église. La neige qui continuait à tomber couvrait la rue étroite d'un manteau blanc pas encore souillé par les pneus des voitures et des camions. Il avait l'impression d'avoir fait un saut dans le passé, dans la Prague d'un autre siècle. Prague, le joyau de la Bohême, était une ville riche d'une histoire parfois lourde ; ses habitants et son architecture exceptionnelle avaient survécu à bien des conflits. Mais il était temps pour lui de se ressaisir. Il n'était pas venu faire du tourisme et encore moins de l'histoire. Il avait une enquête à mener !

Il consulta le plan remis par le concierge de l'hôtel. Il était bien dans la rue dont l'adresse figurait sur la carte de visite de la Barnes Model Agency. Une rue charmante, bordée d'arbres aux branches dénudées couvertes de neige, de beaux immeubles du dix-huitième siècle aux fenêtres éclairées. Des bouquets de fleurs rouges décoraient la vitrine d'un fleuriste, un joli magasin tout d'acier et de verre. Il avisa les vendeuses en jupes courtes et collants opaques. Sans doute espéraient-elles pouvoir fermer tôt, aujourd'hui, et rentrer chez elles avant que la tempête ne s'amplifie.

Il arriva devant le numéro qu'il cherchait, un immeuble sans prétention, un peu en retrait, d'une architecture plus récente que le reste de la rue. Trois marches conduisaient à une porte laquée noire à côté de laquelle se trouvait une liste de noms gravés sur une plaque en cuivre jaune correspondant à des sonnettes. Tirant la carte de visite de sa poche, il vérifia : Barnes Model Agency se trouvait au troisième étage. Il pressa un bouton et entendit le bourdonnement de la porte qui s'ouvrait.

Il la poussa pour se trouver devant une autre porte, vitrée cette fois. Elle ouvrait sur un hall d'entrée nanti de l'un de ces ascenseurs vétustes qu'il détestait tout particulièrement. Le genre d'ascenseur dans lequel un panneau annonçait : UNE PERSONNE ET UN BAGAGE MAXIMUM ou DEUX PERSONNES, 150 KILOS MAXIMUM. Un jour, à Paris ou à Rome, il ne se rappelait plus, il était resté coincé dans l'un de ces engins.

Ignorant l'ascenseur, il prit l'escalier et commença à grimper les marches en marbre usé d'un pas alerte. Dans ce genre de maison de ville, les fenêtres ouvrant seulement sur la façade avant, les paliers sans ouvertures étaient éclairés de lumières trop vives. Il n'était pas dans l'un des beaux immeubles de Prague. Il se prit soudain à regretter la présence de Ron.

Il s'apprêtait à aborder le troisième étage quand il sentit vibrer son téléphone portable. Il s'arrêta pour répondre, priant pour que ce soit Sunny. Il était prêt à sauter dans un avion dès ce soir pour aller la retrouver.

Depuis qu'elle l'avait appelé à Paris pour lui annoncer son départ en voyage, pour trois jours au plus, il n'avait aucune nouvelle. Bien sûr, elle lui avait précisé que sa destination était secrète, qu'elle lui dirait tout quand elle rentrerait. En entendant à quel point elle semblait enthousiaste, il n'avait pas eu le cœur de lui dire qu'il voulait pouvoir la localiser à n'importe quel instant. Il s'était contenté de lui demander de rentrer vite et de ne pas l'oublier, pour conclure par « je t'aime ». Elle lui avait répondu « je t'aime » avant d'ajouter : « J'ai hâte de tout te raconter, Mac. » « Amuse-toi bien, chérie », lui avait-il recommandé. Depuis, plus un mot.

Mais ce n'était pas le nom de Sunny qui s'affichait sur son cadran de téléphone. Surpris, il lut Prudence Hilson.

Pourquoi une femme qu'il avait pour ainsi dire seulement croisée à l'hôtel, à Monte-Carlo, l'appelait-elle ? Il savait toutefois qu'elle était une amie d'Allie et par conséquent de Sunny.

— Mac Reilly, se présenta-t-il.

— Vous ne me connaissez pas, commença-t-elle d'une voix hachée. Je m'appelle Prudence Hilson.

Elle paraissait bien nerveuse. De plus en plus intrigué, il répondit.

— Je me rappelle. Vous êtes une amie d'Allie. Ron m'a dit que vous aviez passé Noël avec eux.

— Ah bon ? s'étonna-t-elle. Ah oui, c'est vrai, Noël ! Cela me semble déjà si loin. Si vous saviez tout ce qui est arrivé depuis !

— Vous m'inquiétez, Pru, plaisanta-t-il, jovial. S'agit-il de Sunny ?

— Eh bien, oui et non. Cela concerne avant tout Eddie Johanssen.

Il tiqua. Eddie Johanssen était le beau Suédois que Sunny avait rencontré dans l'avion pour Paris après l'avoir quitté. Il ne souhaitait pas particulièrement avoir des nouvelles de ce monsieur.

— Je vois.

Elle poussa un soupir accablé.

— Ce n'est pas ce que vous pensez, Mac. Eddie Johanssen est un homme très sympathique, tout à fait décent. C'est un ami. Une amitié très récente, certes, mais déjà très solide. Il n'y a rien entre Sunny et lui. Écoutez, je sais que vous êtes à Prague. Où êtes-vous descendu ?

— Au *Four Seasons*. Et où est Sunny ? enchaîna-t-il, soudain fatigué de ce bavardage futile. Avec lui ?

— Mon Dieu, non ! Bien sûr que non ! Elle est folle de vous, elle l'a toujours été. Croyez-en une copine, Sunny est une femme amoureuse et comblée, et vous en êtes seul responsable. Aucun autre homme ne l'intéresse. Eddie s'est juste trouvé là quand elle a eu besoin d'une épaule pour pleurer.

— Si vous le dites, répondit Mac du bout des lèvres.

Il n'était pas convaincu.

— Eddie a de graves ennuis, enchaîna alors Pru. Il a besoin de votre aide, il faut que je vous parle, c'est urgent. Je suis à l'aéroport, je m'apprête à prendre l'avion pour Prague, via Francfort. Je serai à votre hôtel à vingt heures ce soir. Ça vous va ?

— Pardon ? parvint-il à répondre.

Il était abasourdi.

— Vingt heures à votre hôtel. Je serai en bas, dans le hall. J'ai beaucoup de choses à vous dire, Mac. Des choses très graves.

Et, sans lui laisser le temps de répondre, elle raccrocha. Interdit, il fixa son téléphone. Que diable se passait-il ? Quel était le rapport entre Johanssen et lui si cela ne concernait pas Sunny ? À vrai dire, il se fichait d'Eddie Johanssen et, en fait, aurait préféré ne jamais croiser sa route. Mais Pru était une amie d'Allie qui elle-même était la meilleure amie de Sunny, et la femme de Ron, son ami. Une chaîne d'amis. Quelle que soit la raison qui avait poussé Pru à lui téléphoner, c'était assez urgent pour qu'elle saute dans le premier avion pour venir lui demander son aide. Et il allait l'aider.

65

La porte à vitre dépolie de la Barnes Model Agency donnait directement dans un petit bureau tapissé du sol au plafond de photos de futurs mannequins. Combien d'entre elles avaient fait carrière dans la mode, les présentations de maillots de bain ou les catalogues de vente par correspondance, cela restait à vérifier. Sharon recrutait dans tous les pays de l'Est, les Balkans étant particulièrement fertiles en inconnues sexy et ambitieuses qui, à peine sorties de l'école, étaient prêtes à tout pour de l'argent. Mais ce genre de corruption ne l'intéressait pas. Elle les dirigeait vers d'autres agences spécialisées en filles souhaitant faire commerce de leurs charmes. Elle excellait en revanche à dénicher des jeunes femmes pour des seconds rôles dans des films d'horreur tournés en Roumanie avec de petits budgets. Du cinéma médiocre, mais un service pour lequel metteurs en scène et producteurs la payaient suffisamment pour assurer la gestion de son bureau.

Mac se trouvait dans une pièce au décor sobre : une plaque de verre sur des tréteaux, une chaise Ghost de Philippe Starck en plastique clair, un banc zébré le long du mur pour les filles qui trompaient l'attente en remplissant leurs CV ou en feuilletant leurs portfolios avec l'espoir d'être plus belles en photo qu'en réalité. Il n'était manifestement pas tombé dans une agence très haut de gamme. Elle semblait avoir de la peine à tourner.

Aucune réceptionniste n'attendait derrière la table. L'ordinateur était éteint, dans un coin un vieux téléphone en nickel argenté, avec un gros cadran rond et noir, une réplique des années 1930, à côté, un cahier de rendez-vous en cuir blanc.

L'endroit était aussi désert que silencieux. Pourtant, quelqu'un avait appuyé sur l'interphone pour lui ouvrir.

Il avisa alors une seconde porte. Manifestement, elle conduisait à un autre bureau. Mac y frappa énergiquement.

— Madame Barnes ? appela-t-il.

Sharon Barnes se figea devant les trois hautes fenêtres en ogive qui l'avaient décidée à louer ce bureau bon marché. Assise à contre-jour, elle tournait le dos à la lumière qui inondait les visages des candidates mannequins ou stars de cinéma qui lui faisaient face, lui donnant un avantage indiscutable : en effet, tout en observant l'avidité dans leurs regards pleins d'espoir, elle ne trahissait rien de ses propres réactions concernant leurs ambitions. À cet instant précis, derrière les vitres, le ciel était opaque et les flocons couvraient la ville d'une blancheur immaculée, aussi froide que la peur glacée qui soudain lui étreignait le cœur.

Qui diable était cet homme ? Il n'était pas le rendez-vous qu'elle attendait. Elle s'avança d'un pas vif vers le coffre-fort ouvert pour le refermer. Un modèle ancien, en fer, une antiquité, lui avait dit celui à qui elle l'avait acheté, mais elle le préférait aux électroniques avec leurs codes si facilement faussés. Il lui avait en outre permis de devenir experte en ouverture de coffres : un autre de ses talents cachés.

Cet homme était-il un émissaire de Maha ? Sharon savait que l'Indienne l'avait licenciée et elle en connaissait les raisons. Ce n'était pas un problème. Comme d'habitude, l'argent était sur un compte secret. Néanmoins, elle voulait se venger de Maha qui l'avait mise à l'index. D'une manière ou d'une autre, elle finirait par la coincer.

Du regard elle survola son bureau, une étroite planche d'acier qui semblait sortie tout droit d'une morgue. D'un geste vif, elle ramassa quelques documents et les rangea dans sa besace Gucci. Puis elle ferma son portable et alluma une cigarette.

Le tout lui avait pris moins d'une minute chrono.

Elle s'installa alors dans son grand fauteuil de directrice en cuir de couleur perle et, après avoir tiré une bouffée de sa Gauloise, redressa ses lunettes à monture en corne sur son nez. Puis elle passa une main dans ses cheveux courts et bruns, tapota sa jupe en daim rouge sur ses longues cuisses et demanda :

— Qui est là ? Je n'attends personne, mentit-elle.

En fait, elle attendait Ferdie et Giorgio, ses complices. Mais leurs deux heures de retard commençaient à l'inquiéter. Et maintenant, cet inconnu apportait comme une bouffée de danger.

— Je peux entrer ?

Sans attendre sa réponse, Mac ouvrit la porte et, surpris, se trouva nez à nez avec Sharon Barnes.

Sharon sentit un frisson d'appréhension la parcourir. Les traits figés, elle se raidit puis déclara, impassible :

— Je ne vous connais pas. Je vous ai ouvert parce que j'attendais quelqu'un d'autre. Sortez ou j'appelle la sécurité.

Mac savait qu'elle bluffait. Ils se connaissaient pour s'être rencontrés à Monaco. De plus, cet immeuble de bureaux bon marché n'avait pas de service de sécurité. Sans se départir de son calme, il répondit :

— Nous avons été présentés il y a quelques jours à Monte-Carlo. Vous étiez avec Maha Mondragon.

— Et vous étiez avec Sunny Alvarez.

Visiblement, Sharon Barnes avait opté pour une nouvelle tactique. Mac acquiesça d'un signe de tête.

— Ma fiancée.

— Il paraît, répondit-elle en esquissant un sourire.

— Mais je vous avais déjà aperçue dehors. Vous fumiez une cigarette. Vous portiez une veste courte en fourrure noire que vous resserriez autour de votre cou comme si vous aviez froid.

Sharon se mit à rire.

— Vous êtes un homme très observateur, monsieur Reilly. Mais quoi de plus naturel pour un détective ? Rappelez-vous à quel point il faisait froid à Monte-Carlo, ce soir-là. Seuls les accros de la cigarette osaient braver la nuit glaciale, quitte à mourir gelés.

— Vous devriez essayer le Chantix, suggéra-t-il, faisant référence à la dernière drogue antitabac.

— Oh, de grâce ! lâcha-t-elle d'un ton cinglant.

— Permettez-moi de vous poser une question, madame Barnes.

Elle baissa les yeux. Elle n'était pas prête à le laisser l'appeler Sharon. Elle voulait qu'il décampe, le plus vite possible, avant l'arrivée de ses deux complices. S'ils venaient jamais. Elle ne faisait pas confiance à Giorgio et Ferdie. Elle ne faisait confiance à personne, du reste. Et surtout pas à ce détective à l'allure si décontractée, assis en face d'elle comme s'il était en terrain conquis.

— Que faites-vous ici ? s'enquit-elle en se penchant sur le bureau, sans lui laisser le temps de parler. Qui vous envoie ?

Par-dessus la plaque d'acier, ils se fixèrent. Malgré lui, il ne put s'empêcher de remarquer la beauté des yeux de Sharon. D'un vert émeraude que la noirceur de ses sourcils rehaussait, ils semblaient posés comme deux des joyaux de Maha dans son visage aux traits ciselés.

Furieuse, Sharon rajusta ses lunettes et s'adossa à son fauteuil, le profil tourné vers la fenêtre.

— J'étais à Prague pour affaires, expliqua-t-il. J'ai trouvé votre carte et me suis dit qu'il serait intéressant de vous rencontrer.

— Si vous cherchez des mannequins pour votre émission télévisée, je peux vous aider. Si vous investissez dans des films tournés dans les Balkans, je peux vous trouver des candidates stars en herbe. Jolies, séduisantes. Sexy, ajouta-t-elle en se tournant vers lui pour le regarder.

— C'est ce que vous vendez ?

Dans un éclat de rire, elle répondit :

— Vous vous trompez de femme, monsieur Reilly. Je suis photographe.

— Dans ce cas, que faisiez-vous au juste à Monte-Carlo avec Maha Mondragon ?

— En quoi cela vous regarde-t-il ?

— Cela me regarde parce que j'ai été appelé à collaborer à l'enquête sur le braquage de la bijouterie *La Fontaine*. Pas seulement celui de Monte-Carlo qui s'est soldé par un meurtre, mais aussi le précédent, à Paris.

Elle s'esclaffa une nouvelle fois.

— Je comprends. Nous sommes dans *La Panthère rose* et vous êtes l'inspecteur Clouseau, c'est ça ?

— J'aimerais bien !

Tirant la carte de Sharon de sa poche, il la posa sur le bureau. Elle la fixa.

— Vous avez sans doute lu comment se sont passés les braquages, reprit-il. Les suspects sont trois blondes aux cheveux longs avec de longs manteaux de fourrure.

— Je l'ai lu.

— Quelqu'un m'a remis l'un de ces manteaux de fourrure. Et j'ai trouvé votre carte dans l'une des poches, fit-il en la poussant vers elle sur l'acier.

Elle la regarda sans la prendre.

— N'importe qui pourrait avoir ma carte. Vu le nombre de filles qui passent par mon agence.

— J'aurais aimé savoir si vous aviez engagé un mannequin, une jeune femme grande et blonde, vêtue d'un manteau de vison très cher, qui était à Monte-Carlo le soir du braquage.

Sharon tourna de nouveau son profil vers la fenêtre.

— C'était Noël. Personne ne travaillait. Comment voulez-vous que je sache de quelle manière les mannequins occupent leur temps libre ?

— Et vous, madame Barnes, que faisiez-vous à Monte-Carlo exactement ?

Il l'avait coincée. Les yeux brillant derrière ses lunettes, elle répondit avec un sourire :

— Vous avez raison, monsieur Reilly. Je travaillais avec Mme Mondragon. Maha prépare une nouvelle collection de bijoux, un peu moins couture que sa ligne habituelle. Ce sera un événement. Elle cible la grande consommation, dans une gamme se situant entre le bijou fantaisie et Cartier. À mi-chemin entre les deux.

L'air entendu, Mac opina du chef. Il ne s'y connaissait pas le moins du monde en bijoux. Son expérience se limitait à ses cadeaux pour Sunny, le diamant rose pour leurs fiançailles et les brillants à oreilles de Noël dernier.

— Elle avait besoin de mannequins pour porter ses bijoux, continuait Sharon. Des filles grandes, très minces, avec des cous de cygne, comme des danseuses. Je lui avais suggéré de recruter des danseuses. Elles ont la réputation d'être fauchées et cherchent toujours du travail. Je pouvais en trouver qui auraient accepté de défiler pour un prix raisonnable. Mais Maha voulait des filles plus exotiques, genre gitanes, si vous voyez ce que je veux dire.

— Des gitanes ? répéta-t-il sans chercher à dissimuler sa surprise.

Sharon lui jeta un regard méfiant. Elle avait compris qu'il en savait plus qu'il ne le laissait entendre. Troublée, elle se leva. Avec ses bottes en daim rouge, elle était immense. Dehors la neige continuait à tomber ; elle poussa un soupir dégoûté. Ses bottes allaient être fichues ! Même dans des moments comme celui-ci, où le danger la pétrifiait, Sharon ne pensait qu'à elle. Elle savait ce qui lui restait à faire. D'un ton glacial, elle déclara :

— Vous n'aviez aucun droit de m'interroger et pourtant j'ai répondu à toutes vos questions, monsieur Reilly.

Puis, avec un haussement d'épaules indifférent, elle reprit :

— J'étais à Monte-Carlo pour affaires, à Noël. Je travaille pour Mme Mondragon. Je suggère que vous alliez la trouver pour vous le faire confirmer.

— Faites-moi confiance, madame Barnes, j'y compte bien.

Il avait compris qu'il ne pourrait plus rien tirer de Sharon Barnes. Après avoir ramassé la carte de visite sur le bureau, il sortit.

Il dévala les six volées d'escalier qui descendaient du troisième étage, ses pas résonnant sur le marbre froid. Au moment où il débouchait dans le hall d'entrée, la porte de l'ascenseur claqua. À l'intérieur, il aperçut deux hommes. Il les reconnut immédiatement ; il les avait vus avec Maha Mondragon et Sharon Barnes dans le bar de l'hôtel à Monte-Carlo.

Il s'arrêta pour les regarder monter, enfermés dans la cage du vieil ascenseur, comme des animaux de zoo.

Il sortit dans le soir glacial. La nuit tombait déjà. Quelques illuminations de Noël clignotaient encore. On était le 31 décembre. Il était à Prague. Seul.

66

Mac redescendit la rue de l'agence de Sharon Barnes pour déboucher sur la place de la Vieille Ville qui vibrait de musique. Les palais aux façades pastel, les édifices gothiques, les restaurants, les cafés grouillaient de fêtards. Quelque part dans le monde, minuit avait sonné l'arrivée de l'an neuf. Riant, dansant, des filles le célébraient déjà et, l'attrapant par les mains, l'invitaient à les rejoindre.

La place traversée, il suivit la rue étroite qui descendait à la rivière. Comme des flèches lumineuses fendant la nuit, les innombrables clochers de la ville semblaient se toucher. Il reprit le pont Charles et ses seize arches protégées des glaces de la Vltava, et s'arrêta au pied des grandes tours gothiques. Sous le regard de pierre des deux rangées de statues qui montaient la garde, le pont grouillait de marchands derrière leurs échoppes, de peintres qui proposaient aux touristes de faire leur portrait, de vendeurs de bretzels et de hot-dogs.

Il acheta un hot-dog et, tout en poursuivant sa route, y mordit à belles dents. Il était relevé, chaud et croustillant. Celui qui aurait l'idée de les importer aux États-Unis ferait fortune. D'un autre côté, on pouvait faire fortune partout. Seule Valeria Vinskaya, le petit elfe gris, semblait ne pas avoir compris ce qu'elle aurait pu tirer du diamant jaune. Elle s'était contentée de s'offrir des vêtements, un petit ami, un dîner dans un restaurant chic.

En revanche, si Sharon Barnes n'avait pas eu la négligence de le laisser traîner dans la poche de son vison, il lui aurait rapporté une coquette somme.

Sharon était coupable, il le savait. Hélas, il n'avait pas de preuves. À moins de persuader le petit elfe gris d'avouer la vérité sur l'identité de la femme à qui elle avait volé la fourrure et celle du receleur à qui elle avait fourgué la bague.

S'enroulant frileusement dans son pardessus Hugo Boss, acheté à l'aéroport Charles-de-Gaulle, il pressa le pas. Long, noir, le col haut, c'était un vrai manteau d'homme d'affaires, même si cela ne correspondait pas à son style plutôt décontracté. Il l'avait payé extrêmement cher, mais c'était ça ou mourir gelé. Il faisait un froid de gueux à Prague. Le manteau lui battant les jambes, il se réfugia à l'abri d'un kiosque et composa le numéro de Valeria. Le téléphone de la jolie gitane sonna dans le vide. Il lui laissa un message lui demandant de l'appeler mais, prudent, ne laissa pas son nom. Ne pas l'avoir trouvée le mettait mal à l'aise. Il chassa son inquiétude. D'un autre côté, c'était le Nouvel An. Valeria devait travailler dans un club. Danser, ou autre chose. Il fallait bien gagner sa vie.

Seul au milieu de l'effervescence de la Saint-Sylvestre sur le pont Charles, il fixa le ciel sans étoiles. Où était Sunny ? Il devait essayer de la joindre. Il avait besoin de savoir où elle était, ce qu'elle faisait en cette veille de Nouvel An, d'être sûr qu'elle était en sécurité. Il pressa la touche de son numéro préenregistré et, de nouveau, la sonnerie retentit dans le vide. Accablé, il coupa son téléphone. Il brûlait d'envie d'appeler Allie. Mais avec leurs jambes cassées, Ron et elle avaient déjà leurs problèmes.

Tout à coup, il se rappela Pru Hilson. Elle atterrissait ce soir et serait au *Four Seasons* à vingt heures. Pru saurait sûrement où était Sunny. Il allait l'obliger à le lui dire.

De retour à l'hôtel, Mac appela l'inspecteur et lui relata les derniers événements : la carte de visite trouvée dans la poche du vison et sa visite à Sharon Barnes.

— Je ne sais pas quel est son rôle exact mais je suis sûr que, d'une manière ou d'une autre, elle est dans le coup. Cependant, je suis incapable de dire si elle faisait partie des braqueuses.

Le policier lui demanda de lui communiquer son signalement. Il allait vérifier. Il en profiterait pour faire une recherche sur Maha Mondragon qui était connue pour ses bijoux.

— Mais ses créations ne sont pas aussi haut de gamme que celles de *La Fontaine*, précisa-t-il. Elle ne vend pas de diamants.

— Exact, acquiesça Mac. À propos, la gitane a fourgué le diamant jaune. Elle en aura tiré deux mille euros au mieux. Elle n'avait pas de contacts dans le milieu des diamantaires, elle ne traitait pas dans le luxe. Et même si ça avait été le cas, elle aurait eu trop peur. Mais elle avait besoin de l'argent. Je ne peux pas l'en blâmer, ajouta-t-il en revoyant son sinistre studio rose.

— Un voleur est toujours un voleur, lui rappela l'inspecteur avec froideur.

Le détective décrivit alors les deux hommes aperçus dans l'ascenseur de Sharon Barnes.

— Tout cela a un lien avec Maha Mondragon, conclut-il. J'en ai le pressentiment.

— Malheureusement, un pressentiment ne nous suffit pas. Des preuves, mon vieux, voilà ce qu'il nous faut !

Mac poussa un soupir. Le visage fracassé d'Yvonne Elman passa devant ses yeux.

— Je vais trouver, tu peux compter sur moi ! lui assura-t-il.

Après avoir vérifié que le vol de Francfort était à l'heure, il s'assit dans le hall de l'hôtel devant une vodka soda pour attendre Pru Wilson. Le petit verre de Slivovitz qu'il avait bu le matin chez la gitane lui paraissait déjà loin.

Autour de lui, la soirée de la Saint-Sylvestre battait son plein. L'hôtel vibrait de musique, partout se pressaient de jolies blondes en compagnie de leurs maris aux nez busqués, les hommes en smoking et les femmes en robes dos nu en satin, comme sortis tout droit d'un film des années 1930. Des parfums flottaient dans l'air, des bouchons de champagne sautaient. Mac poussa un soupir accablé. Il ne s'était jamais senti d'humeur aussi peu festive. Décidément, cette année, les fêtes étaient bien moroses ! Après avoir passé Noël seul, il était de nouveau loin de Sunny pour le Nouvel An. Pourquoi diable Pru mettait-elle tant de temps à arriver ?

Un jappement familier le tira de ses réflexions. Surpris, il leva les yeux. Si Tesoro était dans les parages, sa maîtresse ne devait pas être loin. Mais le chihuahua arrivait en compagnie de Pru Hilson.

— Je fais du dog-sitting, expliqua-t-elle. Je ne pouvais donc pas la laisser à Monte-Carlo.

Se levant, il aida la nouvelle venue à retirer son manteau. Ses cheveux couleur de blé étaient couverts de flocons qui fondaient. Ils s'embrassèrent. Elle avait les joues froides.

— Comme de vieux amis, dit-elle en souriant.

Il remarqua qu'elle avait un sourire plein de charme. La femme qui se tenait devant lui ne correspondait pas du tout à celle de son souvenir. La Pru Hilson qu'il avait rencontrée était brune, grassouillette, vêtue d'un vaporeux caftan groseille et semblait sortie tout droit de l'époque de Woodstock.

— Vous êtes superbe, la complimenta-t-il en toute sincérité.

Devant ses joues qui s'empourpraient, il sourit.

— C'est grâce à Allie et à Sunny, expliqua Pru. Elles m'ont fait suivre le *makeover Monte-Carlo*.

— En tout cas, c'est réussi, renchérit-il. À propos de Sunny, justement, vous n'avez rien à me dire par hasard ?

Pru lui lança un regard anxieux avant de jeter un coup d'œil à sa montre. Encore dix heures, et la promesse faite à Sunny pourrait être rompue. Elle n'espérait qu'une chose, que leur amie soit rentrée d'ici là.

— Je ne peux rien vous dire. Pas pour le moment. Peut-être plus tard...

Devant l'expression de Mac, elle poussa un soupir.
— J'ai promis, expliqua-t-elle.
Tesoro sauta sur les genoux du détective qui fit signe au serveur. Pru commanda un cosmopolitan.
— C'est le cocktail de Sunny, précisa-t-elle. Elle me l'a fait découvrir.
— Je la reconnais bien là.
Elle lui expliqua alors qu'elle avait réservé une chambre et il demanda au groom de prendre son petit sac de voyage.
— Vous devez avoir faim ?
— Pas encore.
En jean et pull marron, les jambes croisées, elle paraissait très nerveuse.
— Voilà, ce qui m'amène n'est pas facile à expliquer, commença-t-elle. C'est une situation si terrible que je me suis retrouvée totalement désemparée. Soudain, j'ai pensé à vous et j'ai dit à Eddie : « Il faut aller trouver Mac. Il est le seul à pouvoir vous aider. »
Elle regarda le détective. Impassible, il l'écoutait, l'air circonspect. Elle espérait avoir pris la bonne décision. Que pouvait-elle faire d'autre si elle voulait sauver Eddie, sa famille, sauver leur avenir ?
Elle sortit l'enveloppe de son sac et la poussa à travers la table.
— C'est une lettre de chantage. Et des photos. Mais il faut que vous sachiez qu'elles ont été prises à l'insu d'Eddie.
Le détective sortit la lettre de l'enveloppe et, au moment où il s'apprêtait à la lire, une voix d'homme s'exclama :
— Pru, je ne pouvais pas te laisser faire ça pour moi, je dois m'en occuper moi-même.
Il leva les yeux. La main sur l'épaule de Pru, Eddie Johanssen était debout à côté d'elle.

67

— Oh Eddie ! s'exclama Pru en le regardant, rayonnante, tout en secouant la tête.

— Je suis seul responsable de cette situation, dit Eddie, la main tendue vers Mac. Je suis navré de vous ennuyer avec ce problème.

— Ce genre de problème, c'est mon métier, répondit Mac en lui serrant la main.

Le Suédois était vraiment très beau : une épaisse chevelure d'un châtain très clair, un hâle léger, un corps long et athlétique. N'importe quelle femme aurait été heureuse d'être avec lui, y compris Sunny, se dit-il avec un soupçon de jalousie.

— Asseyez-vous, monsieur Johanssen. Vous voulez boire quelque chose ? proposa Mac en l'observant avec attention.

Il remarqua ses traits tirés, son air tendu. L'air d'un homme qui avait de gros ennuis.

— Une vodka, comme vous.

Eddie s'installa à côté de Pru. Il était flagrant que la jeune femme était sous le charme, prête à tout pour l'aider et bien déterminée à prouver son innocence, quelle que soit la combine dont il était la victime.

Le serveur apporta sa vodka mais il l'ignora. Il avait pris l'enveloppe en papier kraft et la tournait entre ses mains, comme s'il n'avait eu qu'une envie, s'en débarrasser, oublier son contenu. Des photos compromettantes qui le mettaient en scène dans les bras d'une femme de mauvaise vie.

Était-il coupable ou non ? Mac hésitait. Feignait-il l'innocence ? En cherchant l'aide d'une femme aussi honnête que Pru, essayait-il de se faire passer pour un homme bien, victime d'une machination ?

— Je sais ce que vous pensez, dit-il en le regardant droit dans les yeux. Vous êtes libre de votre décision. Si vous décidez de me croire, je vous serai reconnaissant. Dans le cas contraire, je comprendrai.

Confondre les criminels était le métier de Mac. En matière de culpabilité, il connaissait tous les signes. Les regards de défi, les regards fuyants, ceux qui ne dévoilaient rien. Il savait reconnaître un homme coupable. Or, s'il se fiait à son intuition, Eddie Johanssen ne l'était pas. Cependant, il lui était déjà arrivé de se tromper. Nul n'était infaillible.

— Si vous le voulez bien, je vais commencer par lire la lettre de chantage, déclara-t-il.

Il la parcourut rapidement. Puis il la posa sur la table entre eux et but une gorgée de vodka.

— Bien, que pouvez-vous m'en dire ?

Eddie étouffa un soupir.

— J'ai un souvenir très flou de la façon dont se sont enchaînés les événements. Je vais quand même essayer de vous raconter ce que j'ai retenu de cette nuit désastreuse.

Pru avait posé sa main sur la sienne. Il avait parlé sans aucune exaltation, s'était contenté de décrire son état d'esprit.

Son récit ne surprit pas Mac. C'était toujours la même histoire : la victime était droguée. D'abord à l'ecstasy pour se sentir planer sans inhibitions ; puis au GHB, au Rohypnol, les drogues du viol, qui la laissaient sans défense pendant l'acte. Pour ensuite ne se souvenir de rien. Quand il tendit la main pour regarder les photos, Pru détourna la tête mais, les yeux fixés aux siens, Eddie ne cilla pas.

Après les avoir rapidement regardées, Mac les remit dans l'enveloppe.

— Je connais cette femme, déclara-t-il.
— Kitty Ratte, renchérit Eddie.

— C'est un danger public, elle le porte sur la figure. Je n'arrive pas à comprendre comment Sunny a pu même lui parler.

Pru s'empressa de voler au secours de son amie.

— D'après Sunny, c'était Noël, le bar de l'hôtel était désert, à l'exception de Kitty qui l'a abordée. Sunny se sentait très seule. Elle ne pouvait pas supporter d'être sans vous, voilà tout.

Mac comprenait parfaitement. Lui non plus ne supportait pas son absence, et tout particulièrement en ce soir de 31 décembre. Ce fut au tour d'Eddie de prendre la parole :

— Kitty se prétend la victime du chantage. Elle affirme que je suis seul responsable. Je dois la payer sinon elle perdra tout, son nom, sa réputation.

— Alors là, c'est carrément comique ! persifla Pru.

— Non seulement comique mais complètement idiot, appuya Mac en regardant Eddie. Vous avez été dupé, mon vieux. Comme vous avez dû le remarquer, elle s'est bien gardée de vous entraîner dans son lit. Oh oui ! Elle vous a installé sur ce canapé, face à la caméra vidéo. Elle a allumé toutes les lumières, vous a drogué et en avant la musique ! Plus rien n'était tabou.

— Au sens littéral, ajouta Pru.

D'un geste réconfortant, elle caressa la main d'Eddie. À voir sa pâleur sous son hâle, elle devinait à quel point cette conversation lui pesait, à quel point il haïssait Kitty Ratte, à quel point il se haïssait lui-même d'être impliqué dans cette sordide histoire.

— Tu n'y es pour rien, chuchota-t-elle.

— Si. J'ai laissé faire. Je savais parfaitement ce qu'elle était et, pourtant, j'ai accepté de prendre un verre avec elle.

— Tu te sentais seul, insista Pru, réconfortante.

— Cet épisode malencontreux est derrière vous, renchérit Mac. Nous pouvons clore le chapitre une fois pour toutes mais, avant tout, il faut coincer Kitty Ratte sur cette histoire de chantage.

— Je ne peux pas me permettre que ma famille l'apprenne, murmura Eddie, paniqué.

— Ne vous inquiétez pas, nous n'irons pas à la police. Pas pour le moment, en tout cas, le rassura Mac qui avait déjà son idée de la stratégie à adopter.

L'air accablé, Eddie se prit la tête entre les mains.

— Quelle belle Saint-Sylvestre ! fit-il d'un ton désespéré.

— Ne t'en fais pas, l'année nouvelle commence demain, répondit Pru en lui tapotant le dos pour le réconforter. Mac va tout prendre en main et personne ne saura jamais rien.

— Ne saura jamais quoi ? intervint une voix masculine.

Mac se retourna. Un bruit de cannes résonnait sur le sol en marbre. Stupéfait, il vit Ron et Allie se diriger vers eux, leurs jambes dans le plâtre. Se levant d'un bond, il serra dans ses bras Allie qui partit d'un éclat de rire.

— Nous ne pouvions pas te laisser célébrer le Nouvel An seul.

— Comment m'avez-vous trouvé ?

— L'inspecteur, répondit Ron en le gratifiant d'une bourrade dans le dos.

— Et comment as-tu pu piloter ton avion avec ta jambe cassée ?

— Sache qu'on ne pilote pas un Cessna avec les jambes. Il faut des mains et un cerveau. Et un ordinateur.

— D'accord, acquiesça Mac.

Allie embrassa Pru.

— Bonsoir, Pru.

Déjà des serveurs s'empressaient, leur apportant des chaises.

— Assurez-vous que nos éclopés sont bien installés, leur demanda Mac. Je ne crois pas que nous dansions beaucoup en cette nuit de Nouvel An.

Des clients qui partaient à des fêtes se retournaient pour regarder le petit groupe. « C'est Allie Ray, s'exclamaient-ils. La star de cinéma. Elle est encore si belle... »

— Cela ne fait que deux ans que j'ai arrêté de tourner mais on croirait que cela fait des siècles, fit-elle, mutine.

— Tu es magnifique ce soir, la complimenta Ron en serrant sa main dans la sienne. Tu es merveilleuse, tu le seras toujours.

Elle lui sourit. Elle portait une minijupe en satin pâle qui découvrait son plâtre.

— Je sais, je sais, c'est très court, dit-elle en surprenant le coup d'œil de Mac. Ne t'inquiète pas, je porte quelque chose dessous.

— Mais quoi ? chuchota Pru. Comment peut-on enfiler quoi que ce soit avec ce plâtre ?

— Spanx[1], expliqua Allie à mi-voix. Tu serres les dents, tu tires comme une folle et ça remonte.

— Oh, Spanx ! répéta Pru d'un air entendu.

Elle avait beaucoup appris ces derniers temps.

— À propos, tu es superbe, la complimenta Allie qui sourit en voyant les joues de sa nouvelle amie se colorer de rose.

Cette dernière reprit ses esprits et demanda :

— Tu connais Eddie Johanssen ?

Se sentant de trop, Eddie s'était mis en retrait pour laisser le petit groupe à ses retrouvailles. Il se leva, serra les mains des nouveaux venus et, après leur avoir souhaité une bonne année, annonça qu'il allait partir.

— Mais non, rasseyez-vous, Eddie, lui dit Mac. Nous n'avons pas terminé.

— Terminé quoi ? demanda Ron, une lueur méfiante dans ses yeux noirs.

Dans quel guêpier Mac était-il encore allé se fourrer ?

— Eddie est aux prises avec un maître chanteur, expliqua le détective. Nous devons le tirer d'affaire.

— Je parie que Kitty Ratte est dans le coup, fit remarquer Allie.

— Comment le savez-vous ? s'enquit Eddie.

— Il suffit de la regarder, répondit-elle avec un haussement d'épaules désinvolte. Elle a de petits yeux comme des

---

1. Marque américaine révolutionnaire de sous-vêtements amincissants.

missiles ; c'est une prédatrice en chasse. Elle cherche une victime. Ou un paumé.

— Eh bien, elle l'a trouvé, dit Eddie d'un ton amer.

— C'est une vraie salope, intervint Pru d'un ton léger, les faisant rire.

Ron fit alors signe au serveur d'apporter un magnum de champagne.

— Que tout cela ne nous fasse pas oublier que nous sommes le 31 décembre. Plus que deux heures avant minuit, ajouta-t-il avec un coup d'œil à sa montre.

Pru jeta un regard éloquent à Allie.

— C'est déjà le Nouvel An dans certains coins du monde. Tu crois que nous pouvons briser le secret de Sunny, maintenant ?

— Je suis très inquiète, chuchota Allie. Que devons-nous faire ?

— Parlons à Mac. Je t'en prie, Allie, il est grand temps.

Le serveur apporta le magnum et cinq coupes qu'il remplit. Ron leva la sienne en direction d'Eddie.

— Maintenant que vous avez fait affaire, tous les deux, vous permettez que nous célébrions l'an neuf ?

— Buvez, fit Mac avec un signe de tête. Tout ira bien. Je m'occupe d'elle et de ses complices, si complices il y a. Le fait de droguer quelqu'un ou de le faire chanter fait partie des délits passibles de lourdes peines. Faites-moi confiance.

Une collation à la tchèque accompagnait le champagne : bœuf fumé, minuscules côtelettes de porc à la choucroute, saucisses de cocktail, fromage sur de petites brochettes, cacahuètes, dattes saupoudrées de noix de coco, et boudoirs roses en provenance directe de Reims, la capitale mondiale du champagne.

Tout en se portant des toasts, ils continuèrent à discuter de la mésaventure d'Eddie. Au bout de quelques minutes, Mac coupa court à la conversation. Un autre sujet le préoccupait.

— Bon, maintenant, vous allez me dire où est Sunny ?

Dans le silence qui suivit, la sonnerie de son téléphone retentit. Avec un grognement de frustration, il répondit :

— Oui, inspecteur ?
— La gitane. J'ai envoyé la police locale lui poser quelques questions. Ils l'ont trouvée sur une chaise, un chat sur les genoux, une balle dans le front.

Mac poussa un soupir accablé.

— Une balle du même Black Rose PM9, je parie.
— D'après les photos du crime que j'ai reçues par mail, ça m'en a tout l'air.
— J'en étais sûr. Si tu veux mon avis, tu devrais envoyer la police locale poser quelques questions à Sharon Barnes de la Barnes Model Agency. C'est la coupable, j'en mettrais ma main au feu. Et essaye d'interroger Maha Mondragon. Elles travaillaient ensemble.

Il referma son téléphone et le fixa, comme hypnotisé, la gorge nouée. Au bout du compte, le petit elfe gris était mort avec son chat pour seule compagnie. Il ne l'avait pas assez connu pour ressentir du chagrin. Mais la pensée de cette âme perdue lui serrait le cœur.

Allie lui prit la main et lui demanda, anxieuse :
— Qu'est-ce qui ne va pas ? C'est Sunny ?

Mac lui lança un regard empreint de tristesse.
— Pas cette fois.

Il leur raconta alors sa rencontre avec Valeria. Allie l'écouta avec attention puis déclara :
— Si l'on se fie à ta description de cette gitane, il semble évident qu'il ne s'agit pas d'un suicide. Et puis, ce sont les hommes qui se tirent une balle dans la tête. Les femmes commencent par se maquiller et ensuite elles avalent des cachets. Elles ne savent jamais qui les verra mortes.

Pru la fixa, abasourdie.
— Tu ne pousses pas la coquetterie un peu loin ?
— Je n'essaye pas de dédramatiser la gravité d'un tel acte, répondit Allie avec un haussement d'épaules. J'explique simplement que ce genre de femme ne se tirerait pas une balle dans la tête.
— Et elle ne l'a pas fait, confirma Mac. La police n'a pas trouvé d'arme à côté de son cadavre.

— Oh ! s'exclama Pru, horrifiée.

— De plus, je pense que je sais qui a fait le coup et pourquoi, reprit le détective.

— Et tu vas nous le dire ? demanda Ron.

— Pas encore, répondit son ami en secouant la tête. Pas encore. J'ai besoin d'un témoin, de preuves tangibles. Jusqu'ici, c'est juste une théorie. Et jusqu'ici, nous n'avons pas toute l'histoire.

Autour d'eux, les festivités de la Saint-Sylvestre battaient leur plein.

L'air soudain mélancolique, Mac caressait Tesoro. Au bout de quelques minutes, il demanda :

— Ne croyez-vous pas qu'il est temps de me dire où est Sunny ?

Allie et Pru se regardèrent.

— Si, firent-elles en chœur. Elle est à Bombay.

68

Cannes

Les yeux rivés sur son téléphone qui ne sonnait pas, Kitty Ratte arpentait son petit appartement. Les talons de ses Louboutin résonnaient sur le sol. L'un d'entre eux se prit dans le tapis et elle faillit tomber sur le canapé qui avait été fatal à Eddie. Elle étouffa un soupir de regret. Dommage que leur aventure n'ait pas été réelle. Cet homme avait un corps merveilleux. Il devait transporter au septième ciel les femmes qu'il séduisait. Pourtant, même avec lui, consentant, elle devinait qu'elle aurait dû avoir recours à ses joujoux habituels – menottes, vibromasseur – pour ressentir quelque plaisir.

Depuis toujours, Kitty utilisait le sexe pour contrôler et manipuler les hommes. Habituée à feindre le plaisir, elle gardait toujours la tête froide. Tactique qu'elle avait affinée dans les clubs échangistes et avec ses clients, qui se laissaient berner par ses gémissements et ses compliments. Pauvres crétins ! Parfois, néanmoins, elle regrettait de ne pas avoir vécu cette extase que jamais elle ne connaîtrait, quel que soit le nombre de ses partenaires. Elle repensa à la psychiatre qui, après lui en avoir décrit les symptômes, l'avait diagnostiquée comme nymphomane. Elle savait maintenant que cette dernière avait dit vrai.

Ses pensées revinrent à Eddie Johanssen. Où était passé ce salaud ? Elle l'avait appelé pour lui dire à quel point elle le trouvait attirant sexuellement et pour le supplier de ne pas la trahir. Après lui avoir remis la veille la lettre et les photos, elle s'était attendue à ce qu'il téléphone, terrifié, pour prendre rendez-vous. Elle le connaissait assez pour savoir que jamais il ne prendrait le moindre risque concernant sa famille. Il paierait. Elle en était certaine. Incapable néanmoins de chasser sa nervosité, elle continuait à faire les cent pas.

Elle trébucha une nouvelle fois sur le tapis et alla se cogner le menton sur le coin de la table basse en 'fer En se relevant, elle se tordit la cheville et se cassa un talon. Il pendait par un fil de cuir rouge.

Elle étouffa un juron. Quelle poisse ! Elle ne portait ses Louboutin que pour sortir. Avec son sac Vuitton, elles étaient un sésame qui lui ouvrait la porte de la haute société. En achetant ces chaussures qu'elle avait eues à moitié prix, pour sept cents dollars, elle avait cru s'acheter la classe. Quand elle les portait, elle pouvait passer pour une femme riche qui employait une domestique pour recevoir dans sa grande maison.

Folle de rage, elle prit son téléphone, appela l'hôtel et demanda à être mise en relation avec M. Johanssen. Le réceptionniste lui répondit que M. Johanssen n'était pas à l'hôtel actuellement, qu'il devait revenir mais n'avait pas précisé quand.

Elle s'allongea sur le tapis, posa sa cheville foulée sur le canapé et, d'un geste rageur, lança en l'air les escarpins fichus. Ils heurtèrent le néon dont le verre se brisa en mille morceaux. La vue des éclats de verre sur le sol et la table basse la fit hurler de rage. Des larmes de colère se mirent à rouler sur ses joues. Au bout d'un moment, elle se leva et, claudiquant, se dirigea vers le plan de travail de la cuisine où son ordinateur portable attendait, sous la rangée de placards. Après avoir appelé Jimmy sur Skype, elle s'assit, ses cheveux orange dans la lumière, sa frange collée à son front proéminent, une grimace découvrant ses dents de lapin. La colère la rendait affreuse.

L'image se précisa. Stupéfaite, elle se trouva nez à nez avec la femme de Jimmy. Petite, ses cheveux blonds coupés en un joli carré, elle portait un twin-set beige boutonné jusqu'au cou et un rang de perles. Ses dents étaient petites, blanches, régulières. Elle, au moins, ne portait pas de placages à faire des cauchemars. C'était l'« épouse » parfaite. L'air furieux, elle la fixait sur l'écran.

La surprise de Kitty était telle qu'elle n'eut pas le réflexe de couper la liaison à temps.

— Je vous connais. Écoutez-moi, salope ! fulmina la femme. Je suis à bout de patience avec ce sale pourri. Alors ne vous fatiguez plus à l'appeler sur Skype, je résilie l'abonnement. Et vous savez quoi ? Je lui coupe les vivres. Je l'ai fichu à la porte de chez moi. Il est tout à vous. Et vous voulez savoir ce qu'il vous apporte ? Rien ! Il n'a plus un sou sur son compte bancaire. Ni carte de crédit, ni liquide, ni voiture. Vous pensiez vraiment que j'allais rester assise sans rien faire à le regarder dépenser mon argent pour ses voyages en France, ses jeux sexuels, sa pornographie ? Pour la minable putain que vous êtes ? Vous rêvez ! Je ne suis pas idiote. J'ai réglé toutes les formalités légales. Il n'a plus rien et maintenant il est tout à vous. Je vous le laisse de bon cœur.

Abasourdie, Kitty la dévisagea. Pour une fois, elle était à court de mots. Le contrôle de la situation lui échappait. Sa vie partait à vau-l'eau. Jimmy n'avait plus un sou. Désormais, hormis sa complicité dans l'opération de chantage, il ne pouvait plus rien lui apporter.

— Autre chose, reprit la femme d'une voix triomphante, en vous regardant, je pense que vous êtes trop âgée pour vos activités, trop vulgaire, trop fatiguée. Vous jouez dans une cour qui n'est plus la vôtre, celle des femmes jeunes, ce que vous n'êtes plus depuis bien longtemps. La séduction pour une femme va bien au-delà du fait d'écarter les jambes. Une chose que même nous, les épouses provinciales, nous avons comprise.

Outragée, Kitty éteignit son ordinateur. Comment osait-elle ? Comment cette garce se permettait-elle de lui parler ainsi ? Et où diable était Jimmy ? Pourquoi n'avait-il pas téléphoné, envoyé un e-mail, essayé de la joindre sur Skype ?

Sa cheville douloureuse la lançait. Elle avait doublé de volume.

Elle se leva, ouvrit le placard, s'empara d'un flacon de cachets d'un antalgique. Elle en prit trois et les avala sans eau. Elle savait qu'ils faisaient plus d'effet en poudre, mais elle souffrait trop pour avoir la patience de les écraser.

Il fallait absolument que cette opération de chantage marche. Elle ne laisserait pas Johanssen lui échapper. Elle l'accuserait de viol. Elle le détruirait.

Des larmes roulant sur ses joues, elle se laissa tomber sur le canapé et s'assit, les yeux dans le vide. Que pouvait-elle faire ? Ses paupières alourdies de sommeil se fermèrent et, sa tête roulant contre les coussins, elle sombra dans l'inconscience.

69

Bombay

Il était très tard. Le vacarme de la fête et les pétards célébrant l'an nouveau s'étaient tus. Rahm Singh longeait l'allée en direction de la maison du gardien qu'il trouva endormi, recroquevillé sur le sol. En l'entendant, l'homme se réveilla en sursaut et se leva d'un bond. Singh lui asséna un coup sur la tête. L'homme poussa ce qui ressemblait à un cri de mouette et s'écroula, mort.

Une voiture attendait à l'extérieur des hautes grilles en fer forgé. Singh pressa le bouton qui en actionnait l'ouverture et, lentement, la voiture remonta jusqu'à la maison. Il la suivit à pied.

Sunny ignorait ce qui l'avait réveillée. Allongée sur le dos, elle était aussi immobile que la statue de Mahalakshmi qui se dressait devant le bassin, assurant prospérité et chance à la maison. La chambre baignait dans la lumière tamisée d'une lampe qu'elle avait laissée allumée dans la grande pièce, de l'autre côté des doubles portes. Une brise légère filtrait par la porte-fenêtre restée entrouverte, faisant osciller la flamme d'une bougie parfumée. Le regard embrumé de sommeil, elle contemplait les lieux à travers les rideaux de mousseline qui se balançaient autour du haut lit. Elle avait la chair de poule. Sans doute était-ce la fraîcheur de la nuit. À moins que ce ne soit la peur ?

Elle se sermonna. La peur de quoi, au juste ? Elle était en sécurité chez Maha. Elle avait parcouru presque la moitié du globe pour transporter les bijoux et demain – aujourd'hui même, sans doute – elle terminerait sa mission puis, le jour suivant, elle rentrerait en France, pour y retrouver Mac...

Mais quelque chose l'alerta. Un bruit de chute au-dehors, suivi d'un cri. Un oiseau, sans doute. Mais sa montre indiquait trois heures du matin. Il faisait noir. En Inde aussi les oiseaux devaient dormir jusqu'à l'aube. Alors qui avait crié ?

Cette fois, un frisson de terreur la traversa, la glaçant. Hormis Rahm Singh, les servantes muettes, le gardien qui avait fait signe à la voiture d'entrer et l'homme qui lui avait servi à dîner, elle ne connaissait personne ici. Encore une fois, elle était seule. Mais cette fois, en Inde.

Encore engourdie par le sommeil, elle tendit l'oreille. Tout était silencieux. Soulagée, elle exhala un long soupir qui sembla résonner dans le silence. Elle avait retenu son souffle pour mieux écouter.

La pensée de Mac ne la quittait pas. Comme si son image s'était matérialisée, elle l'imagina lui disant : « Allons, Sunny, chérie, tu es forte, réfléchis à ce que tu vas faire. Ce n'est sans doute rien du tout, il te suffit de te lever et de regarder autour de toi... »

Voilà ce qu'il aurait dit, ce qu'il aurait fait. Il était inutile de rester au lit, d'attendre que quelque chose arrive. S'il y avait un problème, autant l'affronter.

Refoulant la peur qui l'avait paralysée, elle se raisonna. Elle était angoissée parce qu'elle était seule dans une maison inconnue, dans un pays étranger. Mais tout allait bien, évidemment.

Elle se redressa, s'assit sur le bord du lit, tira les rideaux de mousseline de côté puis descendit les marches de bois.

Elle se hâta vers les fenêtres ouvertes. Elle portait le T-shirt et le pantalon de yoga en jersey qu'elle emportait toujours en voyage parce qu'ils étaient légers et pratiques, car malgré la chaleur elle n'avait pas voulu dormir nue, seule dans ce grand lit. Se cachant derrière l'un des lourds rideaux de soie fuchsia, elle regarda au-dehors.

Arrête, se réprimanda-t-elle. Mac te dirait que ce sont des enfantillages. Elle finit par se décider à sortir sur la terrasse obscure. Comme elle regrettait Tesoro ! La petite chienne pouvait sentir un intrus à trente mètres. Elle percevait tous les bruits nouveaux, tous les frissons du danger.

Dans le jardin, le ruisseau gargouillait sur les rochers. Soulagée, elle s'autorisa enfin à sourire. Voilà ce qu'elle avait entendu : un clapotis d'eau. Une soudaine bourrasque de vent secoua les jacarandas, transportant avec elle l'odeur de marécage de la mer toute proche. Les nuages glissaient dans un ciel noir partiellement éclairé par la lune. Au loin scintillaient les lumières de Malabar Point et de Marine Drive.

Elle regagna la chambre, refermant les lourds rideaux sur elle. Hésitante, elle s'arrêta à côté de la table où, quelques heures auparavant seulement, elle avait mangé son sandwich si sereinement. L'assiette avait été débarrassée mais quelqu'un lui avait apporté un pichet de jus de fruits, un verre et un paquet de biscuits Lu, Le Petit Écolier. Même s'ils étaient parmi ses biscuits préférés, elle se sentait trop nerveuse pour en avoir envie.

Elle ne supportait pas de se sentir seule au beau milieu de la nuit. Elle allait appeler une domestique, demander qu'on lui apporte du thé. Du Lapsang Souchong. Ou bien du thé vert. Elle repensa soudain aux *chai latte* qu'elle buvait chez Starbucks, à Malibu, quand la vie était normale et qu'elle n'avait pas peur. Pourquoi chez Starbucks utilisaient-ils le mot indien, *chai*, pour dire thé ? C'était étrange.

Un cordon en tapisserie pendait sur un côté du lit. Un autre vestige de l'Empire, devina-t-elle, en tirant sur la sonnette désuète d'un coup sec. Elle n'obtint aucune réponse. Elle se rassit sur le bord du lit et passa une main lasse dans ses cheveux emmêlés. Elle devait avoir une tête à faire peur. Elle prit alors son BlackBerry sur la table de nuit et pressa le numéro préenregistré de Mac. Le réseau ne passait pas. Elle essaya alors le numéro d'Allie, puis celui de

Ron. En vain. Son téléphone ne captait pas. Et dire que l'Inde était supposée être un pays de haute technologie !

Elle regarda les portes fermées de sa chambre. Aucun bruit de pas rapides n'indiquait des domestiques approchant. Peut-être avait-elle eu tort d'appeler au beau milieu de la nuit, mais elle avait peur. Elle avait besoin d'aide.

Elle se leva, enfila ses Converse rouges et se dirigea vers la porte. Elle allait trouver quelqu'un, lui dire qu'elle ne se sentait pas bien, qu'elle avait besoin d'aide, de thé chaud, elle avait besoin de sentir qu'elle n'était pas seule.

Les poignées en fer forgé de la porte se détachaient, longues et étroites, horizontales, contre les panneaux de bois clair. Sunny poussa celle de droite. Le battant ne bougea pas. Elle essaya alors la gauche. Sans plus de succès. Elle les secoua mais les portes étaient fermées.

La gorge serrée, elle fut prise d'une vraie panique et sentit une sueur froide dans le dos. Terrifiée, elle se précipita vers la sécurité de son lit et trébucha sur le tapis. Avec un grognement, elle se releva et alla se blottir sous l'édredon douillet. C'est alors qu'elle sentit un bras l'agripper par le cou, par-derrière.

70

— Pas un mot, lui souffla une voix à l'oreille. Ne criez pas !

Elle perçut une haleine chaude contre sa joue, reconnut l'accent indien et sentit la pointe d'un couteau entre ses côtes.

— Vous venez avec moi, sans un bruit, sinon d'autres mourront aussi.

Un frisson de terreur la traversa. La peur faisait monter son taux d'adrénaline, son instinct de défense et de fuite se réveillait. Elle savait qu'il était inutile de crier. Si elle voulait survivre, elle devait garder la tête froide.

Elle sentit qu'on lui couvrait la tête d'un tissu. Aveuglée, elle peinait à respirer. Elle entendit un bruit de tissu déchiré et devina qu'il s'agissait des rideaux du lit. Son agresseur l'y enroula, la fit tourner sur place, momie dans de la mousseline. Il la tenait fermement par le coude.

— Marchez ! lui intima-t-il avec son accent indien chantant. Venez avec moi. Et pas un mot ou nous allons tous mourir.

« Nous allons tous mourir. » Que diable voulait-il dire par « nous » ? Qui d'autre ? Rahm Singh et les servantes étaient les seuls occupants de la maison. Les trois femmes avaient peut-être leurs propres quartiers dans le parc ou en ville. De plus, le personnel ne connaissait pas l'existence des bijoux. Seule Maha savait.

De toute façon, pourquoi voudrait-on les voler ? Et la kidnapper ? Maha ne faisait que renvoyer ses précieux bijoux à Bombay pour les faire redessiner. S'ils recherchaient ce type de pierres ici, ils pouvaient les voler dans n'importe quelle bijouterie, chez n'importe quel receleur. Pourquoi alors se donner tant de peine ?

Elle fut projetée sur quelque chose de dur, en métal. La chaleur d'un tuyau d'échappement lui brûla la peau et elle faillit crier de douleur. Elle se retint juste à temps. Soudain, elle fut soulevée et projetée sans pouvoir réagir dans ce qui semblait être le plateau d'un camion. Elle sentait les barres de métal sous les tissus, à même le sol. Son agresseur était debout au-dessus d'elle : il dégageait une odeur d'ail et d'épices. Il lui scotcha la bouche et les yeux. La frayeur lui arracha un cri silencieux.

Elle suffoquait, elle allait mourir. Mac, oh, Mac, je ne veux pas mourir, aide-moi ! implora-t-elle, Mac...

Il lui lia alors les poignets et les chevilles. Mon Dieu ! Elle voulait vivre.

Le camion-plateau démarra en un sursaut et se mit à cahoter sur la route. Elle s'interrogea. Remontait-il l'allée qui menait aux grilles de la maison ? Si c'était le cas, le gardien serait sûrement à son poste. Il la verrait, l'aiderait. Comprenant que le camion ne s'arrêtait pas, elle en conclut que le portail devait déjà être ouvert. Elle sentit qu'il amorçait la longue descente de la colline.

71

Ferdie et Giorgio attendirent que Rahm Singh ait regagné la maison avant de descendre de voiture. Toujours silencieux, Singh leur fit signe de le suivre à l'intérieur, par l'entrée de service qui, donnant sur la cuisine, ne desservait ni la partie réservée aux invités ni les somptueuses chambres de Maha. Il ne vit pas les trois servantes muettes qui, du haut d'un petit escalier, l'observaient derrière le paravent à claire-voie.

Singh se dirigea vers le cellier et sortit le sac de sa cachette. Il revint le poser sur la table de marbre blanc, puis, immobile, regarda les deux visiteurs.

Tout dans leur apparence respirait la richesse. Il enviait la finesse de leurs costumes coupés sur mesure dans un tissu léger pour climats tropicaux, leurs chemises de coton italiennes, leurs chaussures importées. Voilà ce à quoi Rahm Singh voulait ressembler, même si ce n'était pas encore le cas.

— Où est la femme qui a transporté les bijoux ? demanda l'un des deux hommes.

— On s'en occupe ! répondit Rahm Singh.

Il ne les attendait pas si tôt. Pris de court par leur arrivée, il n'avait pas eu le temps de s'occuper de Sunny.

— Qui d'autre est au courant pour les diamants ? s'enquit Giorgio d'un air méfiant.

— Seulement la Mondragon.

— Pas la femme ?

— Je vous le promets, elle n'en saura rien.

Rahm Singh tira la fermeture Éclair et sortit un collier du sac, en or lourd, torsadé, orné de gros cabochons de rubis.

Ferdie le prit, le retourna et examina l'autre face en or lisse. Tirant un outil en métal de sa poche, il le glissa derrière le plus gros des rubis et tira. La fausse pierre précieuse sortit comme un coquillage de sa coquille, révélant le diamant qu'elle dissimulait. Un diamant d'une telle pureté que, sous la lumière du plafonnier, il scintillait comme Vénus, la reine des étoiles au firmament.

Avec un grognement de plaisir, Ferdie le regarda sur toutes ses facettes.

— Pas très gros mais, bien sûr, d'excellente qualité, approuva-t-il.

Rahm Singh referma le sac, et, après l'avoir posé sur le sol à côté de lui, s'assit à la table.

— Les autres sont encore plus beaux mais, avant toute chose, j'ai besoin de voir l'argent.

— Dans ce cas, il n'y a plus rien à dire, déclara Giorgio.

Ferdie, l'ex-joueur de polo, sauta sur Rahm Singh. Il enfonça l'outil en métal dans son cou avec une telle force que la chaise de l'Indien se renversa et que son turban jaune et rouge tomba. Le sang jaillit à flots de sa veine jugulaire et Ferdie se dépêcha de sauter en arrière.

Giorgio se leva et les deux hommes le regardèrent. Un gargouillis s'échappa de la gorge de l'Indien. Ferdie se pencha et essaya de retirer l'outil de sa gorge. En vain. Le sang qui lui couvrait les mains s'était tari car le cœur de Singh avait cessé de battre. Il était mort. Sa tête baignait dans une mare sombre qui s'étalait sur le sol en marbre.

Giorgio ramassa le sac, y fourra le collier et les restes du faux rubis. Il rangea le diamant dans sa poche sans remarquer la trace de sang qu'il laissait sur le beau costume beige coupé sur mesure que Rahm Singh lui avait tant envié. Puis les deux hommes quittèrent la cuisine, regagnèrent la longue voiture noire et s'éloignèrent.

Témoins du meurtre de Rahm Singh, les trois femmes derrière le paravent n'avaient pas poussé un cri. Terrifiées, elles étaient sorties dans la nuit, pieds nus. Mais, comme Maha leur avait appris à lire, elles avaient eu la présence d'esprit de noter rapidement le numéro de la voiture, bien que terrorisées, comme quand elles étaient enfants, dans les bidonvilles. Puis elles s'étaient enfuies.

72

Bringuebalée de droite et de gauche, Sunny allait cogner contre le fer des ridelles à chaque virage. L'odeur marécageuse et salée de la mer assaillait de nouveau ses narines, se mêlant au parfum suave de la canne à sucre en vente dans les kiosques du front de mer. Elle entendait les cris des enfants qui ne dormaient jamais et qui, maigres et apeurés, recroquevillés en boule comme des chiots abandonnés, avaient déjà compris que partout la mort rôdait. Elle aussi, à cet instant précis, le savait.

Le camion-plateau changea de direction. Elle leva la tête et essaya de reprendre son souffle. La cagoule dissimulant son visage l'étranglait. Elle roula sur le ventre et sa tête heurta la roue de secours, la douleur et la frustration lui arrachant un sanglot silencieux. Mac aurait sans doute considéré qu'elle avait le moyen de s'en sortir. Mais son champ de manœuvre était pour ainsi dire inexistant. À la pensée du détective, son cœur se serra. Le reverrait-elle un jour ? Elle murmura une prière silencieuse... invoqua Dieu, la déesse de Maha, tous les dieux de l'Inde... « Aidez-moi ! » les supplia-t-elle.

Le silence que seul venait troubler le ronronnement du moteur laissa soudain place à la rumeur de la ville. Le camion se frayait un chemin dans la foule, dans un brouhaha de voix, de rires, de cris, de grincement des stores en métal des boutiques qui ouvraient, de marchandises jetées des camionnettes dans la rue, de bruits de pas pressés. Le camion fit une embardée, prit un virage serré, la propulsant de nouveau contre la paroi métallique. Un grognement de douleur lui échappa.

Dans un violent crissement de freins, il pila. La ridelle arrière fut débloquée, tomba avec un bruit sec et son ravisseur se jucha sur le plateau. Il se pencha sur elle, son souffle dans ses oreilles. Puis, l'attrapant par le bras, il la remit sur pied et, l'entraînant avec lui, sauta à terre. Le métal érafla ses cuisses. Se faisant violence, elle fit son possible pour ignorer le sang qui coulait sur ses jambes. Sa priorité était de garder la tête froide. Elle devait essayer de comprendre où on l'emmenait, ce qui se passait.

Il détacha ses chevilles et lui ordonna de marcher. Ses jambes endolories lui faisaient presque aussi mal que ses éraflures. Ses pieds s'enfoncèrent dans la boue. Voilà ! Et maintenant, ses Converse rouges étaient fichues ! Elle faillit éclater de rire. Franchement, le moment était mal choisi pour faire la coquette. Qui sait, sa dernière heure avait peut-être sonné. Non ! Elle ne mourrait pas. Elle ne les laisserait pas la tuer. Elle ne les laisserait pas gagner. Elle voulait rentrer chez elle, retrouver Mac, Tesoro, elle voulait qu'on lui rende sa vie.

— Les marches, fit l'homme dans son anglais haché. Les monter, s'il vous plaît.

Interloquée, elle obéit. Il avait dit s'il vous plaît. Elle ne comprenait pas ce qui se passait mais quelque chose avait changé.

— Maintenant, par là, dit-il en la poussant en avant.

Et soudain ce fut le silence. Elle comprit qu'elle était seule.

Figée comme une statue, elle écouta, osant à peine respirer. Se retrouver seule l'angoissait encore plus qu'être avec son ravisseur. Elle en arrivait presque à souhaiter qu'il revienne. Peut-être au moins retirerait-il sa cagoule, le tissu qui l'enveloppait comme une momie et le Scotch qui lui fermait la bouche.

73

Maha rabroua l'homme dans le dialecte indien que tous deux comprenaient.

— Tu n'avais pas besoin d'employer la violence avec elle.

— Elle n'était pas seule dans la maison. Que pouvais-je faire d'autre ? Le gardien était déjà mort.

— Dans ce cas…, répondit Maha dans un soupir.

— Je ne pouvais pas me permettre de la laisser crier. Et elle ne m'aurait pas suivi de son plein gré. Je voulais la protéger de la racaille qui rôdait chez toi.

Maha le fixa droit dans les yeux.

— Parce que toi, tu n'es pas une racaille, sans doute ? persifla-t-elle.

Elle n'avait aucune illusion sur les activités illicites de son « homme de confiance ». Mais elle n'avait trouvé personne d'autre pour lui amener Sunny.

— L'argent, fit-il, la main tendue, en frottant son pouce contre son index. J'ai fait ce que tu m'as demandé, elle est ici.

Maha lui remit un sac en coton fermé d'une ficelle. Il l'ouvrit, compta les billets avec minutie, releva les yeux et hocha la tête pour marquer son approbation. Puis il sortit. Maha entendit le crissement des pneus du camion rouillé qui reprenait l'allée en sens inverse, vers l'anonymat. À part elle, personne ne saurait jamais qu'elle avait eu recours aux services de ce malfrat.

Un moment elle resta debout sur le seuil, à regarder la femme sans défense, les mains liées, le corps enveloppé dans la mousseline tachée de sang, une cagoule sur la tête, la bouche et les yeux recouverts de Scotch. Elle pensa à Sharon Barnes, à la vendeuse de *La Fontaine* à Paris, à Yvonne Elman et à Rahm Singh. Au bout de quelques minutes, elle s'avança vers sa prisonnière.

Sunny tressaillit. Le parfum qui flottait dans la pièce lui était familier. Léger, un peu épicé, mélange de cédrat, de musc, d'ambre, de tubéreuse, de jasmin. C'était le parfum d'une beauté venue de l'Inde. Celui de Maha.

Maha la débarrassa de la mousseline des rideaux qui l'enveloppait, arracha le Scotch recouvrant sa bouche et ses yeux et lui retira sa cagoule.

Le souffle court, les paupières closes, Sunny se leva.

— J'ai vu que, même les yeux fermés, vous m'avez reconnue, lui dit la belle Indienne.

— Vous êtes inoubliable, répondit Sunny.

— J'espère bien que non, fit-elle en coupant la corde qui liait les poignets de la jeune femme.

Les yeux toujours fixés sur Sunny, Maha recula d'un pas. Sunny balayait du regard la pièce vide. Elle remarqua les corniches en stuc dont le plâtre s'écaillait, le plancher en teck fissuré, les fenêtres en ogive aux carreaux cassés derrière lesquels on apercevait un platane. Le vent qui entrait par la porte de la maison décrépie, à moitié sortie de ses gonds, transportait les odeurs du bazar.

Pour finir, elle regarda Maha. Ce n'était pas la femme qu'elle connaissait. Elle portait un sari de villageoise, sur un haut à encolure arrondie, sans un bijou, et des tongs en plastique. Sa splendide chevelure d'un noir brillant, magique, était tirée en chignon. Elle drapa l'extrémité de son sari sur sa tête, ne laissant paraître que ses yeux.

— Alors, vous qui avez été mon amie, que pensez-vous maintenant des chances qui, dans la vie, se présentent à vous ?

— J'aurais préféré ne jamais croiser votre chemin, rétorqua Sunny.

— Moi aussi, acquiesça Maha avec un signe de tête. Mais il est trop tard pour les regrets, nous devons continuer.

Elle frappa dans ses mains et les trois servantes surgirent.

— Regardez-les, dit alors l'Indienne d'un air affligé. Je leur ai offert la sécurité, le gîte, une nouvelle vie. Vous avez remarqué les cicatrices sur leurs visages ? Je connaissais les hommes qui leur ont infligé ces marques. Comme moi, elles ont grandi dans les bidonvilles. Nous nous nourrissions dans les décharges d'ordures et nous mettions à courir à perdre haleine pour fuir ces hommes quand ils arrivaient. Vous savez pourquoi elles sont muettes ? enchaîna-t-elle. Ils leur ont coupé la langue pour en faire des mendiantes plus crédibles, pour que les cris pathétiques, étranglés, qui sortaient de leur bouche vide leur permettent de gagner quelques roupies de plus. J'ai réussi à m'échapper de cet enfer mais, des années plus tard, je suis retournée chercher mes amies d'enfance. Je les ai prises avec moi, leur ai rendu leur dignité, pour peu, bien sûr, que retrouver sa dignité pour une femme qui a vécu de telles horreurs soit possible. Maintenant, elles ne me quitteront plus jamais. Quel que soit le cours que prenne ma vie, elles seront avec moi.

Bouleversée, Sunny dut se faire violence pour ne pas fondre en larmes. Ce que venait de lui raconter Maha était odieux ; ces pauvres femmes avaient vécu le martyre. Incapable de les dévisager plus longtemps, elle foudroya la belle Indienne du regard.

— Et moi aussi, suis-je condamnée à rester avec vous pour toujours, Maha ? où que vous alliez ?

Maha partit d'un éclat de rire.

— Je crois que je vous dois une explication. Ce que je vous ai demandé de faire en rapportant mes bijoux à Bombay n'était pas légal. Ces énormes rubis étaient des faux, de simples couvertures pour les diamants volés lors du braquage de *La Fontaine* cette fameuse nuit à Monte-Carlo. Vous vous souvenez ? Du bar de l'hôtel nous entendions les hurlements des sirènes ? C'est comme ça que j'ai su que notre plan avait marché. Puis Sharon s'est dépêchée de me rejoindre, bientôt suivie par Ferdie et Giorgio. Tous étaient mes complices et tous m'ont trahie. Y compris Rahm Singh qui vous aurait tuée.

S'approchant, elle posa une main sur le bras de Sunny.

— Vous voyez, il y a de cela bien longtemps, j'ai compris comment me sortir des bidonvilles. J'ai commencé petit, bien sûr, mais je suis devenue plus audacieuse, plus maligne. Je créais mes propres bijoux, les vendais, mais je voulais plus, je voulais du lourd, je voulais... tout. Et voilà comment je suis devenue l'une des plus grandes voleuses du monde.

D'avoir évoqué ces souvenirs la fit rire. Puis, reprenant son sérieux, elle houspilla de nouveau ses servantes :

— Habillez-la, leur dit-elle dans leur langue. Brunissez sa peau, mettez du khôl sur ses yeux, du henné sur ses cheveux. Elle doit nous ressembler. Elles vont vous déguiser, précisa-t-elle à l'intention de Sunny. Vous devez les laisser faire si vous voulez sortir d'ici vivante. Quand elles auront fini, elles vous escorteront à travers le bazar. Elles vous conduiront chez un homme que je connais. Un ami.

Elle marqua une pause et esquissa un sourire penaud.

— Je devrais peut-être dire quelqu'un qui a été un ami. Après cela, il ne voudra sans doute plus me connaître. Dira même ne m'avoir jamais rencontrée. Cela n'a plus d'importance, ajouta-t-elle en haussant les épaules. Il a déjà reçu mon message. Il prendra soin de vous. Mais vous ne devez pas téléphoner à la police, vous ne devez pas essayer d'appeler Mac, pas avant que mon ami ait eu le temps de trouver une solution. Pas avant qu'il soit sûr que vous êtes en sécurité.

— Et que vous ayez eu le temps de vous enfuir, ajouta Sunny.

Pour toute réponse, Maha sourit.

— Vous m'avez sauvé la vie, reconnut Sunny.

Toujours souriante, l'Indienne répondit :

— Ici, ma chère Sunny, la corruption règne en maître. Vous ne pouvez faire confiance qu'à cet homme. Votre vie est en de bonnes mains.

— Je ne dirai rien jusqu'à ce qu'il m'en donne la permission, promit Sunny.

Elle savait maintenant ce qu'elle devait à Maha. C'était le moins qu'elle puisse faire.

Déjà, les trois servantes s'affairaient à enduire ses jambes et ses bras d'huile sombre, à mettre du henné dans ses cheveux. Soudain, toute cette situation lui sembla intolérable.

— Maha, s'écria-t-elle. Je ne peux pas y croire. Vous n'aviez pas de mauvaises intentions, vous vouliez juste voler les diamants.

— J'ai eu tort, répondit Maha d'une voix paisible, j'aurais dû savoir que, dès qu'il y a de l'argent en jeu, et tout particulièrement de grosses sommes, il peut arriver n'importe quoi, ce qui est souvent le cas. On tue pour de l'argent, c'est aussi simple que ça. Des gens à qui vous avez fait confiance. D'un autre côté, tout comme son amour, on donne souvent sa confiance à tort.

Les trois femmes enveloppaient maintenant Sunny dans un sari de coton bleu qu'elles ajustèrent de leurs mains expertes et fermèrent d'une épingle à nourrice géante.

— Mon aigue-marine aurait été plus seyante, dit Maha avec un petit rire. Et maintenant, ma chère Sunny, avec votre visage caché par le sari et vos yeux noirs, vous ressemblez à ma sœur.

Elle frappa de nouveau dans ses mains et les trois femmes s'avancèrent vers elle. Elle leur expliqua ce qu'elle attendait d'elles, puis leur tendit deux papiers. L'un indiquait l'adresse à remettre au *rickshaw boy*, l'autre comportait le numéro de la plaque d'immatriculation du tueur, à remettre à l'ami qui devait prendre soin de Sunny. Elle se tourna alors vers elle et, un long moment, les deux femmes se fixèrent en silence. Puis, d'une main, Maha frôla le visage de Sunny.

— Je suis sincèrement désolée de vous avoir fait subir ce calvaire, fit-elle.

Sur ces mots, elle sortit de la pièce.

Sunny entendit le bruit de ses pas s'évanouir sur les marches de bois. Les trois femmes la pressèrent alors. À leur tour, elles descendirent l'escalier et se retrouvèrent dans la rue, au milieu du bazar animé où l'on trouvait de tout, des CD aux vieux meubles. Des vendeurs ambulants, d'énormes réservoirs d'eau bouillante pendant à leur cou, proposaient du thé dans de petits gobelets en métal. Des enfants vendaient du jus de mangue et des friandises au sucre rose vif. Des conducteurs de rickshaw se faufilaient à travers les stands. Devant l'un d'entre eux, une vache marron broutait paisiblement des légumes. Les parfums du curry, du fenugrec, de la coriandre, du cumin et des piles d'épices jaunes et rouges la prirent à la gorge, lui piquant les yeux.

La tête baissée, deux des servantes la précédaient d'un pas rapide. Sunny trottinait derrière elles, le visage dissimulé par son sari, la troisième femme sur ses talons. Elle ne reconnut même pas les deux hommes qui, dans leurs larges pantalons indiens en coton et leurs chemises bon marché, couraient dans leur direction. Ferdie et Giorgio, loups déguisés en agneaux, sur la trace de Maha, la femme qu'ils devaient supprimer pour être en sécurité.

Les servantes se frayaient habilement un chemin dans la foule. Arrivées au bout de la rue, elles s'arrêtèrent, et firent signe à deux rickshaws qui freinèrent. L'une d'entre elles monta dans le premier avec Sunny et donna au chauffeur l'adresse de l'ami de Maha. Il s'élança, tirant sa cargaison humaine comme si de rien n'était, suivi par le second rickshaw dans lequel avaient pris place les deux autres femmes.

Laissant la foule animée du bazar derrière eux, ils entrèrent dans un quartier plus calme, plus résidentiel. Des enfants en uniforme avec des sacs à dos pleins de livres se dirigeaient vers l'école. Des domestiques vêtus de blanc promenaient des chiens. Des cuisiniers se hâtaient vers le bazar en quête de produits frais du jour. Derrière des haies de bougainvillées, à l'ombre des tamarins, se dressaient d'agréables maisons de couleurs pastel, des maisons habitées par des gens qui vivaient des vies « normales », loin de l'enfer inhumain des bidonvilles.

Les rickshaws s'arrêtèrent devant une maison aux murs du même bleu pâle que le sari de Sunny. À l'entrée, le gardien leur jeta un coup d'œil soupçonneux. Puis l'une des domestiques lui tendit le mot de Maha. Il appela la maison de son téléphone. Au bout d'un moment, il leur fit signe de passer, mais les femmes secouèrent la tête et reculèrent. Elles montrèrent Sunny : elle seule devait entrer. Elles attendirent que le portail se soit ouvert puis refermé derrière elle pour disparaître.

Le cœur serré, Sunny les regarda s'éloigner. Elle espérait sincèrement que les trois Indiennes retrouveraient la paix que Maha leur avait permis de connaître.

Elle se tourna vers la bâtisse. Debout en haut du perron de marbre, un homme l'attendait, les deux mains tendues en signe de bienvenue. De plus petite taille qu'elle, il avait un visage rond, affable, une noble moustache. Son expression était à la fois volontaire et sereine.

— Entrez, ma chère, dit-il. Je m'appelle Jai Lal et je vais vous aider.

74

Ron aux commandes, le Cessna Citation se mit à planer au-dessus du rivage aigue-marine de Bombay, à l'horizontale, prêt à atterrir. Bombay leur faisait face, avec ses montagnes d'ordures, ses tours barrant l'horizon, ses rues congestionnées, grouillantes d'êtres humains, de vaches sacrées, de rickshaws, de chiens, de chats, de volées de cockatiels sauvages, échappés des cages d'élégantes maisons et qui avaient élu domicile dans les palmiers. Des garçons en blanc jouaient au cricket dans des champs verts ; dans les rues poussiéreuses, des gamins d'un autre genre jouaient au base-ball avec des manches à balai et des balles volées. Les courses venaient de se terminer et le champ de courses était en pleine effervescence : les chevaux bais, luisants de sueur, se faisaient étriller dans les paddocks, des femmes chapeautées buvaient du champagne, tandis que des garnements piquaient tout ce qui tombait sous leurs maigres mains. À Bombay, la vie quotidienne suivait son cours. Ron fit atterrir son avion et se mit à rouler en direction des hangars.

Appuyés contre une voiture de police, deux hommes en uniforme attendaient. Mac était déjà au téléphone avec leur chef qui avait chargé ses effectifs de fouiller les bazars et tous les lieux publics. Mais il n'avait pas fait divulguer la nouvelle de l'enlèvement d'une jeune Américaine.

Deux corps avaient été découverts chez Maha Mondragon : un gardien et Rahm Singh, l'assistant de Maha, son homme de confiance, celui qui gérait sa vie et sa demeure sur

Malabar Hill. Singh avait été poignardé dans le cou et retrouvé baignant dans une mare de sang. L'arme plantée dans sa jugulaire était un outil de tailleur de diamants.

Aucun autre des dix domestiques employés par Maha Mondragon n'avait été retrouvé.

— Quand il se passe quelque chose ici, tout le monde se volatilise, expliqua le chef de la police. Suivant l'endroit d'où ils viennent, ils retournent dans la rue, dans les bazars, dans la campagne. Mais ils ne reviennent jamais sur les lieux du crime.

Après une pause, il ajouta :

— Mlle Alvarez avait disparu. Mais nous avons découvert des preuves de son passage chez Maha Mondragon : des vêtements dans le placard de la chambre d'amis, son lit défait. Malheureusement, monsieur Reilly, la pièce est sens dessus dessous, il se peut qu'il y ait eu une lutte.

Pris d'un regain d'énergie, Mac traversa le tarmac d'un pas vif et s'engouffra dans la voiture de police. S'aidant de ses béquilles, Ron claudiqua derrière lui, aussi vite qu'il le pouvait. Ils furent conduits chez Maha.

La maison était gardée par d'autres policiers qui les attendaient. Ils traversèrent les pièces fraîches. Le mobilier opulent aux couleurs vives de l'Inde évoquait la végétation luxuriante du jardin. Ron était sous le charme.

— Quel endroit magnifique ! s'exclama-t-il, admiratif. C'est mieux que Bel Air... quelles merveilleuses couleurs.

— Tais-toi, Ron, siffla le détective, les dents serrées.

— Désolé, s'excusa ce dernier, se maudissant pour son manque de tact.

Les policiers les précédèrent jusqu'à la chambre d'amis. Avec un sombre pressentiment, Ron regarda Mac se diriger vers le lit et frôler la marque légère qu'avait laissée le corps de Sunny sur le matelas. Il examina alors les marches de bois partiellement défoncées, les rideaux de mousseline déchirés, et suivit les taches de sang sur le tapis de soie jusqu'à la porte-fenêtre.

Mac savait que la police avait déjà passé la pièce au peigne fin. Pourtant, il recommença. Il cherchait le téléphone portable de Sunny. En vain. Pris d'une impulsion, il appela son numéro et laissa sonner. Il n'obtint pas de réponse.

Il rappela le chef de la police et lui demanda d'essayer de localiser la zone de réception du téléphone mobile.

Puis, rebroussant chemin, ils gagnèrent la cuisine.

— Attendez, dit Ron.

Il s'était arrêté au pied d'un étroit escalier, en haut duquel se trouvait un paravent à claire-voie.

— Un endroit idéal pour espionner, fit-il remarquer.

Mac monta l'escalier et passa derrière le paravent : il dominait une cuisine assez spacieuse pour y organiser des fêtes pour une bonne centaine d'invités, avec des rangées de fours, de micro-ondes et de gazinières. Maha aurait eu besoin d'une douzaine de chefs. Les grandes portes étaient ouvertes pour laisser entrer la brise. Sans doute aussi pour chasser l'odeur de la mort, devina-t-il. Une plaque de marbre blanc servait de table autour de laquelle se trouvaient six chaises. L'une était renversée, les deux autres repoussées à la hâte.

Les hommes en combinaison verte de la police scientifique s'affairaient toujours sur la scène de crime. Ils examinaient le sol centimètre par centimètre, mettaient dans de petits sacs en plastique les cheveux, les fragments de vêtement, les duvets, ramassés à la pince à épiler, le sang séché.

Le cadavre de Rahm Singh avait été emporté, mais la mare de sang coagulé formait une plaque sombre autour de laquelle voletaient les mouches. Un turban à moitié déroulé gisait à l'endroit où il était tombé à la renverse, agonisant. Il avait sans doute eu le temps de voir ses assassins prendre la fuite avec ce qu'ils étaient venus chercher, soupçonna Mac.

Qui, caché derrière le paravent en bois, avait bien pu assister au meurtre ? Qui connaissait l'identité des assassins ? Il aurait donné cher pour le savoir.

Son téléphone se mit à vibrer. Le chef de la police lui annonça qu'ils avaient localisé l'endroit où le téléphone de

Sunny avait sonné : l'un des bazars, célèbre pour ses nombreux criminels.

Quand Mac et Ron arrivèrent au bazar, les policiers étaient déjà déployés et chargeaient à travers la foule qui se dispersait devant eux. Ils inspectaient les stands, passaient derrière chacun d'entre eux, fouillaient les allées, les immeubles les plus vétustes, mais tous habités car, à Bombay, aucun espace n'était négligé par les pauvres. Une seule maison était vide. Ils y entrèrent et montèrent les marches de bois fendues jusqu'à une pièce, au deuxième étage.

Ils y trouvèrent les rideaux de lit en mousseline déchirée, le Scotch sur le sol et des traces de sang. Mais pas de Sunny. Les photographes de la police étaient déjà à l'œuvre quand le téléphone de Mac se mit à sonner de nouveau.

— C'est moi, dit la voix de Sunny. Mac, oh Mac, il faut venir me chercher.

— Dis-moi où tu es, fit-il en dévalant l'escalier et en se précipitant dehors.

Elle lui donna l'adresse.

— Je vais bien, je suis saine et sauve maintenant, un homme très gentil m'a aidée. Il parle au téléphone avec un policier. Je n'ai pas pu t'appeler avant. Je te dirai pourquoi quand tu arriveras, je sais qu'ils vont vouloir me poser des questions.

Il fendit la marée humaine jusqu'à la voiture de police dans laquelle l'attendait Ron et donna l'adresse au chauffeur. Il aurait dû appeler l'inspecteur mais il décida d'attendre. Il voulait d'abord voir Sunny.

Ils ne tardèrent pas à traverser un quartier respectable, avec des maisons respectables, des enfants respectables qui donnaient des coups de pied dans des ballons de foot respectables. Ici, à la frontière des bidonvilles, la vie redevenait « normale ».

La voiture arriva devant une maison bleu pâle. Le gardien leur ouvrit les barrières et Mac aperçut Sunny sur le perron. Elle portait une chemise en coton blanc Nehru qui lui arrivait juste au-dessus des genoux et des tongs en plastique. Ses jambes étaient bandées. Avec ses cheveux désormais colorés au henné qui cascadaient dans son dos et les larmes dans ses yeux, Mac se dit qu'elle ressemblait à un ange tombé du ciel : un ange indien, venu du paradis indien.

Elle lui ouvrit les bras et il s'y précipita.

— Pourquoi as-tu mis si longtemps ? demanda-t-elle, moitié riant moitié pleurant, comme elle l'avait déjà fait à Monte-Carlo.

Ils s'enlacèrent et se serrèrent très fort l'un contre l'autre, comme si c'était leur dernière chance. Ce qui, cette fois, avait bien failli être le cas.

75

Discret, leur hôte, M. Jai Lal, se tenait en retrait. Mac croisa son regard. D'un geste, il leur indiqua une petite pièce qui donnait sur le couloir.

— Là, vous serez tranquilles.

Le détective souleva Sunny dans ses bras et l'y porta en l'embrassant dans le cou. Le parfum frais et familier de sa peau s'infiltra dans ses narines, ses cheveux cascadèrent en une masse brillante. Alors qu'il l'installait sur le confortable canapé, ses tongs en plastique tombèrent par terre. Il avait les yeux brillants de larmes.

D'un doigt, elle les essuya.

— Un homme fort ne pleure pas, chuchota-t-elle.

— Oh si, il pleure, quand il découvre que l'amour de sa vie est toujours vivant, qu'il n'a pas été assassiné, que son cadavre n'a pas été éliminé, qu'il est avec lui et que plus jamais il ne le quittera des yeux.

— Je suis désolée, Mac, vraiment désolée. Je me suis montrée si stupide. C'était de l'orgueil, j'ai voulu faire la fière, te prouver que je pouvais être autonome.

— Mais enfin, Sunny, tu es l'une des femmes les plus autonomes que je connaisse. Tu n'as rien à prouver, hormis peut-être que tu m'aimes toujours.

Elle plongea ses mains dans ses cheveux, approcha son visage du sien et, langoureuse, l'embrassa longuement.

— Je t'aimerai toujours, haleta-t-elle, quand, enfin, ils mirent un terme à leur baiser. Je ne m'enfuirai plus jamais, je te le promets.

— J'ai besoin de savoir ce qui s'est passé.

Toujours lovée dans ses bras, Sunny nicha sa tête au creux de son épaule et lui raconta tout : Maha lui conseillant de saisir les chances qui se présentaient dans la vie, puis lui confiant les bijoux pour les transporter en Inde. Elle n'omit pas un détail et pour finir expliqua :

— Maha se savait trahie par Rahm Singh, elle savait que ses complices allaient me tuer, alors elle a envoyé cet homme pour m'emmener de force.

— Avant qu'ils ne te tuent aussi.

— Maha m'a sauvé la vie, répondit-elle avec un regard pensif.

Mac pensa à Danielle Soris, à Yvonne Elman, à la gitane dans son lugubre appartement aux murs roses. Il revit la mare de sang coagulé de Rahm Singh, d'un noir marron sur le marbre pâle du sol de la cuisine, le gardien tué d'un coup sur la tête. Comment savoir combien ces vols de bijoux et ces meurtres avaient laissé de victimes dans leur sillage !

— Elle est coupable, dit-il. Même si je la remercie de t'avoir protégée, elle est coupable.

— La police l'a attrapée ?

— Pas encore, répondit-il en secouant la tête.

— Jai Lal a téléphoné au chef de la police locale, il lui a raconté toute l'histoire et lui a communiqué le numéro de la plaque d'immatriculation de la voiture de l'assassin. La police ne va pas tarder. Elle les trouvera. Je vais leur dire ce qui est arrivé, je répondrai à leurs questions.

Ses yeux croisèrent ceux de Mac.

— Mais je ne trahirai jamais Maha. Et elle le savait. Je ne sais pas où elle est, où elle est allée... et ce qui va lui arriver. Et c'est la vérité.

— Je sais.

Mac comprenait aussi que Maha était bien trop maligne pour mettre Sunny dans la confidence. La belle Indienne n'était pas née de la dernière pluie.

La serrant contre son cœur, il l'embrassa de nouveau. Un toussotement discret leur parvint de la porte.

— Monsieur Reilly, madame Alvarez, permettez-moi de vous offrir mon hospitalité, s'il vous plaît, avant que nous ne soyons envahis par la police.

Avec un sourire, ils se levèrent et, main dans la main, se dirigèrent vers la porte. M. Jai Lal leur décocha un sourire radieux.

— Excellent ! dit-il en faisant volte-face pour les précéder dans le salon. Excellent. Maintenant, tout va bien, je peux le dire.

76

Mac serra la main de Jai Lal et le remercia. Puis leur hôte les escorta jusqu'à un ravissant salon où Ron était installé dans un canapé confortable, sa jambe cassée sur un tabouret brodé. Dehors, une fontaine faisait jaillir une petite pluie de gouttes fraîches, des poissons rouges filaient entre des pierres couvertes de mousse et une volière dorée renfermait une nuée de canaris qui chantaient à tue-tête. Mac avait l'impression d'être dans un film tourné à Bollywood. Même son hôte, rondouillard et radieux, ressemblait à un personnage de film.

Mais il se trompait. Jai Lal n'était pas un acteur de cinéma. C'était un homme éduqué et intègre qui mettait sa fortune au service des défavorisés.

Assis côte à côte sur un canapé de brocart doré, Sunny et Mac, se tenant toujours les mains, faisaient face à Ron, installé comme un pacha dans son divan capitonné de soie verte. Une domestique entra, portant sur un plateau de grands verres de jus de mangue glacé et une assiette de petits-fours sucrés et épicés. En attendant le chef de la police, M. Lal, avec le tact qui semblait le caractériser, se mit à meubler le silence embarrassé en leur parlant de lui. Mais Mac ne tarda pas à se rendre compte qu'en réalité il parlait de Maha.

— À l'instar de Maha, disait-il, je me suis battu pour faire enlever les montagnes d'ordures, pour que les enfants soient pris en main et puissent au moins lire et écrire. Puis nous les avons aidés à trouver du travail. Comme jardiniers, par exemple, un métier créatif, lié à la beauté, pour contraster avec la déchéance dans laquelle ils vivaient. Ou comme cuisiniers. La nourriture est source de fierté pour ceux qui ont connu la faim. Ou encore en tant que domestiques. Laver les sols dans une maison calme et fraîche, dans laquelle vous êtes en sécurité, vaut mille fois mieux que de s'entasser dans la rue en priant pour ne pas se faire brutaliser.

Jai Lal ajouta que, quand ils le pouvaient, Maha et lui aidaient les écoliers particulièrement doués à obtenir des bourses universitaires. Mac brûlait de savoir comment cet homme si généreux connaissait Maha.

— Nous avons travaillé pour les mêmes causes humanitaires, expliqua-t-il. Maha est totalement dévouée à cette cause. Vous l'ignorez peut-être, mais elle-même a réussi à s'extraire des bidonvilles où elle a grandi. J'admire son courage, sa solidité, sa morale.

— Mais Maha est créatrice de bijoux, fit remarquer Mac. Qui l'a aidée à apprendre ce métier ?

— Ici, nous ne posons pas ce genre de question, répliqua Lal. La vie privée d'une femme ne regarde qu'elle. Démarrer n'a pas été facile pour elle. Mais quand elle m'a montré ses premiers modèles, j'ai pu l'aider à trouver des fonds pour poursuivre son travail.

— Elle a alors connu un succès international et elle est devenue très riche ?

M. Lal hocha la tête en signe d'assentiment.

— Je l'en ai félicitée.

À ce moment précis, le chef de la police fit son entrée avec une escorte. Il avait beaucoup de questions à poser à Sunny.

77

Quand Maha rentra enfin chez elle, il était très tard. Le ciel était constellé d'étoiles, diamants dans la nuit veloutée dont la beauté dépassait de loin celle des bijoux de *La Fontaine*.

Elle avisa les deux policiers qui montaient la garde devant chez elle mais les ignora. Elle avait une entrée secrète. Elle s'introduisit dans le parc, descendit la colline, suivit le ruisseau qui parait de fils d'argent les rochers couverts de mousse, et s'arrêta pour savourer le silence et humer le parfum du jasmin qu'elle avait planté quand elle avait décidé de faire de cet endroit sa maison.

Maha avait aimé regarder les grenouilles du haut du petit pont rouge de style chinois qui enjambait le cours d'eau. Suspendues aux arbres, des cages en rotin avec des pots de graines accueillaient les oiseaux dans son domaine. Quand elle marchait dans la beauté qu'elle avait créée, Maha voyait s'évanouir toutes ses peurs. Il n'y avait pas de serpents dans ce jardin d'Éden. Ici, tout n'était que paix et douceur.

Elle contourna sa maison. Des fenêtres qui auraient dû être fermées y étaient ouvertes. Le vestibule était toujours éclairé. Avec un haussement d'épaules, elle esquissa un sourire. Ce n'était plus son problème.

Lorsqu'elle arriva devant le perron, elle s'arrêta pour jeter un coup d'œil dans l'allée. Elle savait qu'elle ne pourrait pas être vue de la barrière où les policiers montaient la garde.

Dans le bruissement du coton de son sari, elle traversa la terrasse jusqu'au long bassin bleu cobalt couvert d'un tapis de fleurs de bougainvillées. Mahalakshmi gardait les lieux, grande, dorée, peinte de couleurs vives. Dans la lumière de la nuit, elle avait presque l'air vivante.

Maha s'adressa à la déesse.

— Au début, j'étais une fille bien. Je savais que j'étais maligne, plus maligne que la police internationale. Tu dois te souvenir que, quand j'étais une petite fille, la police était l'ennemie, nous chassant des rues, des tas d'immondices, loin des yeux, loin de leur conscience. Mais tu sais déjà tout cela. Tu as suivi chacun de mes pas.

Elle s'affaissa sur le sol et contempla son reflet dans la piscine bleu-noir. Les souvenirs de celle qu'elle avait été mais qui n'était plus affluèrent. Le cerveau de la filière de vols de bijoux, la femme riche, propriétaire de plusieurs maisons, en pleine ascension sociale. Ce hold-up aurait dû être le dernier. Elle avait congédié ses braqueuses aux masques de Marilyn, vêtues de fourrures de prix, que Sharon avait recrutées. C'était bien sûr des délinquantes, déjà recherchées par la police, avides de gagner de l'argent et de filer. Maha, qui ne connaissait pas leur identité, ne faisait jamais appel aux mêmes deux fois de suite. Sharon était chargée de gérer le réseau des voleuses potentielles qui attendaient d'être convoquées de Prague ou de Budapest.

Elle avait rencontré Sharon lors d'un défilé de mode et avait immédiatement compris sa folie. Une femme instable, dangereuse, prête à tout pour de l'argent. Maha avait su utiliser ses services. Tout se serait bien passé si Sharon n'avait pas fini par perdre la tête et, dans sa rage haineuse, agresser une vendeuse à Paris et en tuer une autre à Monte-Carlo. Et assassiner la gitane qui, après avoir dérobé son vison et trouvé la pierre précieuse dans la poche, l'avait fourguée à un tailleur de diamants. Coïncidence, c'était celui qui retaillait les pierres volées pour elles. Elle l'avait tuée avec le pistolet Red Rose. Cela ressemblait tellement à Sharon. La classe en toutes circonstances.

Tous ces meurtres ! Une image des bidonvilles de son enfance s'imposa à sa mémoire. Là, les meurtres étaient quotidiens. Elle pensait avoir tourné la page sur cette époque et voilà qu'elle était revenue à la case départ.

Elle alla s'agenouiller au pied de la déesse et, par trois fois, pencha la tête vers le sol. Puis, d'une poussée, elle fit tomber la statue dans le bassin.

Il y eut un grand plouf, une gerbe d'eau l'éclaboussa, un bruit assourdissant comme une détonation de canon.

Elle entendit les cris alarmés des policiers. L'eau du bassin était agitée par les vagues comme pendant un orage. Au fond gisait la statue, en deux morceaux, sous les fleurs de bougainvillées corail, fuchsia, orange, blanches.

Les sirènes de police hurlèrent de nouveau dans la nuit. Maha rebroussa chemin et, à pas de loup, gravit la colline en sens inverse, ressortant du jardin aussi secrètement qu'elle y était entrée.

Elle n'eut pas un regard en arrière.

78

Dans la cuisine d'Allie et de Ron, en Dordogne, un bon feu brûlait dans la cheminée. Lovely, sur le dos, les yeux fermés, se prélassait devant l'âtre. Attablés à la grande table en bois, Pru et Eddie dégustaient du pâté et du fromage arrosés du vin rouge de la propriété. Dehors, quelques illuminations de Noël clignotaient encore et la bise de janvier soufflait. Mais, à l'intérieur, tout n'était que chaleur et gaieté. Hormis le fait que quelques personnes leur manquaient.

La sonnerie du téléphone les fit sursauter. Allie se précipita pour répondre.

— Ron ? Que se passe-t-il ? Sunny va bien ? Où êtes-vous ?

— Sunny a vécu ce que l'on pourrait appeler une aventure mais elle va bien, répondit Ron. Elle te racontera tout ça elle-même.

— Quand ?

— Bientôt. Nous sommes en route pour Prague.

— Prague ? Et ta jambe ?

— Elle me fait un mal de chien, mais elle va mieux. Et la tienne ?

— J'ai autographié mon plâtre : « Bon rétablissement, Allie Ray ». Et j'ai ajouté Perrin.

— Bien content d'être inclus. Dis-moi, mon cœur, promets-moi quelque chose.

Un sourire radieux éclaira le visage d'Allie. Elle adorait que Ron l'appelle « mon cœur ».

— Tout ce que tu voudras.

— Tu n'acceptes pas un peu vite ? Tu ne sais même pas ce que je vais te demander.

— Oh si, je sais, répondit Allie qui connaissait très bien son mari. Tu vas me demander de te promettre de ne jamais te laisser pour m'enfuir en Inde avec un sac de rubis et d'émeraudes pour te prouver de quoi je suis capable.

Ron se mit à rire.

— Dans le mille !

— Quand rentres-tu ?

— Demain ou après-demain. Mac a quelque chose à finir à Prague.

— Un autre meurtre, je parie, répondit Allie, soudain pleine d'appréhension.

— Tout est lié, répondit Ron. Nous vous retrouverons à Monte-Carlo. Tu sais que là-bas aussi nous avons quelque chose à finir. Oh, et Mac te demande de dire à Eddie qu'il a la situation en main. Je te téléphonerai de Prague.

— Embrasse Sunny.

Allie reposa le téléphone et se tourna vers Eddie et vers Pru qui la fixaient, anxieux.

— Sunny va bien. C'est la bonne nouvelle. Ils nous raconteront tout à Monte-Carlo. Et, Eddie, Mac te fait dire de ne pas t'inquiéter, il a la situation en main. Je sais que c'est la vérité, ajouta-t-elle, car il a confié l'affaire à Lev Orenstein et Lev est le meilleur. Avec lui, cette femme n'a pas une chance.

Malgré l'air peu convaincu d'Eddie, elle alla chercher une bouteille de champagne à la cave. Eddie fit sauter le bouchon et ils trinquèrent.

— À Sunny et à son retour saine et sauve ! déclara Pru.

Alarmé par le bruit du bouchon, Lovely se leva d'un bond, vint poser sa tête sur un genou d'Eddie, et leva vers lui des yeux pleins d'amour. Le Suédois caressa sa tête soyeuse.

— Il faudrait que je m'achète un labrador noir, dit-il. Exactement comme elle.

— Bonne idée, approuva Pru, rayonnante.

C'était la première fois depuis leur arrivée en Dordogne qu'elle entendait Eddie parler avec optimisme du futur. La tentative de chantage de Kitty Ratte pendait au-dessus de sa tête comme l'épée de Damoclès.

Ils se regardèrent.

— Exactement comme Lovely, ajouta-t-il. Je veux qu'il soit aussi idiot.

Ils se mirent à rire de bon cœur. Tous trois étaient soulagés de voir l'épreuve de Sunny terminée et de la savoir saine et sauve.

79

La silhouette de Sharon, assise à son bureau, se découpait à contre-jour sur les fenêtres. Autour de sa tête coiffée d'un élégant carré montait en volute la fumée bleue de sa Gauloise. Elle leva les yeux. Sans prendre la peine de frapper, Mac Reilly venait d'entrer dans son bureau. Il s'assit et, le visage impassible, elle le fixa.

Mac resta stupéfait devant tant de flegme. Il ne savait pas vraiment comment il allait parvenir à la confondre car il n'avait pas de preuves directes. Pourtant, il était prêt à parier que si elle ouvrait ce gros coffre-fort en fer, il y trouverait un revolver Kahr Black Rose. Et une partie de l'argent volé par Maha au prix de plusieurs vies humaines.

— Tout est fini, Sharon. Maha est partie.

Elle haussa les épaules.

— Ça m'est égal.

— Bien sûr, maintenant cela ne peut que vous être égal. Vous avez ce que vous vouliez.

Elle laissa échapper son petit rire moqueur.

— Si vous voulez bien m'excuser, maintenant, j'ai des clients qui arrivent. Je vais vous demander de partir.

Le téléphone de Mac se mit à sonner. Il l'ouvrit.

— Oui ? dit-il.

— Mac Reilly, fit une voix de femme, ici Danielle Soris. Vous vous rappelez ?

— Comment pourrais-je jamais vous oublier ?

Il l'entendit rire.

— J'ai quelque chose à vous dire. Quelque chose dont je me suis souvenue, au sujet de cette femme...

Hésitante, elle marqua une pause. Manifestement, elle était troublée.

— La femme qui m'a défigurée, ajouta-t-elle.

Un silence plus long se fit. Elle peinait sans doute à maîtriser son émotion. Il attendit. Elle reprit alors.

— La braqueuse me regardait sous son masque. Je ne voyais que ses yeux. Ils étaient très beaux. D'une couleur pas banale. Vert émeraude. Elle m'a dévisagée longuement, très longuement, avant de me... avant ce qui s'est passé.

— Danielle, vous n'imaginez pas à quel point vous êtes géniale ! s'exclama Mac. Je vous rappelle plus tard.

Il vint se rasseoir et plongea son regard dans les yeux vert sombre de Sharon Barnes. Des yeux magnifiques, d'une couleur très originale. Il avait son témoin.

— Sharon, commença-t-il, je crois que je vais devoir vous inculper pour le meurtre d'Yvonne Elman et de Valeria Vinskaya.

D'un geste rageur, Sharon écrasa sa cigarette dans le cendrier en argent. Avec un geste de dédain, elle répliqua :

— Bien sûr que non. Je ne connais pas ces femmes. Je n'ai rien à voir avec elles.

— Mais l'une d'entre elles, celle que vous n'avez pas réussi à tuer, vous connaît. Elle va vous identifier.

Offusquée, Sharon repoussa sa chaise. Elle alla cogner contre la fenêtre et fit vibrer la vitre.

— C'est ridicule. Je vais téléphoner à mon avocat. Tout ce que je peux vous dire, c'est que je travaillais pour Maha Mondragon, je lui trouvais des mannequins pour présenter ses collections de bijoux.

— Vous travailliez pour Maha en lui procurant des femmes originaires des Balkans pour les utiliser comme braqueuses vêtues de manteaux de fourrure lors des vols de bijoux organisés par elle. Combien vous payait-elle, Sharon, pour ce rôle de premier lieutenant ? Assez, je devine, pour que vous puissiez cesser vos activités d'entremetteuse.

Il surprit la lueur de crainte dans ses magnifiques yeux verts. Il avait son témoin, désormais. Il était sauvé.

— Sortez de mon bureau ! lui intima Sharon. Je vais voir mon avocat.

Elle se rua vers la porte. Mac lui emboîta le pas.

Ils se fixèrent sans ciller. Elle fut la première à détourner le regard. Toujours suivie par Mac, elle sortit du bureau qu'elle ferma à clé. Elle enfila alors un manteau. Pas en fourrure, cette fois, mais un manteau Hermès, en cachemire, à capuche, ample et vaporeux. Elle portait des cuissardes à très hauts talons.

Ignorant l'ascenseur, elle dévala l'escalier. Mac savait qu'elle avait peur de se retrouver coincée avec lui, à attendre l'arrivée de la police.

Il la suivit et, sans la perdre de vue, quelques mètres derrière elle, il commença par appeler l'inspecteur à Monte-Carlo pour lui annoncer que Danielle Soris pouvait identifier Sharon, qu'il était en train de filer à cet instant précis. Ce dernier répondit qu'il allait immédiatement se mettre en contact avec la police de Prague.

Sharon hâta le pas dans la rue pavée, trébuchant de temps à autre sur ses hauts talons. Elle savait que Mac était juste derrière elle. Quand elle entendit le hurlement des sirènes de police, elle se mit à courir, maladroite dans ses bottes hautes.

Elle arriva au pont. Voyant la foule qui l'obstruait, elle s'engagea dans une petite rue qui longeait le fleuve et se mit à courir à perdre haleine. Des blocs de glace flottaient sur l'eau du fleuve. Elle s'éloignait du pont, s'éloignait de Mac et de la police, pour gagner les faubourgs de la ville où elle espérait pouvoir disparaître. Son argent et les diamants volés à Maha l'y attendaient, dans le coffre d'une petite banque.

Sur la berge, la rue se fit plus étroite. Le bruit des pas de Mac qui courait derrière elle persistait. En désespoir de cause, elle fit volte-face pour le défier.

En voyant le pistolet braqué sur lui, Mac comprit qu'il s'était trompé : le Black Rose dans la main de Sharon n'était pas resté dans le coffre au bureau.

— C'est trop tard, Sharon, appela-t-il. De toute façon, vous êtes trop loin pour m'avoir.

Elle savait qu'il avait raison. Le petit pistolet visait loin mais la cible n'était pas immobile. Il s'éloignait. Elle entendit les sirènes de police se taire, les claquements de portières, le bruit des pieds qui couraient. Elle se retourna de nouveau, glissa sur ses hauts talons et perdit l'équilibre.

Mac la vit tomber dans le fleuve à moitié gelé. Quand il se précipita, elle avait déjà disparu, engloutie par les eaux glaciales de la Vltava.

Les policiers l'avaient rejoint, revolver au poing. Debout, ils fixaient les eaux sombres. Soudain, sa tête émergea à proximité du pont. Sharon Barnes alla s'écraser contre les arches du pont Charles. Mac étouffa un soupir. Même pour elle, c'était une triste fin.

80

Monte-Carlo

Lev Orenstein, grand spécialiste en sécurité, n'avait pas pour habitude de jouer les détectives. Néanmoins, quand il apprit que l'on faisait chanter Eddie Johanssen, un homme riche et puissant avec une famille à protéger, il accepta sa nouvelle casquette.

Il ne connaissait pas Eddie, n'avait même pas besoin de le rencontrer. Avant de partir pour l'Inde, Mac l'avait mis au courant de la situation et lui avait fait parvenir l'enveloppe en papier kraft contenant les photos de Kitty Ratte et la lettre de chantage.

Grand, très mince, le crâne rasé, il avait une carrure de footballeur américain et des abdominaux en béton. Les yeux dissimulés derrière ses lunettes de soleil Aviator et vêtu d'une chemise hawaïenne Tommy Bahama, il ne passait pas inaperçu. Formé dans les Forces spéciales israéliennes, il était le meilleur agent de sécurité du monde, ce que ses clients auraient confirmé pour peu qu'ils aient pu dévoiler leur identité.

Aujourd'hui, Lev avait abandonné sa tenue habituelle pour un déguisement de serveur : pantalon noir, chemise blanche, nœud papillon noir. Depuis deux jours, il avait pris Kitty Ratte en filature et sa routine n'avait plus aucun secret pour lui. Aux alentours de seize heures, elle quittait son petit appartement, prenait sa voiture pour gagner une rue secondaire de Cannes. Là, dans son café habituel, au menu bon marché, elle commandait invariablement un hamburger qu'elle tenait à deux mains et mangeait sans aucune distinction. Pour quelqu'un qui se voulait une femme du monde, c'était regrettable. Il en avait conclu que dès qu'elle n'était plus observée, le naturel chez elle reprenait le dessus.

Il n'avait pas mis longtemps à cerner la personnalité de la vraie Kitty Ratte : il savait tout de son passé, de l'identité de son « amant », même si Lev avait compris que Jimmy Franklyn n'avait d'amant que le titre. Jimmy était un voyeur qui prenait son plaisir à regarder Kitty s'adonner à ses fantasmes dans les clubs échangistes. Un spectacle dont Lev se serait bien passé, mais le métier avait ses obligations. Kitty et Jimmy appartenaient au même monde, chacun en profitant à sa manière. Si ce milieu malsain lui répugnait, il n'était pas illégal. Néanmoins, les autres activités de Kitty l'étaient.

Il l'avait observée dans les bars de la côte, dans les palaces où descendaient les riches. Mais l'invasion des jeunes et belles prostituées russes limitait ses chances. La plupart de ses clients répondaient à ses petites annonces dans le journal local, du genre : « *Venez assouvir vos fantasmes avec une Russe, rousse et sexy.* »

Lev l'avait suivie dans de grands hôtels anonymes où descendaient les hommes d'affaires venus en séminaire. Elle était toujours en compagnie de partenaires différents.

Bien entendu, elle ne se doutait pas qu'elle était filmée, non seulement par le système de vidéosurveillance de l'hôtel, mais par les caméras de Lev. Elle entrait dans le hall, portant son petit sac de voyage et ne sachant pas que la caméra la suivait entrant dans l'ascenseur, puis s'avançant dans le couloir jusqu'à la chambre où elle avait rendez-vous, s'arrêtant et frappant. Une heure ou deux plus tard, elle était filmée de nouveau, traversant le hall en sens inverse et gagnant sa voiture. Pour corroborer ses films, il avait payé le personnel du room-service pour qu'il lui fournisse un compte-rendu de ce qui se passait dans la chambre.

Ce soir, il avait carrément endossé l'uniforme du serveur du service d'étage et attendait un appel de la chambre dans laquelle il avait vu entrer Kitty. Il ne tarda pas à arriver. Lev prit la commande et, dix minutes plus tard, il frappait à la porte avec un sandwich au saucisson, une Heineken et un Red Bull.

L'homme qui lui ouvrit avait un certain âge. Vêtu d'un short et d'un polo turquoise, il avait l'air fatigué.

— Posez ça là, fit-il en enlevant le sac de Kitty de la table basse.

Lev aperçut un slip panthère, un vibromasseur bleu, des flacons d'huile et de lubrifiant.

Il posa le plateau et tendit la note à l'homme. Pendant que ce dernier la signait, il sortit discrètement un petit appareil de sa poche et prit quelques photos : le sac, le lit défait, les Louboutin. Elle s'était cachée dans la salle de bains. Manifestement, elle ne voulait pas être vue. Tandis que l'homme examinait la facture, Lev se dirigea à pas feutrés vers la porte entrouverte et la surprit en train de se rhabiller en tenue de ville. Elle se regardait dans la glace. Il se félicita. Il tenait une excellente photo.

Il revint vers le client qui ne s'était aperçu de rien et le salua.

Puis, satisfait, il referma la porte derrière lui. D'accord, ce n'était pas grand-chose, mais il avait maintenant la preuve que Kitty Ratte était aussi une prostituée. Il voulait réunir toutes les preuves possibles dans l'éventualité d'un procès pour chantage. Un procès qui n'impliquerait pas Eddie, il s'en était assuré. Il avait réussi à retrouver deux autres victimes tombées dans les filets de Kitty, deux malheureux qu'elle avait fait chanter par le passé.

Il remercia le serveur, lui donna de l'argent et redescendit par l'escalier de service, prenant bien garde à ne pas se laisser filmer par les caméras de sécurité. Il avait tout ce dont il avait besoin. L'affaire était dans le sac.

81

Main dans la main, Sunny et Mac arpentaient les rues ombragées qui longeaient le port de Monte-Carlo. Le soleil qui jouait à cache-cache avec les arbres tachetait les trottoirs. Face aux yachts amarrés et aux bateaux de croisière qui mouillaient au large, les cafés commençaient à s'éclairer et un petit vent frais soulevait les jupes et les cheveux. Jamais plus elle ne lâcherait la main de Mac, se dit Sunny avec un pincement au cœur.

— Des bateaux à l'infini, dit-elle en accordant son pas au sien.

— Une ville construite sur les bateaux, répondit-il, un air de Venise.

— J'aime cet endroit.

— Moi aussi.

Le vent se levait. Ils décidèrent de regagner l'hôtel où ils devaient retrouver Lev et Ron. Allie, Pru et Eddie, qui ramenaient Tesoro, étaient attendus d'une minute à l'autre.

— Pirate me manque, reprit Sunny.

— Ne m'en parle pas, grommela Mac.

Il aimait tant son chien. Il savait néanmoins qu'avec son assistant, Roddy, qui était venu s'installer chez lui à Malibu, il était en bonnes mains.

Le portier qui maintenant les connaissait les salua d'un sourire. Ils traversèrent le hall pour gagner le bar.

Sunny se rappela son premier soir ici. Le soir de Noël. Elle était seule. Elle avait rencontré Maha et Kitty Ratte. Elle avait été affreusement choquée d'apprendre les véritables activités de cette dernière. Elle se sentait coupable. N'avait-elle pas, malgré elle, provoqué la rencontre de cette femme corrompue avec le charmant Eddie ? Dans quel pétrin elle l'avait mis ! Maha, elle, ne s'était pas trompée : elle avait tout de suite percé Kitty à jour.

Ron les attendait, assis à une table, ses béquilles contre une chaise.

— Je goûte le vin des concurrents, fit-il avec un sourire en montrant son verre de vin rouge. Que diable fait ma femme ? J'ai hâte de la serrer dans mes bras.

— Elle a pris une ligne commerciale, répondit Mac avec un sourire. C'est ce qui arrive quand tu prends une ligne commerciale, Ron, tu es toujours en retard. Tu as oublié ?

— Eh oui ! Voilà Lev Orenstein, dit-il, en voyant la haute silhouette entrer et s'installer au bar. Est-ce que nous le connaissons ?

— Attendons de voir, répondit Mac.

Il commanda un cosmopolitan, le cocktail attitré de Sunny, une vodka Grey Goose pour lui, et une bouteille de leur rosé préféré, souvenir de leur été à Saint-Tropez. Ils ne quittaient pas Lev des yeux. Ce dernier, un coude sur le bar, semblait parfaitement calme et détendu. Le barman s'approcha d'eux.

— Voilà nos verres, annonça Mac à Sunny.

Ron les regarda, se réjouissant de les voir si heureux, si sereins.

— Eh bien, je dois avouer que j'ai parfois douté d'avoir la chance de vous revoir ensemble. Avec Sunny qui a commencé par s'enfuir et qui a bien failli se faire assassiner.

Elle poussa un soupir accablé.

— Ne m'en parle pas !

— Lev avait raison, dit soudain Mac en regardant la porte. La voilà !

Dans sa robe portefeuille bleu et blanc, Kitty Ratte venait de faire son entrée. Sa jupe ouverte découvrant ses cuisses, elle trottina jusqu'au bar.

Ses yeux se posèrent sur Lev et son visage s'éclaira. Manifestement, il était à son goût. Et il était seul ! Sans remarquer les trois paires d'yeux qui l'observaient, elle se hissa sur un tabouret à côté de lui.

— Un verre de vin rouge, demanda-t-elle au barman aux cheveux gris.

Comme d'habitude, il la servit sans lui accorder un regard. Mais elle s'en fichait. N'avait-elle pas pour voisin l'homme le plus séduisant qu'elle ait vu depuis longtemps ?

Avec un petit soupir, elle esquissa un sourire timide à l'intention de Lev. Le menton baissé, les yeux levés, les jaquettes brillantes sur ses dents de lapin.

— Le service était bien meilleur avant, dans ce bar, commença-t-elle. Jamais on n'aurait laissé une femme boire un verre sans lui offrir des cacahuètes, des bretzels, des olives. Maintenant...

Elle haussa les épaules et le regarda d'un air implorant, croisant les jambes, exhibant ses cuisses.

Lev ferma son téléphone. Il fit signe au garçon de leur apporter des olives et poussa le bol vers Kitty.

— Le dernier repas, fit-il sans un sourire.

Perplexe, elle en prit une et but une gorgée de vin. Ce n'était pas la première de la journée ! Elle buvait au moins une bouteille et demie, peut-être deux tous les soirs, plus ce qu'elle buvait au déjeuner.

— Le dernier repas ? Que voulez-vous dire par là ? Attendez ! laissez-moi deviner. Vous ne savez pas où aller dîner, c'est ça ? demanda-t-elle avec un sourire encourageant. Je peux vous indiquer d'excellents restaurants.

— Vraiment ? Je pensais que vous m'inviteriez chez vous, peut-être, j'ai entendu dire que vos boulettes de viande sont exceptionnelles.

Kitty fronça les sourcils. Elle était de plus en plus intriguée. De quoi parlait-il ? Elle jeta un coup d'œil à la ronde et se figea. Elle venait d'apercevoir Mac et Sunny.

— Sunny ! s'exclama-t-elle en descendant de son tabouret. Oh ! Sunny chérie, je suis si heureuse. Où étais-tu passée ?

Elle s'apprêtait à courir vers elle quand elle fut distraite par un brouhaha. Elle se tourna vers la porte. Deux policiers la fixaient. Derrière eux se tenaient Eddie Johanssen, avec Pru, la femme qu'elle détestait, et Allie qui portait la chienne de Sunny dans ses bras.

— Allie, Pru ! appela-t-elle, ignorant la police.

Allie détourna la tête. Pru repartit à reculons dans le hall, suivie par Eddie.

— Eddie ! cria-t-elle.

Mais il avait disparu. Elle suffoqua de rage. Le Suédois ne perdait rien pour attendre. Plus tard, elle le rejoindrait dans sa chambre et elle le coincerait. Aucune menace ne pouvait la décourager.

Elle se retourna vers Sunny qui l'enveloppait d'un regard glacial. Soudain, les policiers s'avancèrent vers elle.

— Que se passe-t-il ? demanda-t-elle en se tournant vers Lev.

— Ils viennent vous arrêter, Kitty, répondit-il d'une voix posée. Vous feriez aussi bien de ne pas opposer de résistance. Si nous pouvions éviter une scène, ce ne serait pas plus mal.

Les deux hommes en uniforme l'encadraient, l'empêchant de quitter le bar. L'un d'entre eux posa sa main sur son bras.

— Kitty Ratte, déclara-t-il en français. Vous êtes en état d'arrestation pour chantage, tentative de chantage, prostitution, usage de stupéfiants, usage de drogues sur des victimes à leur insu, ce qui, comme vous devez le savoir, est un délit passible d'emprisonnement.

Les boulettes de viande, un délit passible d'emprisonnement ? Avec un petit rire, elle retira sa main de son bras, le regarda, regarda Mac et Sunny, puis fixa les yeux noirs et froids de Lev Orenstein.

— Salauds ! hurla-t-elle, bande de salauds !

Elle se mit alors à pousser des cris.

Horrifiée, Sunny la regarda se faire entraîner par les deux policiers. D'après Mac, Kitty allait passer de nombreuses années derrière les barreaux. Elle n'avait que ce qu'elle méritait.

Allie, Pru et Eddie les avaient rejoints, un peu ébranlés par l'arrestation de Kitty.

— C'était une salope, lâcha Allie, tremblante.

Tous s'embrassèrent. Profitant des effusions, Tesoro sauta sur les genoux d'Allie et mordit Mac à la main.

C'était comme s'ils ne s'étaient jamais quittés. La vie avait repris son cours normal. Assis dans ce bar, à Monte-Carlo, où tout avait commencé, ils fêtèrent la fin de leurs aventures en buvant du rosé.

En entendant des talons claquer, Sunny se tourna vers l'entrée du bar. Que se passait-il maintenant ?

Une jeune femme entrait d'un pas décidé. Elle reconnut la mariée du soir de Noël : dans son fourreau de satin blanc, un brin de jasmin piqué dans ses cheveux blonds en chignon et retenu par une barrette de diamants en forme d'étoile, son petit bouquet de muguet à la main.

Haussant un sourcil surpris, elle donna un coup de coude à Allie et à Pru. Naturellement, les hommes l'avaient déjà remarquée.

La mariée se dirigea vers le bar, se hissa sur un tabouret et commanda en français :

— Un dry martini, monsieur, s'il vous plaît.

L'homme aux cheveux d'argent mixa le cocktail et le posa devant elle. Elle l'avala d'un trait.

— Mon Dieu ! s'exclama Pru, surprise.

Sunny croisa le regard du barman. Elle lui jeta un coup d'œil interrogateur et, pour la toute première fois, l'homme sourit.

— Elle a changé d'avis, expliqua-t-il.

— Pour la troisième fois, au moins, ajouta Sunny.

Soudain, un concert de trompettes et de guitares s'éleva dans le hall. Un orchestre mariachi entra dans le bar, replongeant Sunny dans son enfance au ranch de son père mexicain.

Tout en chantant *Guadalajara*, les musiciens s'avancèrent vers la mariée, qui pivota sur son tabouret et, les yeux écarquillés, les fixa. Les trompettes sonnaient avec une force à faire exploser le toit. La mariée se boucha les oreilles et éclata de rire.

— Elle rit ! s'étonna Sunny.

Formant comme une haie d'honneur, les mariachis se tournèrent vers l'entrée et saluèrent en fanfare un jeune Mexicain. Debout sur le seuil, il avait la peau dorée et était aussi brun que sa fiancée était blonde. Un moment il la regarda, puis, l'air implorant, il lui tendit les bras.

À pas lents, il s'avança. L'assistance retenait son souffle. Entourée par les mariachis, la mariée était comme pétrifiée sur place. Il s'arrêta devant elle, les yeux dans les siens.

Elle glissa de son tabouret, prit son bouquet de muguet et le regarda.

— Maintenant, je suis prête, déclara-t-elle avec un sourire radieux.

Salué par la musique tonitruante des mariachis, le fiancé la prit par la main et, riant, ils sortirent dans la nuit.

— Mon Dieu ! s'exclama Allie. Vous avez vu ça ?

— Bien sûr, acquiesça Pru qui se tamponnait les yeux avec un Kleenex. Je n'ai jamais rien vu d'aussi beau.

— Quel contraste avec les autres fois, renchérit Sunny, se rappelant les apparitions de la mariée.

Mac la regardait. À son tour, il lui prit la main.

— Je propose que nous buvions à la mariée et aux fins heureuses, déclara-t-il en pressant la main de la femme qu'il aimait.

Ce qu'ils firent de bon cœur.

82

Deux jours plus tard, Eddie était toujours à Monte-Carlo. Ayant trouvé un terrain d'entente avec sa femme, il avait désormais la garde partagée des enfants et par suite le cœur plus léger.

Il décida de faire un saut à Nice. Sur la Promenade des Anglais, accoudé au parapet, il contempla la plage de galets déserte. Séduit par sa tranquillité, il descendit les marches et avança jusqu'à la mer. La saison était finie et, à l'exception de deux bars de plage, tout était fermé. Il aimait ce calme, cela l'aidait à avoir les idées plus claires.

Un beau chien noir bondissait dans l'eau. Heureux, il s'amusait comme un petit fou. Il n'avait pas de collier. Un chien errant, sans doute, qui ignorait d'où lui viendrait son prochain repas. Ce qui, pour l'instant, semblait être le cadet de ses soucis.

Une philosophie qu'Eddie eut soudain envie de faire sienne. Il allait changer. Changer de travail, de monde, de vie. Devant le bonheur de ce chien, il vit son monde où tout n'était qu'ambition et résultats voler en éclats.

D'un sifflement, il appela le chien. Ce dernier leva la tête et le regarda.

— Salut, vieux !

Eddie s'aperçut alors que le chien était une chienne. Tête baissée, elle fonça joyeusement vers lui et glissa pour venir s'écraser contre ses jambes. Il se mit à rire et, se penchant, la caressa. Son poil était mouillé, plein de sable. Soudain, elle se mit à se secouer furieusement, envoyant des gouttes partout.

— Brave fille ! cria Eddie.

Se haussant sur ses pattes postérieures, elle se mit à danser autour de lui en aboyant. Elle souriait, il en était sûr.

Retirant sa ceinture, il en fit une laisse qu'il noua autour du cou de la chienne. Elle lui emboîta le pas avec gaieté et Eddie l'emmena chez le vétérinaire le plus proche qui confirma qu'il s'agissait bien d'une chienne errante.

Eddie décida de l'adopter. Quand elle eut été nourrie, baignée et vaccinée, il regagna l'hôtel.

Une fois dans sa chambre, elle s'écroula au pied de son lit, pendant qu'il téléphonait en Dordogne.

Dans leur maison, Allie et Ron, leurs jambes toujours plâtrées, jouaient au gin-rami sur le canapé. Pru, qui portait son jean avec un pull chocolat, était très légèrement maquillée. Elle se sentait jolie : une nouvelle femme. Si seulement elle avait pu savoir ce qu'elle allait devenir maintenant, tout aurait été parfait. Ne pas avoir de projets n'était pas rassurant.

Quand la sonnerie du téléphone retentit, elle se leva pour aller répondre.

— Allô ?

— Bonjour, Pru, la salua Eddie en reconnaissant sa voix.

— Eddie ? s'étonna-t-elle.

— J'ai quelque chose à te dire.

— J'espère que c'est une bonne nouvelle.

— Oh oui ! Une merveilleuse nouvelle. En fait, je te l'amène.

— Tu m'amènes qui ?

— Une chienne noire idiote, comme Lovely. Un corniaud avec un peu de labrador. Je l'ai trouvé sur la plage et l'ai ramené à l'hôtel. Je peux venir te le présenter demain.

Le cœur gonflé d'allégresse, Pru posa la main sur le téléphone et s'écria :

— Allie, Eddie veut venir nous présenter son chien demain.

— Bien sûr, répondit Allie. Plus on est de fous, plus on rit.

Elle baissa la voix et lança un regard intrigué à Ron.

— Tu crois qu'il y a anguille sous roche ?

— C'est possible, répondit-il avec un sourire. Un homme qui veut présenter son chien à une femme ? Je ne vois pas d'autre explication.

83

Malibu

Tout avait-il vraiment commencé à Monte-Carlo ? Sunny se posait la question. Tout n'avait-il pas plutôt commencé à Malibu, quand elle avait laissé son diamant rose en forme de cœur sur l'oreiller de Mac, avec une lettre d'adieux ? quand elle avait changé de vie, et qu'elle l'avait forcé à changer la sienne ?

Ils étaient de retour, installés dans de vieux fauteuils en rotin sur la terrasse surplombant le Pacifique. Mac, un large sourire aux lèvres, son chien adoré à ses pieds, avait un verre de vin rouge à la main. Tesoro était couchée à côté de Sunny, prête à attaquer si Mac faisait un geste dans la direction de sa maîtresse. Sans se douter que sa maîtresse, justement, n'attendait que ça !

Elle se rappela les paroles de Maha : « Saisissez toutes les chances qui se présentent à vous. » Peut-être le conseil de la belle Indienne allait-il bien au-delà du simple fait de transporter des bijoux en Inde. Maha avait un sixième sens, elle sentait ce qui, la plupart du temps, échappait au commun des mortels. Sans doute avait-elle voulu lui faire comprendre que Mac était la chance de sa vie, qu'elle ne devait pas la laisser passer. Ils pouvaient s'aimer sans pour autant renoncer à leur autonomie. Elle étouffa un soupir. Maha aussi allait avoir besoin de chance. Elle lui en souhaitait beaucoup !

Depuis la paisible terrasse californienne, les événements de ces dernières semaines semblaient bien loin. Voyant la main de Mac s'approcher, elle sourit. Tesoro poussa un grognement menaçant. Mac l'enveloppait de ce regard bleu turquoise qui pouvait sonder son âme. Il la connaissait si bien. Comment avait-elle pu même envisager d'avoir une aventure avec un autre, même s'il s'agissait d'Eddie, un homme si compréhensif... si beau ? Elle s'était sentie perdue, voilà tout, accablée de chagrin, suffoquant de solitude.

Mac la regardait toujours. Il haussa un sourcil. Elle sourit. Il posa son verre sur la table en métal blanc écaillé et, les mains tendues vers elle, se leva.

— Viens, dit-il en l'attirant.

Un moment plus tard, leurs deux corps nus lovés l'un contre l'autre, ils étaient allongés dans son grand lit. Elle sentait leurs cœurs battre à l'unisson. Chacun de ses baisers la faisait vibrer de plaisir. Une main plaquée sur la chute de ses reins, il l'attira plus près encore. Elle chavira dans l'extase. Ils s'appartenaient, corps et âme.

Beaucoup plus tard, enveloppés dans la brume ouatée de la volupté, leurs corps moites encore étourdis de désir, les yeux dans les yeux, la réalité les rattrapa progressivement. Une réalité qui n'aurait pu être plus belle.

Une mélodie s'insinuait dans la tête de Sunny. Quelle était cette chanson ? *All You Need Is Love* ? C'était sans doute vrai.

Épilogue

Ferdie et Giorgio furent arrêtés alors qu'ils essayaient de faire sortir d'Inde les diamants via Goa. Ils furent accusés du meurtre de Rahm Singh et du gardien, de complicité dans la chaîne des braquages de bijouteries, y compris *La Fontaine*, de vol et recel. Ils seraient jugés à Bombay.

Kitty Ratte fut jugée avec son complice, Jimmy Franklyn. Véritable psychopathe, elle ne montra aucune compassion pour ceux dont elle avait détruit les vies. Ce n'était pas sa haine des hommes qui l'avait poussée à les faire chanter mais sa haine des femmes : des femmes qui avaient tellement plus à donner qu'elle. Les *vraies* femmes.

Jimmy et elles furent inculpés de chantage, prostitution, trafic et usage de drogue et furent condamnés à de lourdes peines d'emprisonnement.

Maha Mondragon retrouva les bidonvilles de Bombay où elle s'évanouit. Maha n'était pas une mauvaise femme, mais une victime des circonstances et de sa pauvreté. Une femme intelligente qui avait joué les mauvaises cartes. Il y a toujours un prix à payer pour assouvir ses ambitions.

Mac était certain de la voir réapparaître un jour, métamorphosée et dans une nouvelle activité. Pour le moment, elle avait disparu du monde auquel elle ne voulait plus appartenir.

Eddie et Pru avaient acheté dans les collines de Provence une maison où Eddie passait désormais le plus clair de son temps. Ses affaires tournaient très bien sans lui. Il profitait de la vie, des visites de ses enfants. Et, surtout, il profitait de la compagnie d'une femme que, par un étrange coup du sort, il avait eu la chance de rencontrer. Ils avaient appelé leur chienne Goofy, un nom qui semblait lui plaire.

La jambe cassée d'Allie guérit plus vite que celle de Ron. Il soutint que c'était parce qu'il avait couru le globe pendant qu'elle restait assise à boire leur vin rouge, un cru qui semblait s'améliorer d'année en année. Ils espèrent leur *appellation d'origine contrôlée* pour l'année prochaine. Même si, dans le fond, Ron s'en fiche. Il aime son vin, c'est tout ce qui compte.

Sunny porte de nouveau son diamant rose en bague de fiançailles. Elle jure de ne jamais plus le quitter, sauf pour se laver les mains. L'autre jour, d'ailleurs, elle l'a oublié dans les toilettes de *Nobu*, à Malibu. Dieu merci, Mac s'en étant aperçu tout de suite, elle s'est précipitée, juste à temps pour voir qu'une autre cliente l'avait passée et l'admirait à son doigt. « C'est ma bague de fiançailles », a-t-elle déclaré en récupérant son bien. « Vous avez bien de la chance ! » a répondu la femme en riant.

Pirate et Mac tolèrent Tesoro dans le cottage en bois de Malibu, où la vie a repris son cours normal : Mac et ses enquêtes, ses meurtres, ses clients à aider ; Sunny et son agence de relations publiques. Le mobilier est toujours aussi sommaire. Mac jure que son canapé couvert de poils de chien est le plus confortable du monde. Pirate semble partager cet avis. Tesoro, pour sa part, préfère les genoux de sa maîtresse.

Presque tous les week-ends ils font un barbecue, et, au moment précis où ils s'apprêtent à se mettre à table, le brouillard monte de la mer. Sous le vieux pull en cachemire du détective de son cœur, Sunny est nue et Mac ne peut se lasser de regarder celle qui, pour lui, est la plus belle femme du monde.

Il a peut-être raison.

Remerciements

Je remercie, comme toujours, mon équipe si dévouée de Saint Martin's Press, et tout particulièrement Sally Richardson et mon éditrice Jen Enderlin – la meilleure, tout simplement. Anne Sibbald, ma charmante agente, et la merveilleuse équipe de Janklow & Nesbit Associates. Et, bien sûr, mes amies qui sont toujours là quand j'ai besoin d'elles pour me faire rire. Par ordre alphabétique : Lynn Blackwell, Francesca Bowyer, Sandi Phillips et Priscilla Rendino. J'ignore pourquoi nous sommes toutes blondes !

Cet ouvrage a été imprimé en France par

à Saint-Amand-Montrond (Cher)
en mai 2012

Composition et mise en pages : FACOMPO, LISIEUX

N° d'édition : 5084 – N° d'impression : 120533/1
Dépôt légal : juin 2012